新时代营销学系列新形态教材

中国高等院校市场学研究会推荐教材

商业数据分析与实训

姚　凯◎主　编

姜　新　金　晨　马　龙　凌若冰◎副主编

中国高等院校市场学研究会组织编写

清華大学出版社

北　京

内 容 简 介

本书是一本专注于商业数据分析领域的实训教程，在内容上，涵盖了商业数据分析导论、商业数据分析方法以及商业数据分析综合实训三个主要部分。导论部分讲解了商业数据分析的概念、框架及实训平台的使用。分析方法部分详细阐述了描述性统计分析、数据可视化、方差分析、相关分析与回归分析、结构方程模型、非结构化数据分析、联合分析、聚类分析等多种实用的分析方法，并通过商业实训案例加深读者的理解和提升其应用能力。综合实训部分则通过多个实际商业场景的案例，让读者在实践中学习如何应用知识解决实际的商业问题。

本书适用于商业数据分析的初学者、从业者、高校相关专业的学生，以及企业管理人员等群体，旨在为读者提供系统的商业数据分析知识和实用技能。各个章节的学习材料与实训案例都可通过与本书配套的教学实训平台获取。

图书在版编目（CIP）数据

商业数据分析与实训 / 姚凯主编. -- 北京 : 清华大学出版社, 2024. 9. -- (新时代营销学系列新形态教材). -- ISBN 978-7-302-67349-1

Ⅰ. F713.5

中国国家版本馆 CIP 数据核字第 20246EP367 号

责任编辑：朱晓瑞
封面设计：汉风唐韵
责任校对：王荣静
责任印制：杨　艳
出版发行：清华大学出版社
　　网　　址：https://www.tup.com.cn，https://www.wqxuetang.com
　　地　　址：北京清华大学学研大厦 A 座　　**邮　　编**：100084
　　社 总 机：010-83470000　　**邮　　购**：010-62786544
　　投稿与读者服务：010-62776969，c-service@tup.tsinghua.edu.cn
　　质 量 反 馈：010-62772015，zhiliang@tup.tsinghua.edu.cn
　　课 件 下 载：https://www.tup.com.cn，010-83470332
印 装 者：涿州汇美亿浓印刷有限公司
经　　销：全国新华书店
开　　本：185mm×260mm　　**印　张**：16.75　　**字　　数**：370 千字
版　　次：2024 年 9 月第 1 版　　**印　　次**：2024 年 9 月第 1 次印刷
定　　价：58.00 元

产品编号：107770-01

丛书编委会

丛书编辑部

丛 书 序

早在 20 世纪 30 年代，市场营销作为一门课程被引进我国，但受制于当时商品经济不发达，以及后来我国长期处于“短缺经济”状态，作为市场经济产物的市场营销并没有在中国“开枝散叶”。改革开放以后，伴随着我国社会主义市场经济的发展，经济学和管理学逐渐成为“显学”，作为管理学科重要组成部分的市场营销，不仅作为一门课程，还作为一个专业被众多大学开设。据不完全统计，目前我国有 700 余所高校开设了市场营销本科专业，每年招收的本科学生数以万计。不仅如此，作为商科知识的重要部分，几乎所有经济与管理类专业的学生都需要了解和学习市场营销知识，因此，社会对市场营销相关的教材和书籍有着巨大的需求。

有需求，就会有供给。早期的市场营销教材几乎是原封不动地对美国同类教材的翻译和“引进”，以至菲利普·科特勒的教材长时期成为我国学生接触、了解市场营销的启蒙读物。时至今日，我国绝大部分营销专业相关教材，都是以西方尤其是美国教材为基础加以改编或删减，真正立足于本土营销实践和具有中国理论特色的教材可谓凤毛麟角。这固然与中国营销学术总体上仍处于追赶阶段有关，也与我国一段时间营销学术界过于追求发表学术论文，对编写教材不甚重视有莫大关系。可喜的是，最近几年伴随国家对高校考核政策的调整，教材编写工作日益受到重视，一些优秀学者开始把更多的精力投入到教材建设中。

鉴于目前营销专业教材良莠不齐，众多高校教师在选用教材时面临难以抉择的窘境，中国高等院校市场学研究会（以下简称“学会”）决定组织全国营销领域知名学者编写一套具有本土特色、适应市场营销本科专业教学的高水平教材，以此推动营销学科建设和营销人才培养。本套教材力图博采众长，汇聚营销领域的最新研究成果及中国企业最新营销实践，以体现当前我国营销学术界在教材编写上的最高水准。为此，学会成立了专门的领导机构和编委会，负责每本教材主编、副主编遴选，同时要求主要撰稿者具有重要的学术影响和长期的一线教学经验。为确保教材内容的深度、广度和系统性，编委会还组织专家对教材编写大纲做了深入、细致的讨论与审核，并给出建设性修改意见。可以说，本套教材的编撰、出版，凝聚了我国市场营销学术界的集体智慧。

目前规划出版的教材共计 33 本，不仅涵盖营销专业核心课程教材，而且包括很多特色教材如《网络营销》《大数据营销》《营销工程》等，行业性教材如《旅游市场营销》《农产品市场营销》《医药市场营销学》《体育市场营销学》《珠宝营销管理》等。由于各高校在专业选修课甚至一些专业核心课程的开设上存在差异，本套教材为不同类型高校的教材选用提供了广泛的选择。随着社会、科技和教育的发展，学会还会对丛书书目进行动态更新和调整。

我们鼓励主编们在教材编写中博采众长，突出中国特色。本套教材在撰写之初，就提出尽量采用中国案例，尽可能多地选用本土材料和中国学者的研究成果。然而，我们也深知，市场营销这门学科毕竟发端于美国，总体上我国尚处于追赶者的地位。市场营销是一门实践性和情境性很强的学科，也是一门仍在不断发展、成长的学科，远未达到"成熟"的地步。更何况，发展中国本土营销学，既需要中国学者长期的研究积淀，也需要以开放的心态，吸收国外一切有益的优秀成果。在教材编写过程中，一味地排斥外来材料和成果，牵强附会地引用所谓"本土"材料，不仅是狭隘的，也是应当予以摈弃的。当然，在选用外来成果和材料时，需要有所甄别，有所批判和借鉴，而不是囫囵吞枣式地对所谓"权威材料"全盘接受。

本套教材的编写，在学会的发展史上也是一个里程碑式的事件。为了保证教材的编写质量，除了邀请在各领域的资深学者担任编委会成员和各教材的主编，还要求尽量吸收各领域的知名学者参与撰稿。此外，为方便教材的使用，每本教材配备了丰富的教辅材料，包括课程讲义、案例、题库和延伸阅读材料等。本套教材出版方清华大学出版社具有多年新形态教材建设经验，协助编者们制作了大量内容丰富的线上融媒体资源，包括文本、音视频、动漫、在线习题、实训平台等，使丛书更好地适应新时代线上线下结合的教学模式。

教材编写组织和出版过程中，众多学者做出了努力，由于篇幅所限，在此不一一致谢。特别要感谢学会副会长、华东理工大学景奉杰教授，从本套教材的策划、组织出版到后期推广规划，他尽心尽力，做出了非凡的贡献。清华大学出版社经管与人文社科分社社长刘志彬也是本套教材的主要策划者和推动者。从 2019 年 9 月清华大学出版社和学会达成初步合作意向，到 2020 年 12 月学会教学年会期间双方正式签署战略合作协议，再到 2021 年 4 月在北京召开第一次编委会，整个沟通过程愉快而顺畅，双方展现出充分的专业性和诚意，这是我们长期合作的坚实保障。在此，我代表学会，向所有参与本系列教材撰写、评审和出版的专家学者及编辑表示感谢！

教材建设是一项长期的工作，是一项需要付出智慧和汗水的工作，教材质量高低最终需要接受读者和市场的检验。虽然本套教材的撰写团队中名师云集，各位主编、副主编和编者在接受编写任务后，精心组织、竭忠尽智，但是由于营销专业各领域在研究积累上并不平衡，要使每本教材达到某种公认的"高水准"并非易事。好在教材编写是一个不断改进、不断完善的过程，相信在各位作者的共同努力下，经过精心打磨，本套教材一定会在众多同类教材中脱颖而出，成为公认的精品教材！

北京大学光华管理学院教授、博士生导师
中国高等院校市场学研究会前会长

前　言

面对当今数字化时代所带来的复杂商业环境和挑战，企业需要从庞大、复杂的数据中提取价值，并作出应对策略。而现实中许多企业在利用数据优化决策过程中遭遇瓶颈，包括数据处理能力不足、缺乏科学的数据分析方法论以及欠缺将数据转化为实际商业价值的有效工具等。在学校的商业分析课程中，学生需要通过分析真实的商业案例来锻炼自己的分析能力和解决问题的能力。然而，大部分教材缺乏与实际商业环境紧密结合的实训案例与数据，限制了学生将理论知识应用到实际问题中的能力。

本书以极强的实用性和普适性，为各层次读者打造了一套无须前期基础也能快速入门并进阶的学习路径。本书配备了一系列实战性强的案例分析和互动实训环节，引导读者利用先进的数据分析平台与工具，系统学习商业数据分析的核心原理与实战技巧，循序渐进地掌握如何运用这些知识去解决实际的商业问题。本书首先介绍了商业数据分析的基础理论及所用平台，其次着重阐述各类商业数据分析方法，最后提供了商业数据分析的综合类实训项目，具体章节结构如图 0-1 所示。

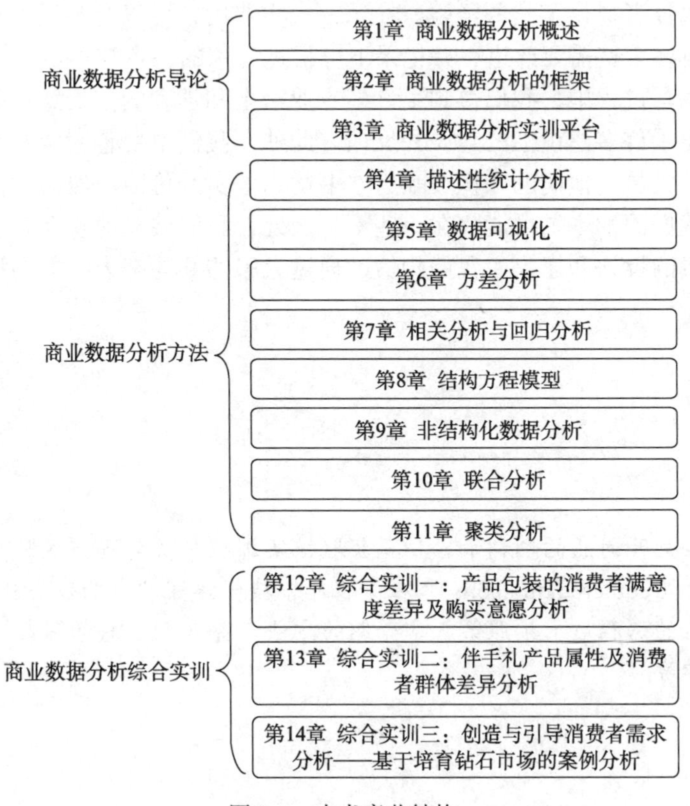

图 0-1　本书章节结构

本书主要有以下特点。

（1）系统全面。在内容架构上，本书涵盖了基础知识和高端技能，精心设计的知识体系既包括基础统计学原理，也囊括了高级数据分析技术和方法，确保无论是初学者还是有一定基础的学习者，都能找到适合自己的学习路径，逐步进阶，满足不同层次的学习需求。

（2）实战导向。本书强调通过实战案例分析，紧密联系真实商业世界的多元化场景，确保学习内容不仅理论深厚，而且实战性强，直接对接行业实际需求，让读者仿佛置身商业决策第一线，提升学习的实用价值和参与感。

（3）即学即用。为了加强学习的实践性和互动性，本书配套了功能强大的教学实训平台，提供大量真实世界的数据集和便捷的在线分析工具。学习者可以在平台上即时操作，边学边练，这种即时反馈机制极大提升了学习的直观性和效率，让知识的吸收更为深刻。

关于如何使用本书：第一步是进行理论学习，全面而系统地掌握书中精心编写的商业数据分析基础理论。这一阶段不仅仅是知识的累积，更是逐步构建分析思维。第二步是跟随书中翔实的案例，自己进行实操演练，将抽象的理论知识应用于解决具体的实际问题。本书鼓励读者积极参与或自主设计数据分析项目，从明确分析目标开始，到数据的采集与预处理，再到模型的构建与验证，最后到结果的解读与报告撰写，这一完整流程将极大地锻炼读者的分析思维、问题解决能力和项目管理技巧。实践中遇到的挑战与解决方案，将为读者提供宝贵的经验。在每一次实践后，可以及时反思与总结，思考哪些策略有效，哪些策略需要改进，并记录下分析过程中的亮点与不足。

在本书的编写过程中，我们得到了许多专业人士和学者的宝贵意见和支持，他们对本书的初稿提出了许多建设性的建议和反馈。此外，我们也要感谢所有参与案例研究和实训项目设计的人员，他们的知识贡献为本书增添了实践价值。然而，任何作品都不可能完美无缺。我们深知本书可能存在一些不足之处，我们诚挚地欢迎读者、同行以及专业人士提出宝贵的批评和建议。我们相信，通过大家的共同努力，本书将不断得到改进和完善。

姚凯

2024 年 7 月 10 日

读者可轻轻刮开封底的刮刮卡，扫码获取该实训项目及数据。教师如有需要，可登录教学实训平台（edu.credamo.com），在课程库中搜索课程“商业数据分析与实训”，根据需要选择相应的课程后，按照第三章介绍的方法，导入到“我的课程”教师端并组织班级学生加课学习。

目　录

第一篇　商业数据分析导论

第 1 章　商业数据分析概述……3

1.1　大数据时代的商业数据分析……3
1.2　解码商业数据分析的原则与模式……7
1.3　商业数据分析的目标与任务……9

第 2 章　商业数据分析的框架……13

2.1　背景介绍与问题明确……13
2.2　数据的收集与整理……16
2.3　模型的建立与评价……18
2.4　分析结果解读……23
2.5　结论与建议……26

第 3 章　商业数据分析实训平台……27

3.1　实训平台介绍……27
3.2　课程内容的导入与修改……32
3.3　课程内容的学习……36
3.4　实训项目类型与设置方式……39
3.5　AI 智能系统：自动生成问卷与报告辅助撰写……46
教学实训平台项目操作指南……53

第二篇　商业数据分析方法

第 4 章　描述性统计分析……71

4.1　变量类型介绍……71
4.2　描述性统计变量……72
4.3　频数分析……75
4.4　箱线图的使用……78
4.5　交叉表的应用与解读……80
商业实训：基于描述性统计剖析用户数据……82

第 5 章　数据可视化……87

5.1　数据可视化原理……87
5.2　基础图表的应用……89
5.3　进阶图表的应用……93
商业实训：基于智能应用的数据可视化分析……98

第 6 章　方差分析……106

6.1　方差分析的概念和作用……106
6.2　假设检验……109
6.3　单因素方差分析……112
6.4　双因素方差分析……115
商业实训：基于方差分析揭示消费者性别与年龄的差异性影响……118

第 7 章　相关分析与回归分析……122

7.1　相关分析……122
7.2　线性回归分析……124
7.3　逻辑回归分析……130
7.4　中介与调节效应……134
商业实训：基于回归分析探索广告特性对购买意愿的影响……139

第 8 章　结构方程模型……148

8.1　结构方程模型基本定义及概念……148
8.2　测量模型与结构模型……151
8.3　结构方程模型的基础设定……154
8.4　结构方程模型的拟合和评估……156
8.5　其他注意事项……158
商业实训：广告效果的结构方程模型分析……159

第 9 章　非结构化数据分析……162

9.1　非结构化数据……162
9.2　文本数据分析……165
9.3　图像数据分析……169
9.4　音频数据分析……171
9.5　视频数据分析……173

商业实训 9-1：用户评价的词频统计与情感分析……175
商业实训 9-2：用户图片数据分析……180

第 10 章 联合分析……183

10.1 联合分析的原理与类型……183
10.2 联合分析的流程和应用……184
10.3 选择式联合分析……188
商业实训：基于联合分析的手机属性组合设计与市场预测……192

第 11 章 聚类分析……199

11.1 聚类分析简介……199
11.2 聚类方法之一：层次聚类……201
11.3 聚类方法之一：*K*-均值聚类……207
11.4 聚类结果的解读……209
商业实训：基于聚类分析的用户群体特征归纳……212

第三篇 商业数据分析综合实训

第 12 章 综合实训一：产品包装的消费者满意度差异及购买意愿分析……217

12.1 乳制品产品包装项目简介……217
12.2 项目分析内容……217
12.3 分析方法……218
12.4 数据收集与描述……219
12.5 产品包装调研数据分析……219
12.6 结论与建议……223

第 13 章 综合实训二：伴手礼产品属性及消费者群体差异分析……226

13.1 伴手礼发展背景……226
13.2 理论基础……227
13.3 数据收集……228
13.4 伴手礼消费者群体及产品分析……228
13.5 结论与建议……235

第 14 章 综合实训三：创造与引导消费者需求分析——基于培育钻石市场的案例分析……242

14.1 培育钻石市场兴起的背景……242

14.2 消费者需求的理论构建 ······242
14.3 分析方法 ······243
14.4 数据收集与描述 ······244
14.5 培育钻石消费者需求的数据分析 ······244
14.6 结论与建议 ······250

第一篇

商业数据分析导论

第 1 章

商业数据分析概述

随着数据数量和类型的不断增加，大数据时代下的商务数据分析变得愈加重要。商业数据分析有助于企业更深入地理解数据，从而制定更明智的商业决策。通过分析各类数据集，企业可以获取市场趋势、消费者喜好、竞争对手策略等方面的信息，从而改善产品和服务、提高销售和市场份额。此外，商业数据分析还可以帮助企业发现新的商业模式和机遇，提高运营效率，降低成本和风险。因此，商业数据分析已经成为当今商业世界中不可或缺的一部分。

1.1 大数据时代的商业数据分析

1.1.1 大数据时代

信息技术的迅速发展和互联网的普及让我们进入一个数据爆炸式增长的时代。数据的产生源源不断，来自各种渠道，如社交媒体、移动设备、物联网、传感器技术等。根据国际数据公司（IDC）的数据，预计到 2025 年，全球数据量将增长到 175 zettabytes（1zettabyte = 1 万亿吉字节）。据统计，每分钟内 Facebook 用户产生超过 510 000 个评论，YouTube 用户上传超过 300 小时的视频，而 Twitter 上发布的推文超过 450 000 条。面对如此庞大的数据量，传统的数据处理方法显然已不适用，商业数据分析需要大数据技术的支撑。

大数据时代带来了许多挑战和变革，对公民、政府、社会以及商业领域都产生了深远的影响。

（1）公民层面，大数据时代对公民保护隐私权提出了新的要求，大量个人数据的采集和分析引发了隐私泄露和滥用的风险，因此公民需要更加关注个人数据的使用和保护。此外，数字鸿沟问题也日益突出，那些没有充分接触和利用大数据技术的公民可能因缺乏相关技能和资源而被边缘化。

（2）对政府而言，管理和保护大量公民数据是一项重大任务。数据治理体系的建立和完善是确保数据安全、隐私保护和数据合理使用的关键。政府需要制定相关法规和政策，加强数据管理和安全措施的实施，保护公民数据的安全。

（3）社会层面，大数据应用的个性化推荐算法可能导致信息过滤和“信息孤岛”，加剧信息的不对称性。在关注大数据应用的公平性，确保数据分析不会引发歧视和不平等现象的同时，也要注重数据的开放和共享，力求促进创新和发展，着力解决数据安全、隐私保护和数据权益等问题。

大数据时代下的公民、政府和社会面临着诸多考验和转变，不仅要关注公民个人、政府管理、社会治理的问题，还要注重大数据的商业分析与应用，让大数据与大数据技术真正造福于整个社会。

商业数据的生成途径和获取方式日趋多样化、复杂化。随着科技的不断进步，企业利用各种先进技术和工具积累了大量数据，包括以下几种数据来源。

（1）网络浏览器和应用程序。企业可以通过观察某应用程序和网站收集的数据，如用户的点击、搜索、购买行为等，了解用户的行为模式和个人喜好。

（2）社交媒体平台。通过社交媒体平台，企业可以获取用户发布的内容、评论和活动等信息，从而更好地洞察用户需求和期望。

（3）传感器和设备。通过物联网设备、传感器和其他物理设备，企业可以收集大量的物理世界数据，如温度、湿度、光线等信息，这些数据可以帮助企业进行生产管理、设备维护等方面的优化。

（4）交易和销售数据。通过销售记录和客户交易信息等，企业可以深入了解产品销售情况、市场需求现状等信息，从而更好地制订营销策略和业务规划。

（5）调查和研究。通过调查和研究，企业可以获取用户对产品、服务和市场等方面的反馈和意见，从而更好地了解用户的满意程度和市场整体趋势。

（6）日志和存储。通过服务器、网络和其他存储设备收集的数据，企业可以及时掌握系统运行的情况，解决可能出现的故障，从而进行系统管理。

大数据技术在商业领域的广泛应用，一方面为企业提供了商业机会与竞争优势，如通过大量数据，企业可以及时分析消费者的行为，更加明确消费者的动机，以开发合适的产品、提供相应的服务，可以优化生产和供应链管理，减少成本、提高效率，还可以识别市场趋势、抓住机会，制定准确的营销策略，提高市场竞争力；另一方面也带来了一些风险和挑战。其中，企业广泛采集和使用大量的个人数据，引发了公众对个人数据隐私和安全的质疑。再者，面对各种来源的数据，企业需要分辨其质量，关注数据管理和数据清洗的过程，以确保所使用的数据可以用于后续的分析，提高分析结果的可靠性。在数据集成方面，大数据涉及多种数据源和格式，如传感器数据、社交媒体数据、日志数据等，将这些异构的数据整合成一个统一的数据集也具有挑战性。除此之外，还面临数据存储和处理能力、分析工具和算法的选择、人才和技术能力等方面的挑战。

1.1.2 商业数据的价值

在数字化的时代，商业数据成为企业运营和决策的关键资产。商业数据是指企业在日常运营和交易中产生的各类数据，涵盖大量的信息和可洞察点。这些数据来自各个业务领域，包括销售、营销、客户关系、供应链、财务等，覆盖了从消费者行为到企业运营的方方面面。商业数据在当今商业中的应用是普遍的，无论是大型跨国企业还是中小型创业公司，数据技术都已经成为商业决策不可或缺的一部分。通过商业数据的收集、处理和分析，企业能够更好地掌握客户需求、优化产品和服务、提升市场竞争力。

商业数据的作用不仅仅在于提供决策依据，更在于为企业带来实实在在的商业价值。准确的数据分析可以帮助企业降低成本、提高效率、增加收入，实现更快速的业务增长。商业数据的应用还可以优化客户体验、提升客户满意度、增加客户忠诚度，从而使企业在激烈的市场竞争中脱颖而出。

商业数据具有以下几个主要特点。

（1）多样性。商业数据包括：结构化数据，如数据库中的表格；半结构化数据，如XML、JSON格式的数据；非结构化数据，如文本、图像、音频、视频等。

（2）持久性。商业数据通常是持久的，其价值在于长期的趋势和模式的发现。历史数据分析有助于预测未来的趋势及作出更好的决策。

（3）不确定性。商业数据中可能存在许多不确定因素，如数据缺失、数据错误、噪声数据和异常值等。在进行数据分析时，需要考虑这些不确定性因素，采用合适的方法来处理并消除影响。

商业数据分析是企业管理中非常重要的一环。随着数据技术的快速发展，越来越多的企业开始将数据作为重要的资源来进行分析和利用，以强化业务管理、辅助决策制定。商业数据分析的应用领域包括以下几个。

（1）市场营销。市场营销是企业发展的重要组成部分，商业数据分析在市场营销中的应用越来越广泛。通过分析大量的市场数据，如客户需求、行业趋势、竞争对手的情况等，企业可以更好地了解市场，选择正确的产品、价格、渠道等策略，不断提高销售额和市场占有率。

（2）客户服务。客户服务是企业与客户沟通的桥梁，商业数据分析可以帮助企业明晰客户需求，促进客户满意度和忠诚度的提高。通过分析客户的反馈数据，如投诉、评价、建议等，企业可以发现自身存在的问题，制订应对措施并加以执行，提升企业的美誉度，加强企业与客户之间的关系。

（3）供应链管理。商业数据分析可以优化企业的供应链管理流程，提高供应链效率和准确性。通过分析供应链数据，如库存、交货时间、物流成本等，企业可以更好地了解供应链的状况和存在的问题，不断优化供应链管理流程，提高供应链效率和准确性，以提高其生产效率和竞争力。

（4）产品管理。产品管理是企业发展的重要组成部分，通过分析产品数据，如销售额、销售地区、使用反馈等，企业可以更好地了解产品的市场表现和消费者购买偏好，根据市场需求调整产品设计和生产策略，提高产品质量和市场占有率，推动企业的持续发展。

（5）财务管理。财务管理是企业经营的核心部分，通过分析财务数据，如利润、收入、成本等，企业可以更好地掌握自身的财务状况和盈利能力，制定合适的财务决策，从而保证其健康发展。

（6）人力资源管理。人力资源管理是企业管理的重要组成部分，通过分析人力资源数据，如员工绩效、薪酬、培训等，企业可以根据员工的表现和期望，制定合适的人力资源管理策略，提高员工的满意度和效率。

面对商业数据分析在企业管理中的广泛应用，企业需要掌握一定的方法和技能。例如，掌握数据挖掘技术，深入挖掘数据蕴含的价值；掌握数据统计技术，准确分析数据并得出结论；掌握数据可视化技术，直观理解数据的含义和关系等。

如今商业数据逐渐演变成为商业大数据，商业大数据是指利用先进的数据采集、存储、处理和分析技术，从大规模、多样化、高速增长的数据中获取洞察力和价值的技术。商业大数据的内容涵盖了更广泛的数据来源，如互联网用户行为数据、传感器数据、地理位置数据等。通过商业大数据的分析，企业可以更深入地掌握市场动向和客户需求，实现业务的可持续发展。

大数据时代赋予了商业数据一些新的特点。

（1）海量性。随着科技的不断进步和数据的不断产生，商业数据的数量呈爆发式增长。大量的数据源源不断地涌入企业的数据库，这使数据变得庞大且复杂。

（2）高速性。商业数据的获取和生成速度非常快。随着互联网和移动设备的普及，数据在网络中迅速传输，企业需要及时获取、处理和分析这些数据。

（3）实时性。数据采集和传输技术的发展使企业可以获取到实时的数据。实时数据分析能够帮助企业及时掌握市场的变化和顾客的要求，作出及时调整和反应。

商业数据作为商业运营和决策的重要支撑，具有丰富的含义和独有的特点。数据技术的普遍应用使商业数据的分析成为企业成功的关键。商业数据的价值在于为企业带来切实的商业效益，而商业大数据则将开辟更广阔的商业前景，企业如果利用好商业大数据，便可以实现个性化营销、优化决策和战略、提升运营效率等，甚至推动创新和开发新的商业模式。因此，企业需要重视商业数据的价值，加强数据分析和技术能力的建设，同时提升自身对于大数据时代的适应性，以实现商业价值的最大化。

1.1.3 商业数据分析

商业数据分析是指利用各种数据分析方法，对商业领域中的数据进行收集、整理、分析和解释，并从中获取有价值的见解和决策支持的过程。它利用统计学、数据挖掘、机器学习等技术，揭示数据背后的模式、趋势和关联性，帮助企业作出明智的决策和制定有效的战略。商业数据分析涉及数据收集、处理和分析领域，其目的是挖掘有价值的信息，以促进收入的增加和风险、成本的降低。大数据背景下的商业数据分析有了更进一步的发展，拥有更加精准、可靠的商业洞见。

大数据背景下的商业数据分析具有如下几个特点。

（1）大数据分析。大数据分析涉及大规模数据集的处理和分析，使用更先进的技术和工具，如分布式计算、机器学习和深度学习等。与传统数据分析相比，大数据分析具有大规模、速度快和多样性的特点，它可以从更广泛的数据源中获取信息，揭示更全面和准确的模式与趋势。大数据分析强调实时和迅速的数据处理能力，通过分布式计算和流式处理技术，可以及时对数据进行分析和响应，使决策更加及时和精准。大数据分析涉及多种类型的数据，包括结构化数据和非结构化数据，如文本、图像、音频等。它不仅可以处理传统的数值型数据，还可以挖掘非结构化数据中的信息。

（2）小数据分析。小数据通常是指调研数据，也是商业数据分析中的一个重要部分。小数据分析主要关注样本的质量，通过对少量数据的深入分析，可以有更加精准的商业理解。调研数据分析可以帮助企业了解消费者使用感受、消费者感知价值等信息，从而制定出针对性的商业策略。虽然小数据的样本量不及大数据，但它对企业的发展同样有着重要的作用。

（3）大小数据分析的结合。大数据分析和小数据分析的结合，有助于全方面分析，兼顾数据的深度和广度，提高分析的准确性。大数据可以帮助企业发现新的趋势和模式，而小数据能更容易深度挖掘数据的潜在价值。因此，大小数据分析的结合是商业数据分析中的重要环节。

研究和分析商业数据的方法和技术有多种。其中包括描述性统计分析、方差分析（analysis of variance，ANOVA）、相关分析、回归分析、非结构化数据分析、数据可视化等常见的分析方法。这些方法能够揭示数据的基本特征、比较不同组之间的差异、评估变量之间的关系，并从非结构化数据中提取有价值的信息。除了这些基础方法外，商业数据分析还包括一些进阶的方法，如联合分析（conjoint analysis）、MaxDiff（最大差异法）、KANO 模型、聚类分析和 PSM（propensity score matching）模型等。联合分析可以帮助我们理解消费者对产品特征的偏好，MaxDiff 方法可以用于确定消费者对多个选项的偏好排序，KANO 模型可以用于关注产品特征对消费者满意度的影响，聚类分析则用于将数据样本划分为不同的群组，而 PSM 模型是处理因果关系的方法。只有熟练掌握这些大数据分析技术，我们才能充分发挥商业数据分析的重要作用。

1.2　解码商业数据分析的原则与模式

商业数据分析的原理和原则是指在实施商业数据分析过程中应遵循的基本理念和准则。在大数据时代中，只有理解商业数据分析的原理，并且遵循商业数据分析的原则，才能够保证数据分析的科学性、准确性和有效性（effectiveness）。

1.2.1　商业数据分析的原则

商业数据分析中遵循的基本原则和准则是确保数据分析的科学性和有效性的关键，为分析人员提供了指导，帮助他们在处理和解释商业数据时保持客观和一致。本节将介绍一些重要的商业数据分析原则，以及它们在实践中的应用。

1. 目标导向

商业数据分析应始终以明确的目标为导向。在开始数据分析之前，需要明确分析的目的和预期的结果。这有助于确保分析过程的聚焦性和方向性。在目标导向的指引下，分析人员可以选择合适的数据采集方法，收集与目标相关的数据，避免浪费时间和资源在不相关的数据上。随后，针对目标进行数据处理和挖掘，通过统计分析、数据挖掘等技术，深入挖掘数据中的规律和趋势，找到对目标有影响的因素和关键特征。最后，基于分析的结果，分析人员可以给出相应的建议和决策支持，以实现目标。举例来说，一个电子商务企业可能的目标是了解消费者群体的共同特征及差异点，实现部分潜在消费者的转化，由此可以采取对应的数据采集、挖掘和分析方法。

2. 数据可靠性

商业数据分析的结果应该基于有代表性且可信的数据。数据的质量和数量对于分析的准确性与可靠性至关重要。在数据可靠性原则的指导下，分析人员需要进行数据清洗和验证的工作。对数据进行清洗需要去除错误和重复的数据记录，填充缺失值，确保数据的完整性和一致性（consistency）。同时，对数据进行验证需要检查数据的来源和采集过程，确保数据采集的精准性。此外，数据可靠性原则还涉及对数据采集和存储过程的管理。分析人员需要建立健全的数据采集和存储机制，确保数据的安全性和可追溯性。

3. 数据类型与分析方法匹配

数据类型与分析方法匹配是商业数据分析中的重要原则之一，它确保了根据数据的类型选择适宜的分析方法和技术，从而提升数据分析的效果。不同类型的数据需要使用相应的分析方法和技术。在商业数据分析中，数据可以分为结构化数据和非结构化数据两种类型。对于结构化数据，由于其数据形式相对规整，适合使用传统的统计分析方法，如回归分析、方差分析、相关分析等；而对于非结构化数据，传统的统计分析方法往往难以直接应用，因为非结构化数据的形式多样且复杂。此时，需要使用文本挖掘、自然语言处理、图像识别等技术，将非结构化数据转化为结构化的信息，从而进行分析和挖掘。

4. 时效性

商业数据分析需要及时进行，以便及时发现和响应变化。分析师需要及时监测市场趋势和消费者行为，以便及时调整营销策略。如果数据分析过程过于缓慢，企业可能会错失重要的商机，影响销售业绩和市场份额。同时，时效性原则还适用于对市场竞争和竞争对手活动的监测。通过及时分析竞争对手的价格策略、促销活动和市场反应，企业可以及时做出应对措施，保持竞争力，避免市场份额的流失。

5. 持续改进

商业数据分析是一个不断学习和改进的过程，这是因为商业环境和数据技术都在不断变化与发展。随着数据科学和人工智能（AI）技术的不断进步，新的分析方法和工具层出不穷。分析人员需要不断学习这些新技术，并了解它们的优缺点以及适用场景，并不断反思和改进分析过程。通过不断学习和改进，分析人员可以提高分析结果的质量和精确性，为企业的决策和业务发展提供更好的支持。

1.2.2 商业数据分析的模式

商业数据分析是基于科学的原理和方法，通过对商业数据的处理和解析，揭示数据背后的模式和趋势，帮助企业作出明智的决策和制定有效的战略。本节将介绍商业数据分析的一些基本原理，帮助我们理解数据分析的本质和实施过程。

（1）数据探索与分析原理。商业数据分析的核心在于对数据进行探索和分析，包括使用统计分析、数据挖掘和机器学习等技术，对数据进行探索性分析，发现数据的关联、趋势和模型，从而获得对商业问题的深入理解。商业数据分析是一个获取有效信息的过程，可以帮助企业发现市场痛点。

（2）模型构建与预测原理。商业数据分析可以基于建立模型进行预测和推断。通过模型构建，可以对未来的商业趋势和结果进行预测，为决策者提供直观的数据参考，助力其进行决策。例如，商业数据分析可以帮助企业预测市场需求、预测销售额和制订营销计划等。

（3）解释与决策支持原理。商业数据分析的最终目标是为决策提供支持和指导。商业数据分析是数据驱动决策的过程，通过对数据的解释和分析结果的呈现，帮助决策者理解数据的含义，并在制定战略和决策时提供科学的依据。这要求将分析结果转化为可理解的洞察，以促进决策者的理解和行动。

1.3 商业数据分析的目标与任务

1.3.1 商业数据分析的目标

商业数据分析的目标是利用数据和相关技术来获取有价值的信息和深刻理解，并将其应用于商业决策和战略制定中。具体而言，商业数据分析的目标包括三个方面：首先是洞察市场需求与发现商业机会，能够通过数据来认识到目前所处的具体情境；其次是优化业务运营与评估优化营销策略，能够让企业的运转达到更好的状态；最后是支持决策的制定，数据驱动决策，让企业作出更优的选择。

（1）商业数据分析的目标在于洞察市场需求与发现商业机会。商业数据分析可以通过分析市场数据和消费者行为数据，了解市场的需求和趋势。通过深入了解目标市场的特征、消费者购买习惯和购买体验等信息，企业可以更好地优化产品和服务，满足客户需求。同时商业数据分析也可以揭示潜在的商业机会。通过挖掘和分析大量的数据，发现市场中的新兴趋势、消费者的新需求等，企业可以及时抓住机遇，创新产品和服务，获取竞争优势。

（2）商业数据分析的目标是优化企业业务运营模式，以及评估优化企业目前的营销方案。商业数据分析可以帮助企业识别业务运营中的瓶颈和问题，并提供改进和优化的方案。与此同时，商业数据分析可以评估和优化营销策略的效果。通过分析市场营销数据、广告效果数据等，企业可以了解不同营销渠道的表现、广告投放的效果，从而调整和优化营销策略，提高市场营销的效率和回报率。

（3）商业数据分析可以为企业制定决策助力，可以提供数据驱动的决策支持。通过对市场、竞争对手、产品、消费者等方面的数据进行分析，企业可以获得准确的信息和见解，降低决策风险，为决策制定提供科学依据。

1.3.2 商业数据分析的任务

商业数据分析的整体流程是一个项目化过程，商业数据分析的任务包括明确分析的需求、数据探索与描述、数据处理与挖掘、数据建模与预测以及数据驱动决策。通过按照这些任务进行商业数据分析，企业可以充分利用数据的价值，提高决策的准确性和保证实施效果，从而获得竞争优势和业务成功。

1. 明确分析的需求

明确分析的需求是商业数据分析的基础和起点。在商业数据分析之前，企业需要清楚地了解自己所面临的问题和需要应对的挑战。这包括：明确分析的目标和目的，确定分析的问题方向，以及明确需要获取的信息。

首先，企业需要明确自己的分析目标。这可以是探索市场需求，了解竞争对手的优势和劣势，优化产品定价和销售策略，提高客户满意度，降低营销成本等，不同的目标需要不同的数据和分析方法，明确目标有利于有针对性地开展工作；其次，企业需要确定分析的问题方向，即从分析目标出发，明确需要回答的具体问题。例如，如果目标是了解市场需求，那么问题方向可以包括哪些地区的需求最高、哪些产品受欢迎、哪些因素影响消费者的购买决策等；最后，企业需要明确应获取的信息。商业数据分析的目的是帮助企业做出更明智的决策和战略规划。在明确分析需求的过程中，企业需要确定应当获取的数据类型、数据来源、数据规模等，以确保得到对决策有实际帮助的分析结果。

总的来说，明确分析的需求是商业数据分析的第一步，它为后续的数据收集和分析提供了方向和指导。只有在明确了分析的目标、问题方向和需要获取的信息后，企业才能有针对性地开展数据分析工作，从而获得对业务有价值的洞察和结论。

2. 数据探索与描述

在开始具体的数据分析之前，需要对数据进行探索和描述。数据探索与描述是商业数据分析的重要步骤，它旨在对数据进行初步的统计描述和可视化分析，以深入了解数据的基本特征和规律。

首先，数据探索阶段涉及对数据的基本统计描述。这包括计算数据的均值（mean）、中位数（median）、最大值、最小值等统计指标，以及计算数据的标准差（standard deviation）、偏度（skewness）和峰度（kurtosis）等描述性统计量。这些统计指标能够揭示数据的集中趋势、离散程度和分布形态，帮助我们了解数据的整体特征；其次，数据探索还包括数据的可视化分析。通过绘制直方图（histograms）、折线图、散点图、箱线图（box plot）等图表，可以更直观地展现数据的分布和趋势。可视化分析能够帮助我们发现数据中的规律和异常值，以及不同变量之间的关系和影响。在数据探索与描述阶段，我们还可以使用探索性数据分析（EDA）的方法，通过更高级的图表和分析技术来深入挖掘数据中的信息。例如，可以使用热力图来展现变量之间的相关性，使用聚类分析来发现数据中的群组结构。

3. 数据处理与挖掘

在探索数据之后，需要进行数据处理和挖掘的步骤。这包括数据清洗、数据转换和特征工程等，以确保数据的质量和准确性。同时，还可以应用数据挖掘技术，如聚类、分类、关联规则挖掘等，从数据中发现隐藏的模式和关联。总结来说，这一步骤涉及对原始数据进行处理和转换，以及应用数据挖掘技术来发现有价值的规律。

（1）数据处理阶段包括数据清洗、数据转换和特征工程。数据清洗是指对数据中的缺失值、异常值和重复值进行处理，以确保数据的质量和准确性。例如，可以使用插补方法填充缺失值，使用异常值检测技术识别异常数据，并去除重复的记录。数据转换是指对数据进行格式转换或规范化，使其适用于后续的分析和建模。例如，可以对日期数据进行格式转换，对非数值型数据进行编码，以便算法的处理。特征工程是指根据领域知识和业务需求，对数据中的特征进行选择、提取和构建，以更好地反映问题的本质和关键特征。特征工程的质量直接影响到模型的性能和结果的解释。

（2）数据挖掘应用统计学和机器学习等技术，从数据中发现隐藏的模式和关联。数据挖掘技术包括聚类、分类、关联规则挖掘等。聚类是将数据分为不同的组别，使得同一组别内的数据相似性较高，不同组别之间的数据差异较大；分类是将数据划分为预定义的类别或标签，以建立预测模型；关联规则挖掘是发现数据中频繁出现的项集和关联规则，用于发现数据中的关联性。

4. 数据建模与预测

在数据处理和挖掘之后，可以进行数据建模和预测。这涉及使用统计模型等方法，根据已有数据构建模型，并基于模型进行预测和推断。通过建立模型，可以从数据中获取更深入的洞察，并对未来的趋势和结果进行预测。

在数据建模阶段，首先需要根据数据的类型和分析的目标选择合适的建模方法。常见的建模方法包括线性回归、逻辑回归、决策树等；其次，利用收集到的数据集来进行分析，目的是识别并量化数据中的趋势和关联性，以便构建一个统计模型，这个模型能够精确反映数据的特征。在这个阶段，通过调整统计模型中的参数，比如回归系数或者分布参数，来确保模型最好地反映数据的真实情况，这个过程称为参数估计。一旦模型的参数被确定，我们便可以使用一组未参与建模的数据，来验证模型的有效性和可靠性。

数据预测是利用建立好的模型对未知数据进行预测和推断。通过预测，可以了解未来的趋势和结果，为决策提供依据。预测的准确性取决于模型的质量和数据的可靠性，因此在建模和预测过程中，需要不断地优化模型和更新数据，以提高预测的准确性。

5. 数据驱动决策

通过对数据进行分析和建模，生成的见解和结果可以应用于决策制定过程。数据驱动决策意味着决策过程中要充分考虑和利用数据的信息，以减少主观偏差，提高决策的准确性和效果。

在进行数据驱动决策时，首先需要确保数据的质量和准确性。只有在数据质量可靠的基础上才能产生有意义的见解。因此，在整个商业数据分析的过程中，数据清洗、数据转换和特征工程等步骤显得尤为重要。其次，数据驱动决策要求对数据分析结果进行综合考量，综合考虑各个指标之间的关系，这样可以避免过于片面的结论，保证决策的全面性和合理性；另外，数据驱动决策的目标是为决策者提供准确、可靠的依据。决策者需要对数据分析结果进行合理解释，避免过度解读或错误解释结果，只有对数据分析结果进行合理解释，才能对决策产生实质性的影响。最后，数据驱动决策强调将数据分析结果与实际应用相结合，决策结果需要考虑业务环境和实际需求，以便得出实际有效的建议和决策。

第 2 章

商业数据分析的框架

在第 1 章，我们系统地介绍了商业数据分析的原则、原理、目的与任务。本章将进一步探讨商业数据的分析框架，这是一个系统化的方法和流程，旨在帮助企业成功地获得清晰洞悉，作出睿智的决断。商业数据分析的框架涵盖整个分析过程，从背景介绍与问题明确，到数据的收集与整理，再到模型的建立与评价，分析结果解读，最后提出结论与建议。通过完整的商业数据分析框架，企业可以科学和系统地理解市场需求，并进一步优化业务运营、制定有效营销策略和发现新的商业机会，从而建立有效的竞争力，商业数据分析的框架如图 2-1 所示。

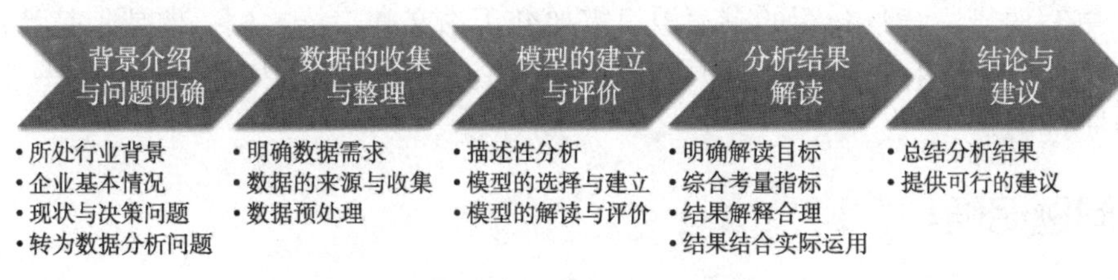

图 2-1　商业数据分析的框架

2.1　背景介绍与问题明确

2.1.1　背景介绍

1. 背景介绍的内容

在商业数据分析的框架中，背景介绍是一个重要的环节，它为商业分析人员提供了对研究对象全面了解的机会，包括企业所处行业的背景、企业的基本情况、现状以及面临的问题，为后续的数据分析和决策提供了必要的背景信息。

首先商业数据分析的研究对象所处的行业是一个关键的背景信息，不同行业的特点和发展趋势会对数据分析的方法和重点产生影响。例如，电子商务行业具有高度数字化和在线交易的特点，需要重点关注消费者行为和购物习惯的数据分析。其次，企业简介是背景介绍的另一个重要组成部分。企业简介可以包括企业的发展历程、来源和目标。

比如企业成立的时间、背景以及企业的核心价值观和使命等信息都可以帮助商业分析人员更好地了解企业的基本情况。接下来，关于介绍企业的现状这一部分需要辅以权威的数字或报告，这些数据和报告可以客观地展示企业的经营状况和市场地位。例如，企业的营收、利润、市场份额等财务数据，以及来自行业研究机构的市场调研报告。最后，我们需要说明企业所面临的问题。这些问题可以是市场竞争的压力、产品销售下滑、客户抱怨率较高等。通过说明问题的方向，我们可以有针对性地进行数据收集和分析，找到解决问题的路径，明确解决问题所需要的数据类型。

2. 背景介绍的要求

背景介绍是商业数据分析过程中的一个重要部分，优质的背景介绍需要在篇幅、逻辑、引用、书写语言上符合要求，具体体现如下。

（1）篇幅适中。背景介绍应该简明扼要，不要过于冗长，以免让读者失去兴趣。一般来说，背景介绍的篇幅应该在教材中占据整个调研报告的10%至20%左右。

（2）逻辑清晰。背景介绍需要按照一定的逻辑顺序进行，首先是企业所处行业的介绍，然后是企业简介，接着是企业的现状和面临的问题。由面到点地切入，切忌段落零碎、东拼西凑，背景介绍需要层层递进的逻辑。

（3）引用标准。背景介绍中所涉及的权威数据和报告需要标明出处，确保信息的准确性和可信度。可以引用著名的市场研究机构发布的报告、政府部门的统计数据等。

（4）书写语言。背景介绍的书写语言需要介于论文和口语之间。既要保持严谨的学术性，又要避免过于生硬和枯燥。可以使用清晰简洁的语句，避免使用过多的专业术语，使内容易于理解。

2.1.2 问题明确

在商业数据分析中，问题明确涉及明确决策主体所面临的问题以及定义决策的目标。本小节我们将详细介绍如何将决策问题转化为数据分析问题，并提出及确定合理的商业问题。

1. 深入了解决策主体面临的具体问题

首先，需要关注决策主体所面临的具体问题，这是商业数据分析中明确研究问题的关键起点。在这一阶段，与涉及方的广泛沟通至关重要。通过与利益相关者进行深入的互动和交流，我们能够获取不同角度的信息，从而更好地把握问题的核心。同时，对企业内部和外部环境进行仔细的调研和分析也是不可或缺的一步。通过收集并分析市场动态、竞争态势、客户需求以及行业趋势等信息，我们能够获得关于问题的全景式认识，从而确保在后续的分析中不会遗漏重要的背景因素。

在与利益相关者沟通和环境调研的基础上，所明确问题的范围和背景变得更加清晰。这有助于我们深入理解问题的各个维度，而不仅仅是表面现象。在这个阶段，我们需要定义问题的边界，界定影响因素，并建立问题背后的关联。通过这样的深入分析，我们能够确保后续的数据收集和分析紧密围绕在核心问题上，从而有效地应对挑战。

2. 定义决策的目标

明确定义决策目标的核心在于将决策主体的期望和需求转化为可量化的目标。通过与决策主体深入交流，我们能够准确捕捉他们希望通过数据分析来实现的具体目标。例如，这些目标可能包括：提升销售业绩以达到更高的市场份额；通过降低成本来提高盈利能力；优化供应链以提高效率；改善客户体验以提升品牌忠诚度。

将决策目标明确定义具有多重好处。首先，它使得整个数据分析过程更加具体和有针对性。我们可以将数据的收集、处理、分析和解释都紧密围绕在这些目标上，从而避免在过程中偏离轨道。其次，明确的目标有助于确定所需的数据类型和来源，以及适用的分析方法和模型。这样可以确保所采取的分析方法直接关联到实际目标，为问题的解决提供更加有效的支持。此外，定义决策目标还能够为整个数据分析过程提供一个明确的评估标准。一旦分析完成，我们可以将结果与既定目标进行对比，从而评估分析的有效性和成果。这种明确的对比有助于识别出分析过程中的优势和改进点，为未来的决策提供更多有价值的经验教训。

3. 决策问题转化为数据分析问题

在这个阶段，我们将抽象的商业挑战转变为能够用数据和分析方法来解决的具体问题，以便更有效地进行实际分析和决策支持。这一转化过程涉及明确定义所需的数据类型和数据来源。我们需要明确哪些数据对于解决问题是必要的，这些数据可能包括销售数据、客户信息、市场趋势、竞争对手数据等。确定好数据来源后，我们可以采取适当的方法来收集和整理数据，确保数据的准确性和完整性。同时，这一步还需要确定合适的数据分析方法和模型。根据问题的性质和数据的特点，我们可以选择不同的分析方法，如统计分析、时间序列分析等。例如，如果我们想预测销售趋势，可以考虑使用回归分析来建立销售额与影响因素之间的关系模型。对于客户分群，可以尝试聚类分析来识别不同的客户群体。

这一转化过程的目的在于确保问题的具体化和可操作性，使我们能够利用现有的数据和分析工具来解决问题。通过明确数据分析的问题，我们能够更加有针对性地进行数据处理和模型建立，从而为最终的决策提供更加可靠和实用的支持。

4. 提出合理的商业问题

在这一关键步骤中，我们需要深入理解企业的战略定位和运营需求，将数据分析紧密融合于企业的长期目标和短期需求中。这要求我们将问题提出的过程视作与企业战略的对话，从而确保所关注的问题与企业发展的方向相一致。

在问题的提出过程中，我们必须充分考虑企业的实际情况，将理论和现实相结合，以确保问题的切实可行性。问题的提出不应是孤立的，而是紧密联系于企业当前的挑战和机遇。同时，我们要对所提出的问题进行合理性和可行性评估。这包括评估问题是否可以通过数据分析来解决、是否有足够的可靠数据支持，以及分析结果是否能够为企业带来实际的价值。我们需要清楚问题是否具有明确的定义和界限，以及是否能够为决策提供清晰的方向和指导。

2.2 数据的收集与整理

2.2.1 明确数据需求

在商业数据分析中，明确数据需求是确保我们从海量数据中获得有用信息的第一步。在解决商业问题时，我们需要明确问题所涉及的数据类型和范围，以及用于解决问题的具体数据指标。在撰写数据需求时，应该明确以下几个方面。

（1）解决问题需要使用的数据。在解决商业问题时，首先要明确需要用到哪些数据。这包括确定数据的类型（如结构化数据、非结构化数据、时序数据等）、数据的来源（一手数据、二手数据等）以及数据的时间范围。

（2）列出数据可能的实际操作方法。针对解决的商业问题，列出数据收集和整理的具体操作方法。这可能涉及数据采集调查、网络爬虫、传感器数据收集等多种方式，以及回归分析、聚类分析和KANO模型等。

（3）列出数据的实际应用场景。将问题转换为数据需求的过程中，考虑数据在实际应用场景中的表现，确定数据的有效性和可靠性。

通过明确数据需求，我们可以剖析出解决问题所需要的核心数据，为后续的数据收集和整理奠定基础。将问题转换为数据需求的过程有助于我们更好地理解问题的本质，并确保在数据分析阶段获得准确和可靠的结果。在商业数据分析的过程中，确切的数据需求是推动分析结果准确和有效的关键。

2.2.2 数据的来源与收集

1. 数据的来源

在商业数据分析的实际应用中，数据的获取来源至关重要，它构成了我们洞察商业现实、制定决策的基础。商业数据的获取渠道多种多样，涵盖了企业内部到外部。

首先，我们可以从企业内部获取丰富的数据资源，包括销售数据、客户数据、供应链数据等；其次，我们还可以从公开数据源中获取数据，如政府公开数据、社交媒体数据等；最后，通过设计调查问卷、实验、观察和访谈等方式，获得不可或缺的调研数据。这是企业获得商业数据的重要方式，也是商业数据分析的重点对象。调研数据可以深入了解消费者的喜好、行为习惯、态度和需求。通过分析这些调研数据，我们能够揭示隐藏在数据背后的洞察，为产品创新和市场营销提供有力支持。

这些多元的数据带来了各种不同类型和形式的信息，充实了我们的分析材料。通过综合运用这些数据，我们能够更全面地把握商业环境，深化对市场需求的理解，从而更准确地制定战略决策，取得商业成功。

2. 数据的收集

在商业数据分析的过程中，数据的收集是至关重要的一步。数据的质量和准确性直接影响着后续分析的可靠性和有效性。在进行商业数据的收集工作前，需要了解所需收集数据的类型。商业数据可以分为不同的类型，主要包括定量数据和定性数据。定量数据是可以用数字表示和量化的数据，如销售额、客户数量、产品价格等。定性数据则是描述性的，通常用文字、符号或描述来表示，如客户满意度、消费人群的基本特征、产品特点等。了解不同类型的数据有助于我们选择合适的收集方法和分析工具。

商业数据可以通过多种渠道收集，根据研究目标和数据类型的不同，选择适合的方法非常重要。以下是一些常见的数据收集方法。

（1）问卷调查。通过编写问卷，向目标受众询问意见和反馈，以获取定量或定性数据。问卷调查是商务数据分析中最常用的数据收集方法之一，可以通过在线调查工具、邮寄、电话等方式进行。问卷调查可以帮助企业了解消费者的需求、偏好、购买行为等方面的信息，为企业提供决策支持。

（2）访谈调查。通过与目标人员进行面对面或电话访谈，来收集深入的定性数据。访谈调查可以帮助企业了解消费者的背景、态度、行为等方面的信息，为企业提供深入的洞察。

（3）焦点小组。在小组环境中，与目标人员进行开放式的讨论，以获取深入的定性数据。焦点小组可以帮助企业了解消费者的观点、看法、需求等方面的信息。

（4）网络爬虫。通过自动化程序从互联网上收集数据。网络爬虫可以收集互联网上的各种数据，如社交媒体数据、评论数据、新闻数据等。网络爬虫可以帮助企业了解消费者的“声音”、态度等方面的信息，为企业提供全面的市场分析。

（5）交易数据。从公司、客户和供应商的交易记录中提取数据，以便进行分析。交易数据可以帮助企业了解产品销售情况、客户购买行为、供应商履约情况等方面的信息，为企业提供参考。

（6）观察法。直接观察目标人员的行为和互动，以获取定性数据。观察法可以帮助企业了解消费者的实际行为、真实情感等方面的信息。

综合利用这些数据收集方法，我们可以获取多样化的商业数据，为后续的数据分析和决策提供可靠的基础。在选择数据收集方法时，要根据研究问题、数据类型和资源限制进行权衡，以确保数据的质量和有效性。

2.2.3　数据预处理

在商业数据分析中，数据预处理是一个重要的环节，它是进行商业数据分析前的准备工作。数据预处理旨在从原始数据中去除噪声、填补缺失值、解决数据不一致性等问题，以确保数据的质量和可靠性。其主要任务具体包括以下几个方面。

1. 数据清洗

数据清洗旨在处理数据中的噪声、缺失值和异常值，以保证数据的准确性和完整性。在数据清洗阶段，我们会识别并处理数据中的异常值，这些异常值可能是由于测量误差或数据录入错误造成的。通过采用统计方法、可视化工具等，我们能够检测和修正这些异常值，确保数据集合的质量。同时，我们还会处理数据的缺失值，通过插值、填充等方法补全缺失的数据点，以免影响后续分析的准确性。数据清洗还涉及去除重复值，以确保每个数据点的唯一性，从而避免在分析过程中引入重复性偏差。

2. 数据集成

数据集成是将来自不同数据源的数据整合在一起的过程，旨在消除数据的冗余，保证数据的一致性和完整性。在商业数据分析中，我们通常会从多个数据源收集数据，这些数据可能以不同的格式、结构和单位存在。通过数据集成，我们可以将这些数据整合成一个统一的数据集，便于后续分析和建模。在数据集成过程中，需要解决数据命名不一致、数据格式不匹配等问题，以确保数据在整合后保持一致性，从而有效地支持决策。

3. 数据变换

数据变换是将数据转换为适合分析的形式的过程，常见的数据变换包括归一化、标准化和对数转换等。归一化和标准化可以将不同尺度的数据映射到相同的范围，使得不同变量之间具有可比性，有助于提高分析的效果。对数转换则可以将数据压缩到一个较小的范围，便于数据的可视化和分析。数据变换还可以包括特征工程，即根据领域知识和分析目标，对原始数据进行转换和组合，以生成更有价值的特征，从而提高模型的性能和预测能力。

4. 数据编码

在数据预处理阶段，数据编码是将非数值型数据转换为数值型表示的重要步骤。这涉及对类别型数据进行编码，以便计算机理解和处理。常见的数据编码方法包括独热编码和标签编码等，它们使分类变量能够用于建立数学模型，从而进行更深入的分析和预测。这为商业数据分析提供了更广阔的可能性，使我们能够在数据驱动的基础上，更加深入地理解商业现实，发现隐藏在数据背后的规律和趋势，为决策提供更准确的支持。

通过数据清洗、数据集成、数据变换和数据编码等步骤，我们能够为商业数据分析做好准备，确保数据的质量和可靠性。这些步骤为后续的商业数据分析提供了准确的数据基础，使我们能够更好地洞察商业现实、制订方案，从而为企业的发展提供有力支持。

2.3 模型的建立与评价

2.3.1 描述性分析

描述性分析是数据分析的基础环节，它旨在对收集到的数据进行整理、总结和描述，以便我们对数据有一个全面的了解。通过描述性分析，我们可以揭示数据的基本特征、趋势和分布规律，为后续的数据建模和分析提供重要参考。描述性分析广泛应用于市场营销领域，用于了解用户基本信息、产品销售情况、市场大致分布等，帮助企业制定更有效的营销策略和决策。

在调研报告中，描述性分析是整体调研内容的“前奏”，需要直观、严谨地介绍数据来源与特征，为进一步的数据分析打好基础。一般的描述性分析中，需要包含数据介绍、基本统计量分析、可视化展示以及数据的解读与分析等内容。具体而言，数据介绍是指对所使用的数据进行简要介绍，包括数据来源、收集方式、样本大小等相关信息，以确保读者了解数据的背景和可信度。作为描述性分析的核心部分，基本统计量分析包括计算数据的中心趋势和数据的离散程度。常见的统计量有均值、中位数、众数（mode）、标准差、极差（range）等，通过这些统计量，可以快速了解数据的集中趋势和分散程度。接下来的可视化展示部分，使用图表可以帮助读者更直观地理解数据的分布和趋势，常见的可视化方式包括直方图、饼图、折线图、散点图等。应根据数据类型选择合适的图表进行展示，并确保图表的标签清晰明了，从而直接、清晰地展现变量的分布趋势以及变量与变量之间的联系。在数据的解读与分析中，描述性分析并非简单地呈现数据，还需要深入挖掘数据背后的含义和规律，即解释统计量和图表所反映的情况，提供合理的解释，以及可能存在的数据特点或异常情况，总结出描述性统计分析所传递的有效信息。

2.3.2 模型的选择与建立

在商业数据分析中，模型的选择与建立是决策制定过程中的核心环节。通过合适的模型，我们能够从海量数据中提取有价值的信息，揭示潜在规律，并为业务决策提供准确的指导。

1. 构建模型的目的

模型在商业数据分析中的作用是不可忽视的，它们是将数据转化为有实际意义的见解和行动的桥梁。通过合适的模型，我们能够更好地理解和解释数据，为企业决策提供有力的支持。具体而言：首先，模型可以助力解决具体的商业问题。在商业运营中，我们常常面临如何提高销售额、优化供应链、改善客户体验等问题。通过选择合适的模型，我们可以分析数据，揭示隐藏在数据背后的规律和趋势，从而找到解决问题的方法和策略。其次，模型能够预测未来趋势。通过对历史数据的分析和建模，我们可以预测未来的发展趋势，从而为企业的决策制定提供有远见的指导。例如，基于销售数据的时间序列模型可以帮助企业预测未来几个月的销售额，从而调整营销策略和库存管理。最后，模型还可以提供关键的见解以支持决策。通过分析数据，模型可以帮助我们发现变量之间的关系和影响因素，从而帮助企业制定更明智的决策。例如，通过回归模型分析广告投入和销售额之间的关系，企业可以确定最有效的广告渠道和投入策略。

2. 模型选择与建立的流程

模型选择与建立是商业数据分析的关键步骤，它确保了我们有效地从数据中提取有价值的信息，为决策制定提供有力支持。这一过程可以被看作是将现实世界的复杂商业问题转化为可操作的数学模型的过程，从而揭示隐藏在数据中的模式和规律。

在模型选择阶段，我们需要根据问题的性质和数据的特点来选择合适的模型。不同的问题可能需要不同类型的模型，例如回归模型用于预测，分类模型用于分类，聚类模型用于分组等。选择适当的模型可以确保分析的效果和准确性；在模型建立阶段，我们开始构建所选定的模型并调整模型中的变量，模型的建立需要综合考虑模型的复杂度和拟合能力，以及数据的特点，以获得最佳的性能。

通过科学合理地进行模型选择与建立，我们能够从数据中提取有意义的信息，为企业的决策制定和业务发展提供有力支持。

3. 相关模型介绍

以下是在商业数据分析中常用的分析模型，这里简单介绍一下相关模型的定义和使用场景，在后续的章节中将具体进行介绍。

（1）描述性统计分析。描述性统计分析是数据分析中的一项基础工作，它通过计算数据集的中心趋势（如均值、中位数、众数）、离散程度（如标准差、极差）以及分布形态（如偏度和峰度），总结数据的基本特征。此外，描述性统计分析还可以通过绘制直方图、箱线图等图表来呈现数据的分布情况，帮助初步了解数据的分布规律和异常值情况。通过这些工具，我们可以更清楚地了解数据的整体特点，帮助我们进行数据解释和分析。

（2）方差分析。方差分析是一种用于比较多个组之间均值差异的统计方法，其通过将总体方差分解为组间方差和组内方差，来评估不同因素对变量的影响是否显著。通过方差分析，我们能够准确评估不同因素的影响程度，识别出重要的影响因素，从而为决策提供科学依据。

（3）回归模型。回归分析是一种广泛应用的统计方法，用于探索变量之间的关系。它适用于研究自变量如何影响因变量，并进行预测。通过回归模型，我们可以识别出哪些因素对于业务目标的实现具有重要影响，从而指导决策制定。例如，在市场营销中，我们可以使用回归模型来分析广告支出与注册新用户数量之间的关系，进而优化广告策略。

（4）非结构化数据分析。非结构化数据分析是针对不具有明确结构的数据进行挖掘和分析的方法。这些数据包括文本、图像、音频等，无法通过传统的数据表格表示。非结构化数据分析利用自然语言处理、图像识别等技术，将这些数据转化为有意义的信息，从而揭示其中的模式、趋势以及隐藏的见解。这种分析方法不仅使得非结构化数据具备了可操作性，还让我们深入了解数据背后的故事，其在信息挖掘、市场趋势预测等领域有着广泛的应用。

（5）数据可视化。数据可视化是将数据转化为图表、图形和交互式可视化工具的过程，以便更加直观地呈现数据的特征和关系。在数据可视化中，我们可以使用多种图表和图形来展示不同类型的数据。例如，折线图可以用来展示随时间变化的趋势，柱状图则可以对比不同类别的数据，散点图可以揭示变量之间的关联性等。在商业数据分析中，数据可视化是帮助数据分析人员解释和传达数据的有力工具，其能够有效地简化复杂数据，并使得数据的洞察更加普及和实用。

（6）联合分析。联合分析是一种用于理解消费者偏好的强大工具。它通过研究消费者对不同产品属性组合的偏好，帮助企业设计出更符合市场需求的产品。通过联合分析，我们可以确定哪些产品特性对于消费者最为重要，从而在产品设计和营销中进行精准定位。

（7）MaxDiff 分析。MaxDiff 分析是一种用于评估消费者偏好和优先级的统计方法。它是一种选择性偏好测量方法，旨在帮助确定一组选项中被认为最重要和最不重要的因素。在 MaxDiff 分析中，研究对象被要求从一组选项中选择他们最喜欢和最不喜欢的选项，而不是对每个选项进行排名。这种方法可以减轻回答者在大量选项中进行排名的疲劳感，同时也能更准确地捕捉到他们的真实偏好。MaxDiff 分析通常用于市场研究、产品定位和营销策略的决策支持。

（8）KANO 模型。KANO 模型关注产品特性与客户满意度之间的关系。它将产品特性分为基本要素、期望要素、兴奋要素等不同类别，帮助企业了解客户满意度的驱动因素。通过 KANO 模型，我们可以识别出哪些特性对于提高客户满意度具有关键作用，从而引导产品的持续改进和创新。

（9）聚类分析。聚类分析是一种无监督的统计分析方法，旨在将相似的对象（数据点）分组成簇，使同一簇内的对象相似度较高，而不同簇之间的相似度较低。聚类分析可以帮助揭示数据内在的结构，将数据分为具有相似特征的组别，有助于发现数据的模式、关系和分类。聚类分析的应用非常广泛，涵盖了多个领域，如市场分割、客户群体划分等。其有助于识别出数据中的隐藏模式和结构，为决策提供更深入的见解和信息。

（10）PSM 模型。PSM 模型常用于处理因果推断问题。它通过匹配处理组和对照组，消除了实验组和对照组之间的潜在偏差，从而更准确地评估因果效应。通过 PSM 模型，我们可以评估某项政策、活动或措施对于业务绩效的实际影响，为决策提供可靠的依据。

在选择模型时，我们需要充分理解问题的背景和特点，确保选用的模型切实解决问题并提供有价值的见解。模型的建立需要考虑数据的质量、特征工程等因素，以确保分析的可靠性和有效性。一旦模型建立完成，接下来的阶段将是模型的解读和评价，从而将数据分析结果转化为实际的决策建议。

2.3.3　模型的解读与评价

1. 模型解读与评价的内容

在商业数据分析框架中，模型的解读与评价环节扮演着决策支持的关键角色，它将抽象的数学模型转化为切实可行的见解，支持企业在海量数据中挖掘有价值的信息，制定明智的决策和战略布局。模型解读与评价过程的核心在于深入理解模型的性能和效果，确保其在实际应用中产生可信的结果。

在模型的解读与评价的过程中，我们需要注重以下方面：首先需要注重对于性能的评估，通过一系列指标对模型进行客观评价，这些指标揭示了模型在不同情境下的预测能力，帮助我们判断其适用性；其次关注对于可信度的评估，包括对于模型预测的置信度进行评估，这涉及误差范围、置信区间等，这是决策制定的基础，帮助企业更好地管理风险。除此之外，在模型的解读与评价的过程中，需要探究模型中各个变量的贡献，理解它们如何影响最终的预测结果，这使模型结果能够在商业环境中得到合理的解释和应用。

模型的解读与评价不仅是验证模型有效性的过程，更是将模型应用于实际问题的关键步骤。准确的模型解读能够为企业提供有力的决策依据，帮助企业识别市场机会、优化运营、降低风险等，最终实现商业价值的最大化。它在商业数据分析框架中的地位无可替代，为数据驱动的决策提供了坚实的支撑。

2. 模型解读与评价的原则

在模型的解读与评价过程中，遵循一些关键原则是至关重要的，这有助于确保我们从模型中获得准确、可靠且有实际应用价值的信息。以下是在模型解读与评价中应注重的原则。

（1）业务关联性优先。模型的解读和评价应始终与业务需求与目标紧密相关，确保分析结果不是抽象的数学推理，而是对决策实际产生积极影响的实用工具。该原则要求分析人员将模型的性能指标与企业的实际问题直接关联起来。评价模型性能时，需要重点关注与商业目标直接相关的指标，以便在决策制定过程中提出更有针对性的见解。该原则强调评估模型的实用性，通过将模型的解读和评价与业务关联，可以更准确地评估模型。模型可能在技术上表现出色，但如果不能为企业的实际问题提供实质性的解决方案，那么它的价值就会受到限制。与此同时，将模型的解读和评价与业务关联起来有助于建立反馈循环，从而不断优化和改进模型。通过实际应用中获得的反馈，可以及时调整模型，使其更符合业务需求。

（2）多重指标评价。多重指标评价在商业数据分析中扮演着关键角色，它是一种有效的策略，能够帮助分析人员更准确地评估模型的性能，减少单一评价指标可能带来的误导和偏差。在单一指标评价的情况下，分析人员可能会过分专注某一方面的性能而忽视其他重要因素，同时单一评价指标可能会产生误解，因为某一模型在某个指标上表现良好并不代表在其他指标上也表现出色。而通过使用多个评价指标，可以减少这种偏差的风险，确保对模型性能的综合认知，确保对模型性能的评价更加准确和全面。使用多个不同的评价指标可以提供更全面的视角，从而更好地理解模型的性能，同时多重指标评价能够根据具体情况选择适合的指标，以满足不同场景下的需求，从而更好地支持决策制定。

（3）特征侧重。特征侧重原则在商业数据分析中具有重要意义，它强调了对模型中各个特征的深入理解和解读，以便将抽象的分析结果转化为实际的业务洞察，从而为决策者提供有意义的信息。通过分析模型中各个变量的权重，可以识别出对模型预测结果影响较大的关键因素。这有助于确定哪些变量对商业问题具有重要影响，从而指导决策者采取相应的行动。

综合而言，模型解读与评价的原则是确保分析结果可靠且有实际应用价值的关键。通过业务关联性优先原则、多重指标评价原则和特征侧重原则的引导，我们能够将抽象的数学模型转化为实际的见解，为企业决策提供有力支持。这些原则共同确保了分析结果的可信度、实用性和可解释性，从而为企业的战略制定和业务优化提供了坚实基础。

2.4 分析结果解读

2.4.1 分析结果解读的原则

在进行模型的解读和评价的过程中，为了确保模型为实际的商业决策提供有效帮助，需要注意以下原则。

1. 明确解读目标

在商业数据分析中，明确解读目标是确保分析结果直接对业务问题产生影响的关键步骤。解读分析结果不仅仅是为了了解模型的性能，更重要的是将抽象的数据转化为实际的洞见，以支持决策和战略制定。

首先，明确的解读目标有助于将分析结果与业务需求紧密相连。通过明确解读的目标，我们能够将模型的输出与企业的具体问题对应起来，从而确保分析结果是有针对性的，能够为实际业务决策提供有效支持。其次，明确解读目标还有助于聚焦分析结果的关键信息。在大量的数据和指标中，明确的解读目标可以帮助分析师识别出哪些结果对于实现目标是最为关键的。另外，明确解读目标也有助于与利益相关者进行有效的沟通。在向决策者或业务团队解读分析结果时，明确的目标能够帮助我们以更简洁、清晰的方式传达分析的关键发现，使其更容易理解和接受。这有助于推动分析结果的应用和实际落地。

2. 综合考量指标

在商业数据分析中，综合考量指标是确保我们全面了解模型性能的重要策略，因为实际问题往往是多方面的，单一指标难以完整地反映模型的优劣，而综合考量可以提供更全面、更准确的分析结果，更好地指导业务决策和制定战略。

首先，综合考量能够帮助我们发现模型在不同指标上的表现，识别出模型的优势和局限性，更好地认识模型的现状。其次，综合考量可以帮助我们在复杂的应用场景中作出更明智的决策。在实际业务中，往往存在多个指标同时影响着决策结果。通过综合考量，我们可以更好地权衡不同指标之间的关系，从而作出更全面、更有效的决策。此外，综合考量还可以避免过于片面的评价，从而降低决策的风险。如果仅仅关注某一单一指标，可能会忽略其他重要的因素，导致作出不准确或不完整的决策。

3. 结果解释合理

合理解读模型结果是确保分析成果被正确理解和应用的关键。过度解读或错误解释结果可能导致误导性的决策，从而产生不良的商业影响。因此，应在解读过程中保持客观、谨慎，并充分考虑多个因素。

首先，要将解释与模型的应用场景紧密结合，不同的业务问题需要不同的解释方式。其次，要充分考虑数据的特点和限制。模型的结果是基于数据分析得出的，对数据质量和可靠性的评估至关重要。解读时需注意是否存在数据缺失、异常值等情况，以及这些因素对结果的影响，同时也要考虑模型的局限性，明确模型的适用范围和假设条件。此外，在解释模型结果时，要注重保持客观性，避免过度解读或赋予结果过高的期望，而应根据实际情况进行实事求是的解释。同时，要注意将解释过程透明化，确保决策者和利益相关者理解解释的过程和依据，从而增强结果的可信度和可靠性。

4. 结果与实际应用相结合

将模型结果与实际应用相结合是商业数据分析中的关键环节，它确保了分析成果不仅停留在纸面上，更能够在实际业务中发挥作用，实现真正的商业价值。这一步骤在解读和评价模型结果时尤为重要。

首先，将模型结果与业务环境紧密结合。商业数据分析的目的是解决实际的业务问题，因此模型结果必须与具体业务环境相匹配。解读模型结果时，要深入理解业务场景，考虑模型结果在业务中的实际意义。其次，满足实际需求和约束条件。模型结果必须满足实际业务需求和限制，考虑到业务目标、资源约束、时间限制等因素。解读模型结果时，要关注结果的可操作性和可行性，确保其在实际操作中被有效应用。最后，与利益相关者充分沟通。解读和评价模型结果时，与业务决策者、领域专家以及其他利益相关者进行充分沟通是至关重要的。通过与他们合作，可以确保模型结果的解释和应用更加贴近实际需求，同时也能够获取宝贵的反馈和建议，不断改进模型的应用效果。

综合而言，模型的解析和评估使得数学模型的抽象与实际业务挑战相衔接，为决策者提供有深度的认识。通过遵循明确解读目标、综合考量指标、结果解释合理和结果与实际应用相结合等原则，我们能够确保分析结果具有实际的价值和可信度，为企业的战略制定和业务优化提供有力支持。

2.4.2 分析结果解读的内容

当商业数据分析的模型和方法都建立完成后，下一步就是对分析结果进行解读。分析结果解读是将复杂的数学和统计结果转化为非专业人士能够理解的有意义的信息和见解的过程。这个过程不仅涉及技术方面的解释，还需要将分析结果与实际业务情况联系起来，以便支持决策制定和业务发展。在分析结果解读的过程中，需要注重以下关键点。

1. 业务背景理解

在商业数据分析中，深入了解业务背景是解读分析结果的关键前提。这一步骤的重要性在于分析结果并不是孤立存在的，它必须与具体的业务问题和目标相结合才能真正产生有意义的洞察和见解。深入了解业务背景有助于明确分析的目标、理解变量的含义以及解释模型的结果。通过与业务利益相关者沟通、阅读相关文献、参与业务会议等方式，我们可以获取关于业务问题、行业趋势和市场动态的关键信息。可以通过将指标解释为业务影响关键因素、进行业务场景模拟以及与业务目标对照等方法将业务背景与分析结果联系起来。这样的整合能够确保分析结果不仅仅是数据的呈现，更是对业务现实的深刻理解，为决策者提供有针对性的见解，从而推动企业的持续发展和成功。

2. 简明清晰地表达

在与非专业人士分享复杂的数据分析成果时，避免使用过多的技术术语和晦涩的统计概念至关重要。在将分析结果传达给决策者、合作伙伴或团队成员时，我们应该以简洁明了的方式呈现，用通俗易懂的语言将烦琐的数据解释为简单的信息。这种沟通方式有助于消除沟通障碍，确保所有人都准确理解分析的含义和影响。具体而言，可以使用图表、图形和可视化工具来呈现结果，从而将抽象的数据转化为直观的观点。此外，可以通过具体的实际案例和比喻，将复杂的统计概念用日常生活中易于理解的场景进行解释，以帮助非专业人士更好地理解分析结果的实际意义。

3. 结果可信度

在解读分析结果时，模型的可信度和不确定性是确保决策者作出明智决策的关键。分析结果通常伴随着一定的不确定性，因为模型建立过程中的假设、数据质量以及模型本身的局限性都可能影响结果的准确性。因此，为了提供全面的信息，我们应该向决策者传达结果的可靠性程度。

首先，可以提供结果的置信区间，即结果的上下界限。这有助于决策者了解结果的范围，从而更好地评估结果的稳定性和精确性。置信区间的宽窄反映了模型对真实情况的估计程度，决策者可以根据置信区间的大小来判断是否需要采取进一步行动。其次，解读分析结果时应介绍模型的假设条件。这包括模型所基于的前提和限制，以及模型假设的数据分布和关系。决策者了解这些假设条件后，可以更好地评估在实际应用中结果是否适用，并在必要时进行调整或修正。此外，进行敏感性分析也是重要的一环。通过改变模型的关键参数或输入，可以评估结果对于不同因素变化的敏感程度。这有助于决策者了解结果是否稳健，以及在不同情景下的变化趋势。

4. 与实际应用相结合

分析结果的真正价值在于它们如何引导实际行动和决策，将洞见转化为切实可行的改进和策略。在将分析结果应用于实际场景时，有几个关键步骤和原则需要考虑，以确保分析产生实际价值。

首先，分析结果需要与业务实际应用相结合。这意味着将抽象的分析数据转化为切实可行的行动计划。例如，如果分析结果显示某一产品在特定市场表现较好，可以根据这一发现调整销售策略，增加供应量，或者开发相关产品。其次，从分析结果中提取的见解应该指导业务的改进和战略调整。这可能涉及流程优化、产品创新、市场定位调整等方面。分析结果的价值在于它们能够揭示隐藏在数据背后的模式和趋势，从而帮助企业更好地适应市场变化。此外，确保分析结果的可行性和可操作性也很关键。分析师应该与业务团队密切合作，共同评估分析结果的可行性，并在实际应用中进行必要的调整和优化。只有将分析结果与实际操作相结合，才能实现持续的业务改进和增长。最后，定期监测和评估分析结果的实际效果也是至关重要的。商业环境在不断变化，因此分析结果的效果可能会随时间发生变化。通过持续的监测和评估，可以及时调整策略，确保分析的持续价值。

2.5 结论与建议

在对模型的分析结果进行解读后，依据得到的解读结果得出结论，并给予不同主体一定的建议，以实现商业数据分析的有效性和商业价值。

在结论部分，我们将总结商业数据分析的结果，根据数据的分析和挖掘得出的定量和定性结论，回答在前文所提出的商业问题。这些结论将基于数据的分析和解释，揭示数据背后的模式、趋势和关联性。例如，对于市场营销系的问题，结论可能涉及市场的需求特点、目标消费群体的偏好、竞争对手的优势等方面。同时，在撰写结论时，要注意结论的客观性和准确性。结论需要基于数据和事实进行推导得出，避免主观臆断和误导性的陈述。同时，要确保结论的简明扼要，突出核心信息，方便读者快速理解和掌握。

在建议部分，我们将根据结论提出相应的建议和措施，为决策主体提供实际可行的指导。这些建议将基于结论的分析和发现，针对问题的解决方案，具体而明确。例如，在市场营销方面的问题，建议可能包括针对不同消费群体的营销策略、产品优化的方向、价格调整的建议等。在撰写建议时，要注重可操作性和实际性。建议需要具有可操作性，即决策主体能够根据建议进行实际的操作和实施。同时，建议需要考虑企业的实际情况和资源限制，以及强调结论的持续监测与评估，商业环境和市场需求都在不断变化，因此对于提出的建议需要进行持续的跟踪和评估，确保其有效性和实际可行性。

最后，可以提及商业数据分析带来的商业价值的体现，商业数据分析的最终目标是为企业带来实际的商业价值。通过合理的数据分析和明智的决策，商业数据分析可以帮助企业发现市场机会、优化产品和服务、改进营销策略、提高客户满意度等，从而提高企业的竞争力和盈利能力。商业数据分析也可以帮助企业降低成本、提高效率，优化资源配置，实现更加稳健和可持续的发展。

总体而言，结论与建议部分将起到决策支持和业务优化的重要作用。通过充分发挥数据分析的作用，我们能够为企业提供具有商业价值的结论和建议，帮助企业在竞争激烈的市场中取得成功。同时，持续的数据监测和评估将保证决策的持续优化和适应市场的变化，确保商业数据分析的有效性和长期效益。

第 3 章

商业数据分析实训平台

为了更好地让读者快速掌握商业数据的分析方法，下载学习材料并进行数据分析，本书配套开发的商业数据分析实训平台为读者提供丰富多样的商业数据集，将理论知识与实际应用相结合，帮助读者更好地理解和应用数据分析技术。本章节将具体介绍该实训平台的内容，包括其功能、特点与应用范围，并分别从教师端和学生端来说明实训平台的使用流程，以期通过教师端完善的教学管理平台，以及学生端优质的学习实训平台，推动高等院校商科教学与实践的不断发展。

3.1 实训平台介绍

3.1.1 实训平台简介

商业数据分析实训平台是一款专为商科专业打造的多功能教学实训平台。它凝聚了营销理论和实务界人士，致力于促进产学研多方合作，培养更符合时代需求的商科人才。

商业数据分析实训平台的研发目标是为不同类型需求的数据分析人员提供一个全面、多功能的实践学习环境，通过这个平台，学员可以在互联网时代充分探索商业数据分析领域的知识并开展实践。平台囊括了丰富多样的实践项目，覆盖研究设计、数据收集和统计建模等各个方面，旨在培养学员综合解决实际市场问题的能力。

为了确保平台的有效性和实用性，商业数据分析实训平台凝聚了业内权威的专家和学者，以及各个领域的实务界精英，他们共同参与平台课程的设计与开发，保证了内容的专业性与先进性。同时，平台也和众多知名企业建立合作关系，为学员提供更真实的商业数据和案例，使学员能够更贴近实际市场，了解市场变化和需求。

商业数据分析实训平台的特点之一是其灵活性和个性化定制。教师可以依据教学需要而在平台上设置具体的教学内容，可以按照课程进度布置不同类型的课程作业，可以依据章节学习特点布置具有实践性质的课程任务，并且借助平台来对课程作业进行高效收集与批改，最终显著提升教学效果；学员可以根据自身学习目标和兴趣，在平台上自由选择不同的实训项目和课程。这种个性化的学习方式，使每位学员都能得到最大化的学习效益，同时培养出更独具特色和创新思维的商科人才。

3.1.2 具体内容介绍

1. 一流的课程库

实训平台作为商业数据分析教学的核心工具，具有丰富一流的课程库，为学员提供高质量的名师课程和相关资料，如图 3-1 所示。实训平台的课程库汇聚了业内顶尖的名师和专家团队，他们在商业数据分析领域拥有丰富的教学经验和实践经历。一方面，实训平台的课程库资源包含丰富的理论教学资料，这些资料包括教材、学习笔记、案例分析等，具体体现在《市场营销》《消费者行为学》和《客户关系管理》等教材中。学员可以通过阅读这些资料，巩固课程内容，扩展学习深度，构建更为完善的商科的理论体系，进而为实践实训打下坚实的理论基础。另一方面，实训平台的课程库中，涵盖了市场调研与数据分析的各个方面，包括数据收集、数据处理与清洗、数据可视化、统计建模分析等，学员可以通过这些名师的教学，全面了解商业数据分析的实践流程，更好地实现理论与实践的结合。同时学员能够借助该平台实现完整的市场调研实训，感受实际的市场调研流程，有效地培养其实践能力。

图 3-1 实训平台课程库

除此之外，实训平台注重教师的教学体验，教师在使用平台时可轻松一键导入课程内容，使得备课流程更加便捷。平台提供了灵活的课程编辑和管理功能，教师可以根据教学计划自由组织课程内容，节省备课时间和精力，将更多精力投入教学内容的提升和优化中。与此同时，实训平台能够提供多样化的教学形式，其课程库中的教学内容也丰富多彩，如视频课程、PPT 讲解、实践案例演示等。这种多样化的教学形式，使学员可以更加灵活地选择学习方式，便于符合不同学员的学习习惯和需求。

拥有丰富一流课程库的实训平台为学员提供了学习商业数据分析的最佳资源。名师课程和相关资料的结合，使学员能够从不同角度全面了解商业数据分析的理论和实践。同时，教师备课的便捷性和多样化的教学形式，有效地提高了教学效率和教学质量，让学员在学习商业数据分析时获得更佳的学习体验。

2. 翔实的课程资料

实训平台的课程库拥有翔实的课程资料，为学员和教师提供了全面的资源，如图 3-2 所示。其中，每门课程都包含精心设计的目录，涵盖了课程的每一章节，使学习过程更加高效和条理化。在实训平台的课程页面，教师端可以依照课程内容，将不同的课程资料分章节放置其中，使课程目录清晰明了。详细列出的课程章节内容，使学员和教师能够轻松了解课程的组成和计划安排，帮助学员有序学习知识的同时也为教师备课提供了指导。

图 3-2　实训平台课程库“商业数据分析与实训”课程详情

实训平台课程库的课程都配备了相应的课件资料。通过单击课程内的章节可以发现，平台课程的课件包括 PPT 演示、PDF 文档等多种形式，用于辅助教师的授课和学员的学习。平台除了内容凝练、重点明确的课件可以帮助学员更好地理解和掌握知识点外，还提供了丰富的资料供学员学习和参考。这些资料可能是补充阅读、案例研究、实践指南等，能够拓展学员的知识面和实践能力。教师可以依照课程的教学需要来添加补充资料，也可以依照学员的要求来添加拓展材料。

课程的学习不仅在于理论知识的吸收，还需要通过实践不断巩固。实训平台的课程配备了相应的作业，便于学员在课堂内外进行练习，加强其对知识的理解和运用。同时，为了更好地帮助学员将理论知识应用于实践，实训平台还提供了相关的实训项目。这些实训项目根据不同课程内容设计而成，可以让学员在实际场景模拟中运用数据分析技术来解决实际问题，增强实战能力。

翔实课程资料的提供，使学员和教师都能轻松获得全面的学习资源。清晰的目录和丰富的课件形式有助于学员系统地学习知识，而作业和实训项目的设置则为学员提供了锻炼和实践的机会。同时，教师可以根据平台的课程资料系统备课，提高教学质量，使学员在商业数据分析学习过程中取得更优秀的成果。

3. 便捷的学员管理

实训平台提供了便捷高效的学员管理功能，通过加课码邀请学员加入课程，并在成员页面统一管理课程成员，可以更方便地开展教学活动，如图 3-3 所示。教师在实训平台创建课程后，系统会自动生成一个独特的加课码。学员可以通过输入加课码自主加入对应的课程中。这种加课方式省去了烦琐的手工添加学员的步骤、减轻了教师的管理负担、提高了学员加入课程的便捷性。同时，实训平台为每门课程设立了成员页面，教师可以在这个页面上统一管理课程成员，可以查看学员的姓名、学号、联系方式等信息，还可以添加或删除学员，保证课程成员的及时更新。

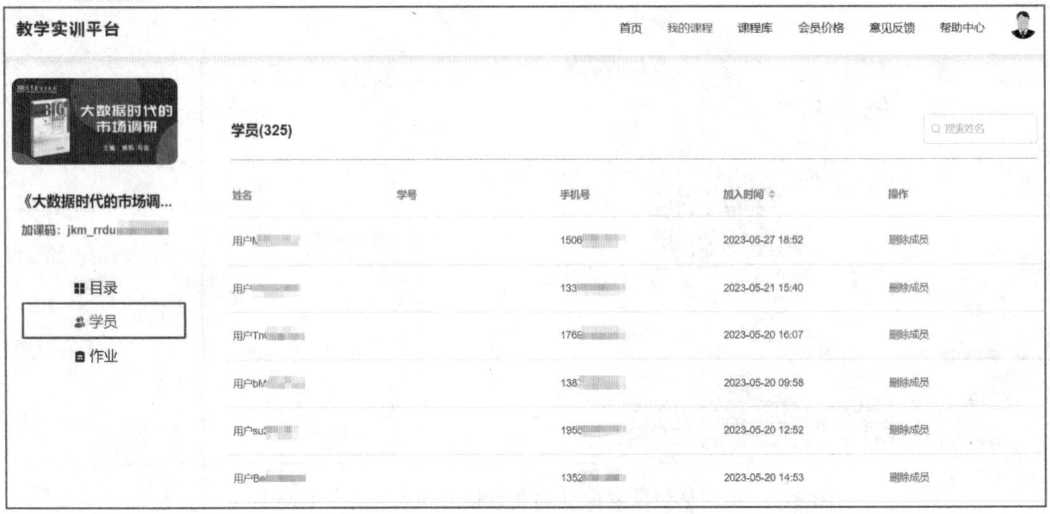

图 3-3 教师端学员管理界面

通过编辑学员管理功能，教师可以向全体学员发布通知、课程更新、作业要求等信息，确保学员及时获取课程进展和学习指导。此外，教师还可以根据学员的学习情况，对课程内容进行调整和优化，提升教学效果。

实训平台实现了学员便捷加入和教师高效管理的统一。学员通过加课码加入课程，无须复杂的注册和登录，立即可以参与学习。教师可以在成员页面实时了解课程成员情况，便于及时沟通和管理。这种学员管理方式也有助于教师更好地组织教学活动，推动学员参与度和学习效果的提高。

4. 丰富的实训项目

教师可以根据教学需要，将教材中的实践案例以实训项目的形式添加到实训平台的课程中。这些实训项目可以包括多种类型的实验和调研，涵盖着广泛的营销和管理领域，如图 3-4 所示。例如，随机场景实验可以帮助学员模拟真实情境，培养其决策能力和应变能力。服务营销与体验管理调研可以让学员深入了解客户体验和需求，从而提升服务质量。客户满意度和忠诚度调研可以让学员掌握如何收集和分析客户反馈数据，以及如何提升客户满意度。

图 3-4　实训项目部分展示

除此之外，实训项目还涵盖了一系列分析方式，如 MaxDiff、联合分析、非结构化数据分析等，这些方法能够帮助学员更好地理解市场研究和数据分析。学员可以通过这些实训项目进行实际操作，加深对知识的理解，并掌握此类商业数据分析方法在实际运用中如何操作。

5. 专业的分析工具

实训平台作为商业数据分析教学的核心，提供了专业的研究分析工具，使师生能够在平台上完成真实的研究设计、数据收集和统计建模。其具有强大的功能且支持各类实践需求，包括调研、行为实验、眼动实验、脑电实验等，如图 3-5 所示。

首先，实训平台为师生提供了丰富的研究设计工具和模板，可以灵活地进行问卷调查、实地调研、市场调研等各类研究。教师可以根据课程需求或学员研究方向，设置合适的研究设计，让学员深入了解研究过程和方法。

其次，实训平台拥有完善的数据收集工具和强大的统计建模工具。平台配备了便捷高效的数据收集工具，如在线问卷调查系统等。师生可以根据研究需求，灵活选择适合

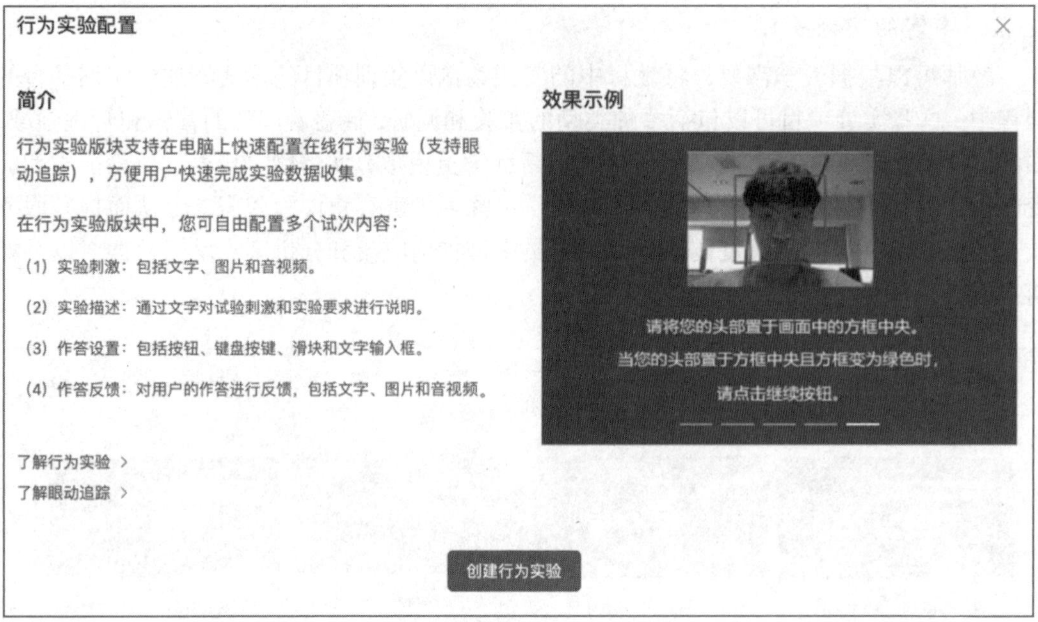

图 3-5　行为实验配置界面

的数据收集方法，并在平台上实时管理和统计收集的数据。实训平台支持多种数据分析方法和算法，师生可以在平台上进行数据预处理、变量设置、模型建立和评估等，全面掌握数据分析的核心技术，为实践需求提供强有力的支持。

最后，实训平台能够满足多样化的实践需求。无论是市场营销、消费行为、金融分析还是其他领域的实践需求，实训平台都提供了相应的工具和资源。例如，行为实验工具支持模拟消费者购买行为；眼动实验和脑电实验工具支持对消费者注意力和情感的研究。

通过专业实践研究工具，实训平台为师生提供了一个安全、高效的学习和研究环境。教师可以根据实际教学需要设计研究项目，学员能够在平台上进行真实的研究设计、数据收集和建模统计。在保证数据安全与隐私的前提下，实训平台提供的全面实践实验支持，帮助师生在商业数据分析领域取得更深入的学术研究和实践成果。

3.2　课程内容的导入与修改

3.2.1　课程内容的导入步骤

课程内容的导入是教师们使用实训平台的关键步骤之一。通过这个功能，教师可以轻松将课程库的内容快速导入自己的账户中，并进行灵活的编辑和优化。

步骤 1：PC（个人计算机）端登录商业数据分析实训平台（https://edu.credamo.com/）。

首先进入商业数据分析实训平台首页，单击右上方的“立即登录”选项，进入登录界面，如图 3-6 所示。尚未注册的用户需要先阅读《教学平台服务协议》，在此基础上注册账号。已经注册过的用户可以通过密码或验证码的方式登录，进入教学实训平台界面。

图 3-6　商业数据分析实训平台首页

步骤 2：单击“课程库”进入课程页面，在众多课程中选择需要导入的课程模板，然后单击进入“课程详情”，如图 3-7 所示。

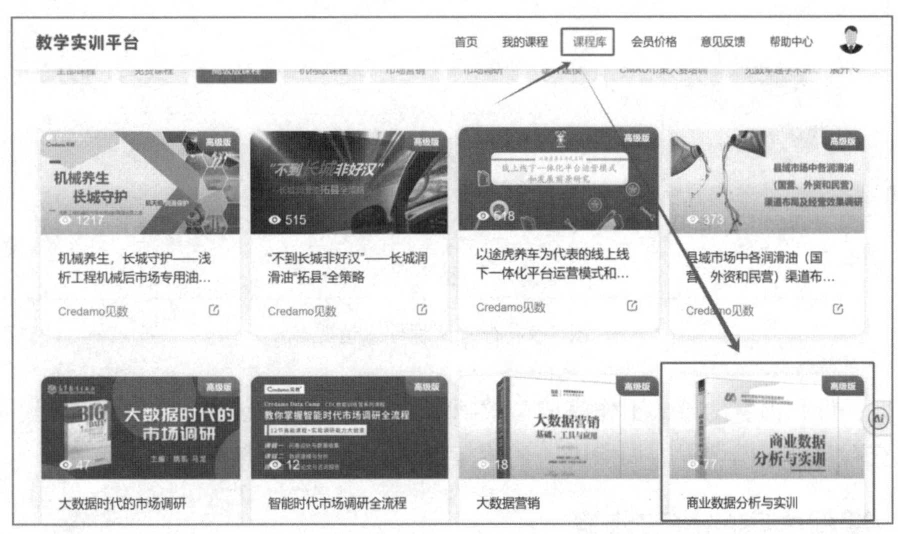

图 3-7　商业数据分析实训平台课程库

在这个步骤中，教师可以选择需要的课程库模板，以匹配自己的教学需求，可以在该模板的基础上修改教学内容。

步骤 3：单击右上角按钮“导入到我的课程”，输入“课程名称”后单击“确定”按钮，完成课程导入，如图 3-8 所示。

步骤 4：在“我的课程”–“教师端”中单击进入课程详情页。

教师可以查看已经导入成功的课程的具体情况，如图 3-9 所示。

图 3-8　课程导入方法

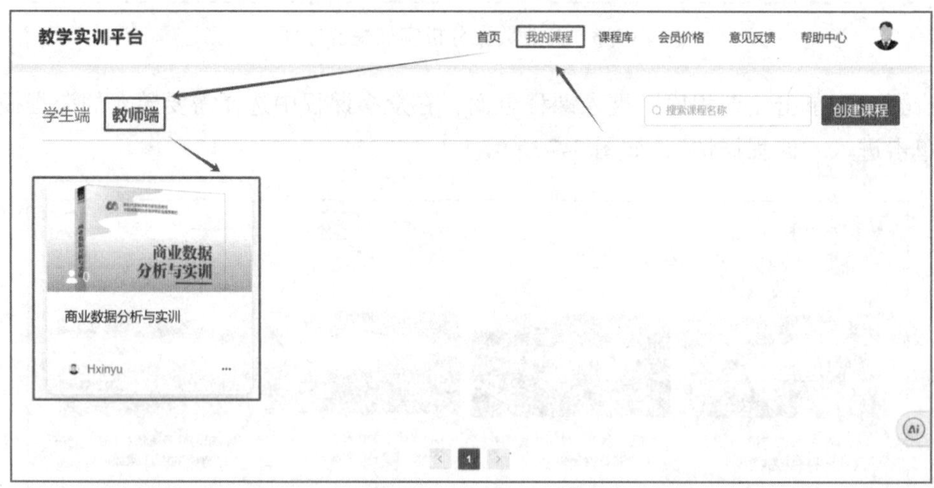

图 3-9　查看课程导入情况

由此，课程内容的导入工作完成，教师在实训平台已经创建了自己的课程。从教师端可以查看自己本门课程的加课码，让参与本门课程的学员加入学习。

3.2.2　课程内容的修改步骤

教师在实训平台上导入模板后，可以根据自己的实际需要对课程模板进行修改，具体包括目录修改、学员修改和作业修改功能。

1. 目录修改

教师可以单击“目录”进入目录详情页，单击右边的按钮可以添加章节、小节和内容，如图 3-10 所示。课程内容包含简介、课件、视频、实训项目等，教师可以依据实际的教学需求来修改目录内容，以满足教学需要。

图 3-10　修改课程目录

2. 学员修改

教师可以单击“学员”进入学员详情页，查看每位学员的具体信息，包括学员姓名、手机号和加入时间等，同时可以通过删除成员的方式处理非本门课程的学员，如图 3-11 所示。

图 3-11　查看与修改学员情况

3. 作业修改

教师可以单击“作业”进入作业详情页，单击右边的按钮可以添加作业，并自定义修改作业的标题、介绍以及截止时间，同时可以添加附件作为作业的材料，如图 3-12、图 3-13 所示。

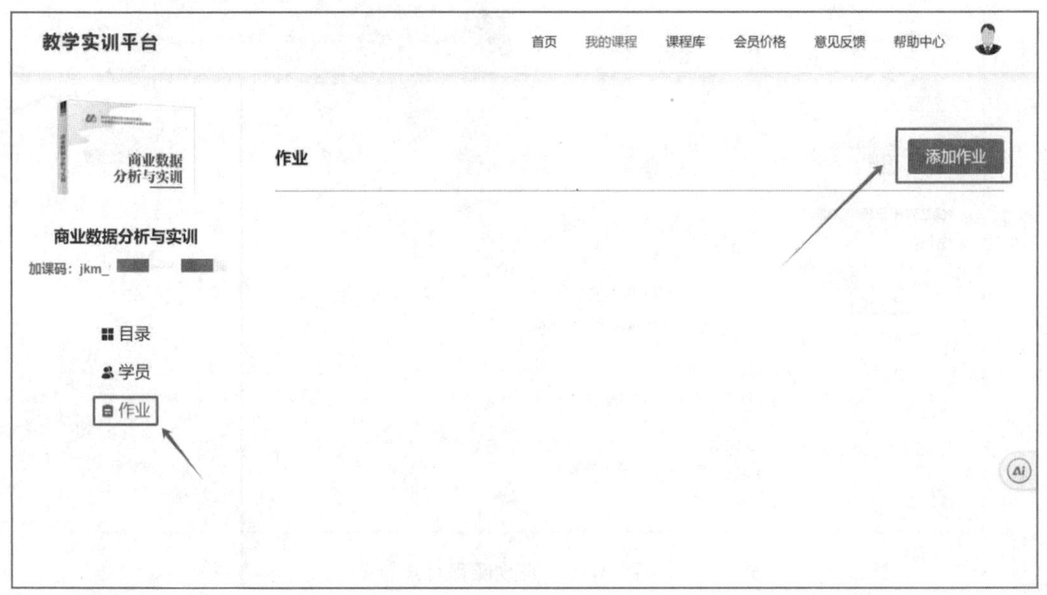

图 3-12　添加与修改作业（1）

图 3-13　添加与修改作业（2）

3.3　课程内容的学习

3.3.1　学员加入课程

学员可以通过教师通知的加课码，进入相应的课程中学习，如图 3-14 所示。

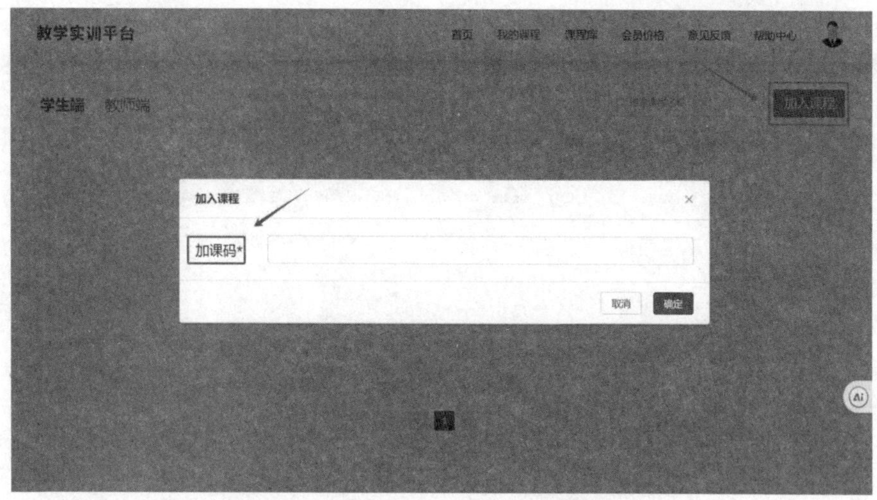

图 3-14　通过加课码加入课程

3.3.2　查看与下载目录内资料

学员可以单击具体课程内的“目录”，在该章的每一个小节，都有相应资料查看与下载的方式，如图 3-15 所示。

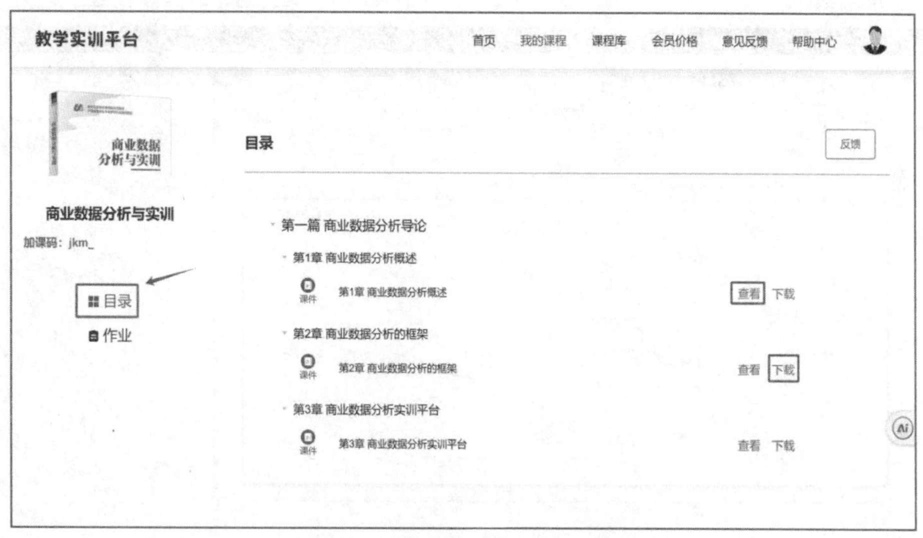

图 3-15　查看与下载目录内资料界面

3.3.3　参与实训项目

在教师端发布实训项目后，学员可以通过课程目录，找到对应的实训项目小节参加实训。学员可以在平台中创建自己的文件夹，进行相应的操作，并记录建模分析结果，如图 3-16、图 3-17 所示。

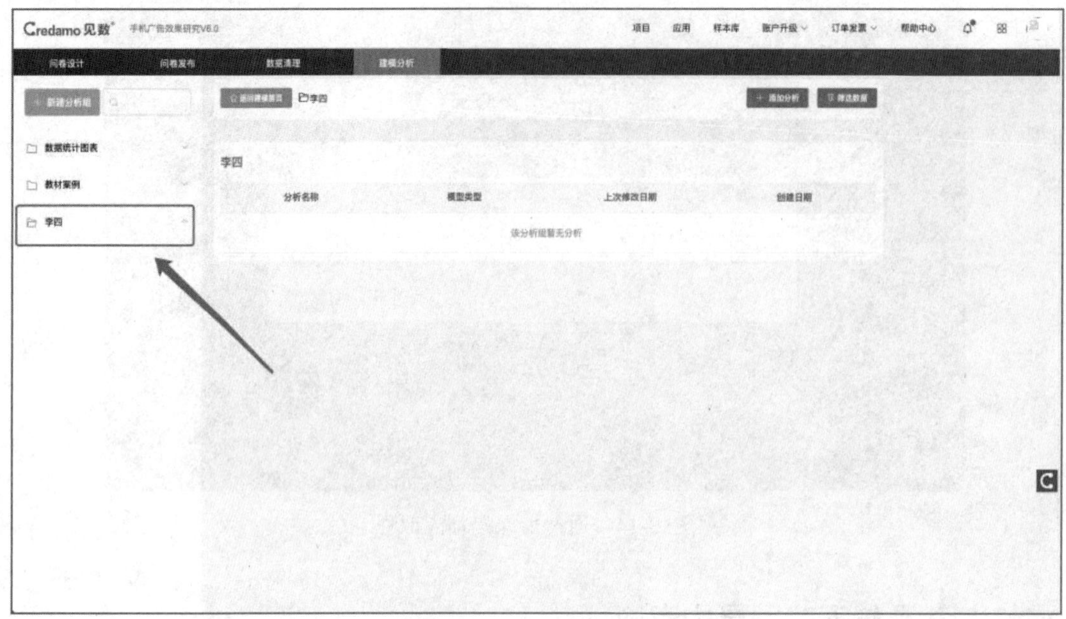

图 3-16　创建个人文件夹

图 3-17　建模分析结果示例

除此之外，学员可以单击具体课程内的“作业”，查看教师布置作业的要求和截止时间，并通过平台提交作业，如图 3-18 所示。

图 3-18　学员提交作业界面

3.4　实训项目类型与设置方式

3.4.1　实训项目介绍

教师可以通过实训平台创建具体的实训项目，来提升学员的实践能力并检验他们的知识掌握情况。实训项目是一种重要的教学方法，它通过让学员在真实或仿真的商业场景中运用所学知识和技能，来解决实际问题和面临的挑战。教师可以通过自己绑定的账号，设置具有课程特色和符合课程要求的问卷作为实训项目，并自定义学员的编辑权限，让学员有足够的操作空间来获得更高质量的实践锻炼。

实训项目的实现是商业数据分析实训平台的一大特色。教师可以依托实训平台优质和完善的调研功能，为教学设计针对性的实训项目。实训项目的实现具有广泛的意义，可以体现在如下几个方面。

1. 锻炼学员专业能力

实训项目是理论学习的延伸，它为学员提供了一个将所学知识应用于实际情况的机会。在商业数据分析领域，学员需要处理真实的商业数据，运用统计和数据分析技术来解决实际业务问题。通过参与实训项目，学员能够培养数据处理、分析和解决问题的能力，提升自身的实践技能。商业数据分析实训项目通常是基于真实的商业案例或业务问题设计而成的。学员需要面对复杂的业务挑战，并找到解决问题的方法。这种实际操作使学员能够在真实场景中练习数据收集、清洗、转换、分析和解释结果等技能。通过解决真实业务问题，学员能够更好地理解数据分析在商业决策中的价值，如图 3-19、图 3-20 所示。

回归分析结果

数据描述

下载数据

样本数	R方	调整后的R方	F值	AIC值	BIC值
210	0.6449	0.6398	124.7274	523.3804	536.7689

模型估计

购买意愿 ≈ + -0.4683 × Intercept term + 0.2878 × 趣味性 + 0.6875 × 说服力 + 0.1428 × 信息性

添加变量到模型

选择变量 确认添加

添加交互项

变量1 和 变量2 确认添加

参数摘要

下载数据

参数名称	系数	标准误	t值	P值	[0.025	0.975]
Intercept term	-0.4683	0.3586	-1.3058	0.1931	-1.1752	0.2387
趣味性	0.2878	0.0568	5.0659	0.0000	0.1758	0.3998
说服力	0.6875	0.0869	7.9092	0.0000	0.5162	0.8589
信息性	0.1428	0.0837	1.7068	0.0894	-0.0221	0.3077

图 3-19　实训项目示例：回归分析

聚类分析结果

聚类结果汇总表

下载数据

聚类类别	频数	百分比（%）
类别_1	90	42.9
类别_2	84	40
类别_3	36	17.1

聚类类别差异对比和方差分析结果

下载数据

变量	变量均值±标准差			F	p
	聚类类别1（n=90）	聚类类别2（n=84）	聚类类别3（n=36）		
说服力	5.05±0.69	6.21±0.46	3.82±0.87	183.6267	0.0000
购买意愿	5.03±0.57	6.37±0.45	2.75±0.82	494.8189	0.0000

图 3-20　实训项目示例：聚类分析

2. 提高学员学习动力

实训项目为学员提供了实践学习的机会，相比传统的理论学习，实际动手操作和解决问题可以使学习更具体、更直观。实训项目把学习与现实世界相联系，学员能够在实际场景中感受到所学知识的应用和实际效果，从而激发学习兴趣，更深入地学习和探索相关知识，如图 3-21、图 3-22 所示。

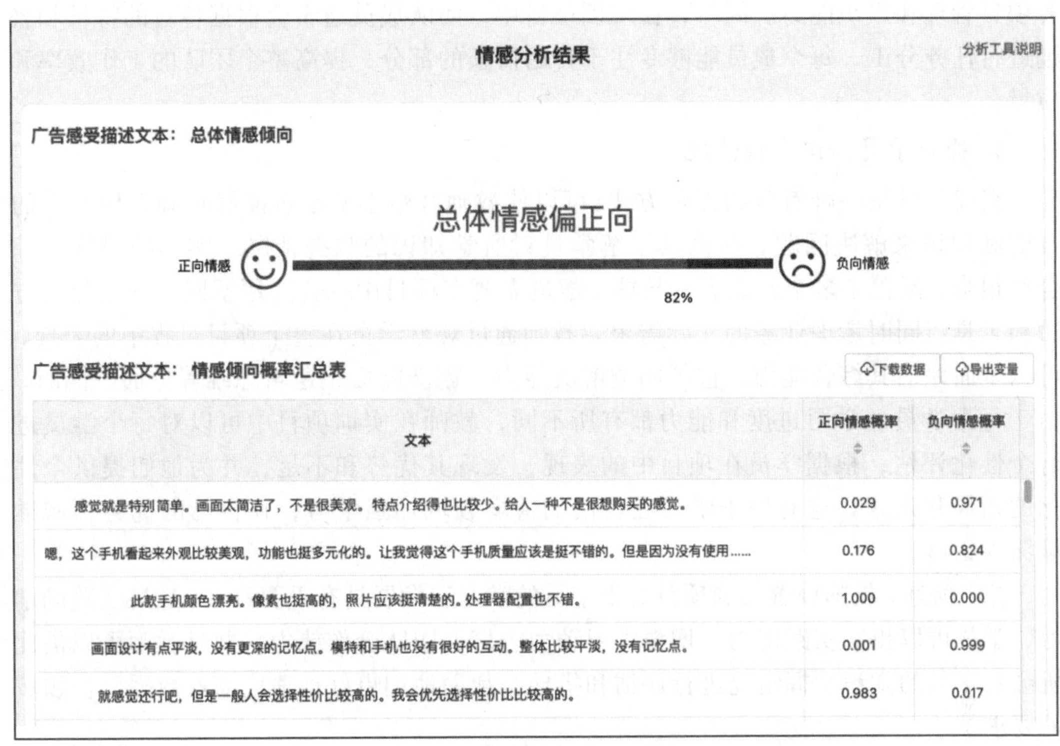

图 3-21　实训项目示例：情感分析

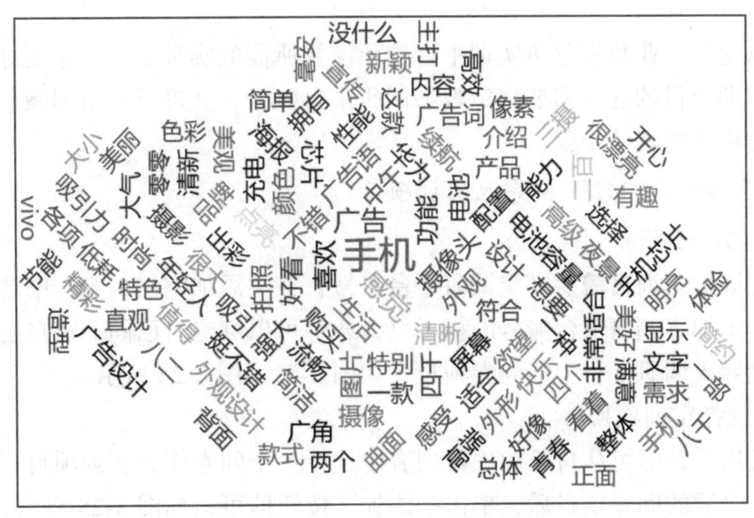

图 3-22　实训项目示例：词云图

3. 培养学员团队合作能力

在一些实训项目中，教师可以将学员组织成小组，共同完成一个复杂的数据分析任务。这些任务往往需要学员集思广益、合作解决。每个团队成员都会带着不同的视角和技能参与项目，学员通过协作能够共同完成任务并取得更好的结果。在合作中，学员可以学会听取他人的意见、妥协和取舍，可以培养团队协作的意识和技能，可以培养项目管理和组织能力。同时，在实训项目中，团队成员通常会根据各自的特长和兴趣进行任务分工，每个成员能够专注于自己擅长的部分，提高整个团队的工作效率和质量。

4. 检验学员知识掌握情况

实训项目是一种有效的评估方式，可以使教师观察学员是否能够正确运用所学的技能和知识来解决问题，帮助其了解学员对所学知识的掌握情况。实训项目往往综合性很强，涵盖了多个知识点和技能。学员需要在项目中综合运用不同的数据分析方法和工具，同时考虑业务的实际需求。教师通过观察学员在整个项目过程中的表现，可以全面评估其综合能力，包括问题解决能力、创新能力、逻辑思维等方面。同时，由于每个学员的学习进度和能力都有所不同，教师在实训项目中可以对每个学员进行个性化评估，根据学员在项目中的表现，发现其优势和不足，并为他们提供个性化的指导和建议。这有助于学员在自己的薄弱领域加强学习，在自己的优势领域继续深入钻研。

综上所述，教师设置实训项目对于学员的学习和发展具有重要意义。通过实践的学习，学员可以提高实践能力、增强学习动力、培养团队合作能力，并且教师可以借此机会对学员的知识掌握情况进行评估和指导，帮助他们更好地适应商业数据分析领域的要求。

3.4.2 实训项目的选择与建立

教师可以通过商业数据分析实训平台构建课堂所需的实训项目，来更好地满足课堂教学安排，实训项目的建立需要绑定教师调研平台账号，并进行一系列操作，以下是实训项目选择与建立的具体步骤。

1. 从“添加空白内容”中导入实训项目

步骤 1：绑定账号。

教师首次添加实训时需要绑定调研平台账号。在“添加空白内容”中选择问卷项目时，界面会弹出绑定调研平台账号的提示页，教师可以绑定自己同一账户的调研平台账号，便于直接导入调研平台上的问卷项目，如图 3-23、图 3-24 所示。

步骤 2：选择实训项目。

绑定完成后，教师可从自己的项目列表中选择一个问卷作为实训项目，使其符合教学需要。选中合适的问卷项目后，单击“添加”按钮即可，如图 3-25 所示。

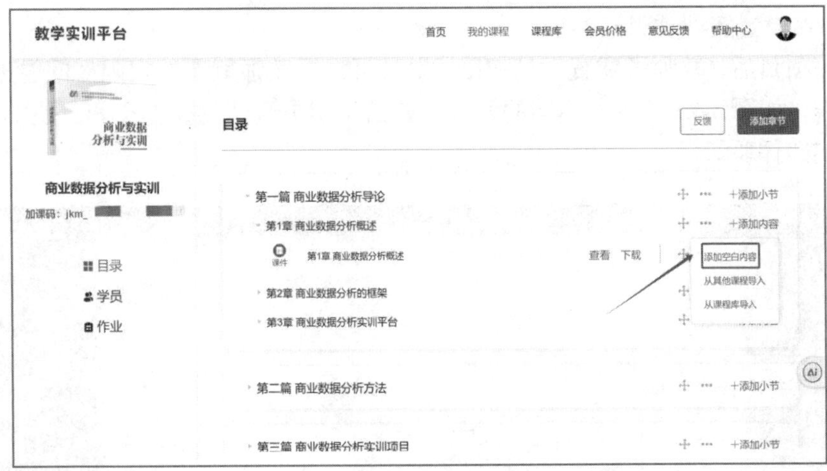

图 3-23　选择添加空白内容

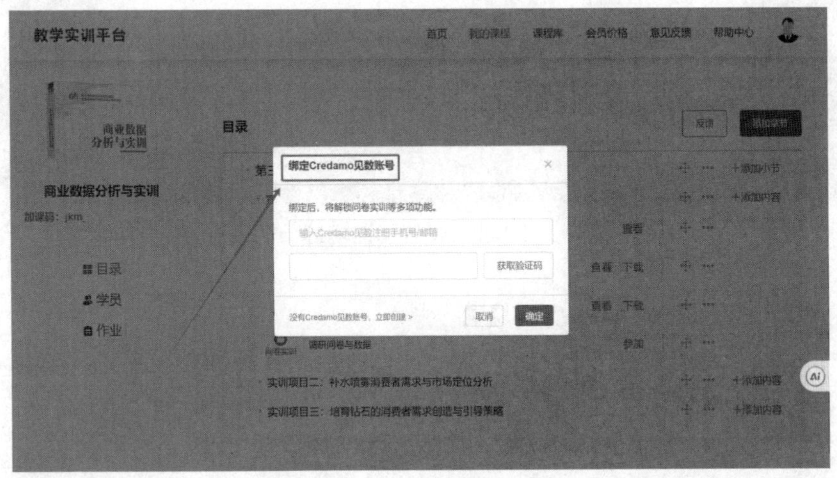

图 3-24　绑定调研平台账号

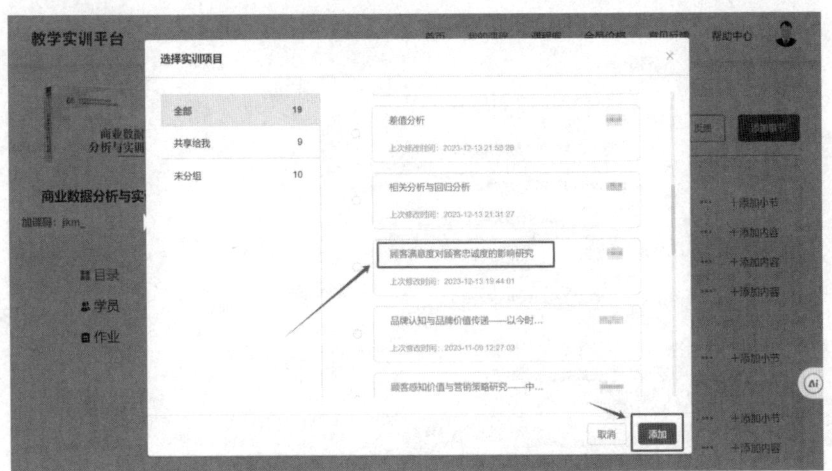

图 3-25　选择实训项目

步骤 3：设置实训项目。

选择完项目后，教师可配置学员权限。学员可根据教师赋予的权限对问卷进行编辑、发布等操作，如图 3-26 所示。不同的权限设置给予学员合适的操作空间，使学员获得更高质量的实践体验。

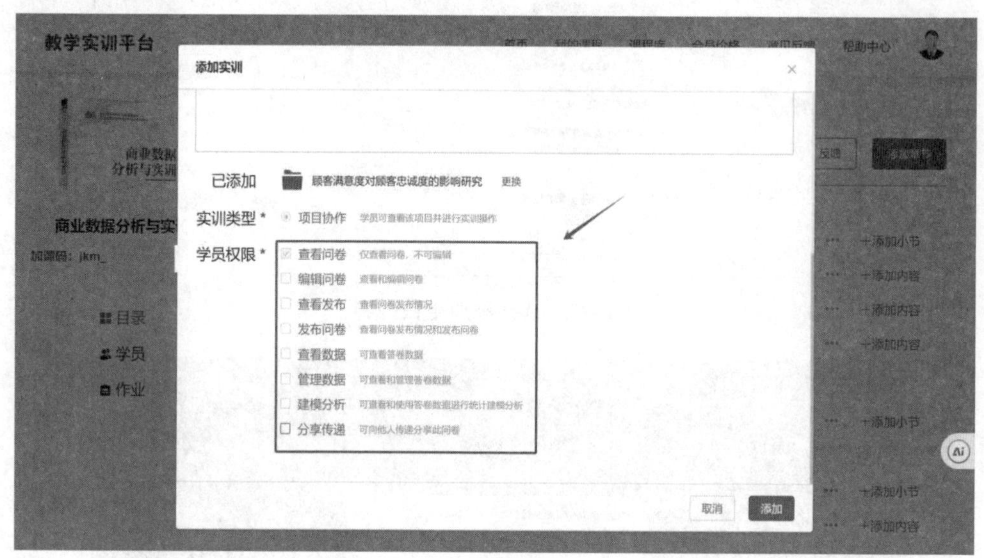

图 3-26　设置实训项目

2. 从“其他课程”中导入实训项目

教师可以将“我的课程”中已有的实训项目匹配到新的课程设置中。单击“从其他课程导入”后选择需要的实训项目，单击导入即可，如图 3-27、图 3-28 所示。

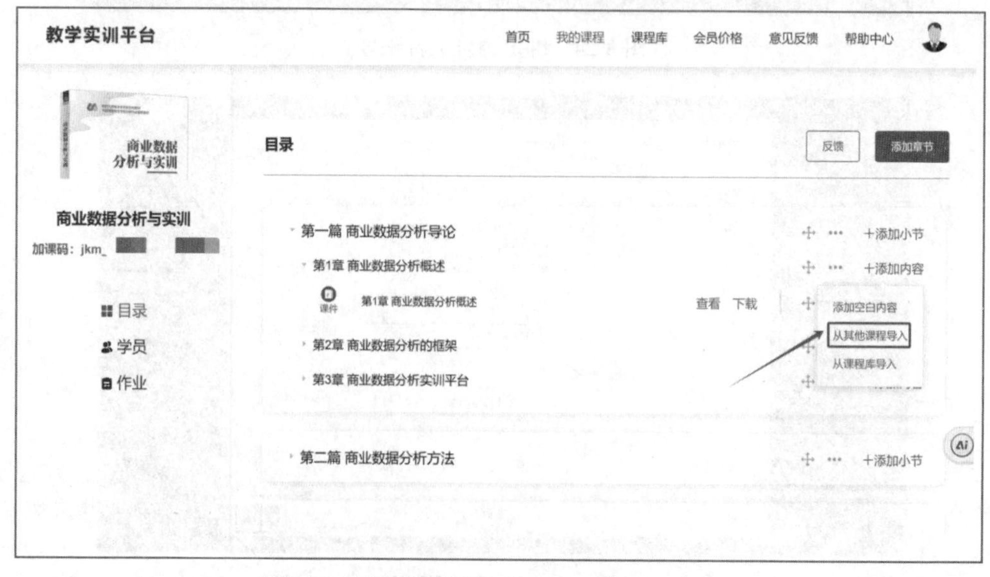

图 3-27　从其他课程中导入实训项目（1）

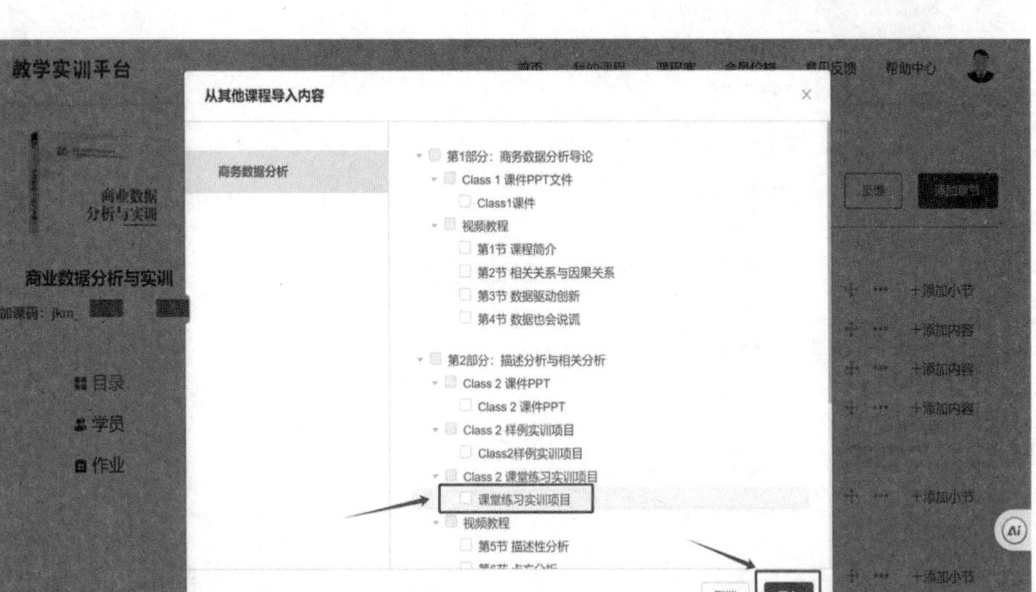

图 3-28 从其他课程中导入实训项目（2）

3. 从“课程库”中导入实训项目

教师可以在平台课程库中选择符合新课程的实训项目，并将其加入其中。单击“从课程库导入”后选择需要的实训项目，单击导入即可，如图 3-29、图 3-30 所示。

图 3-29 从课程库中导入实训项目（1）

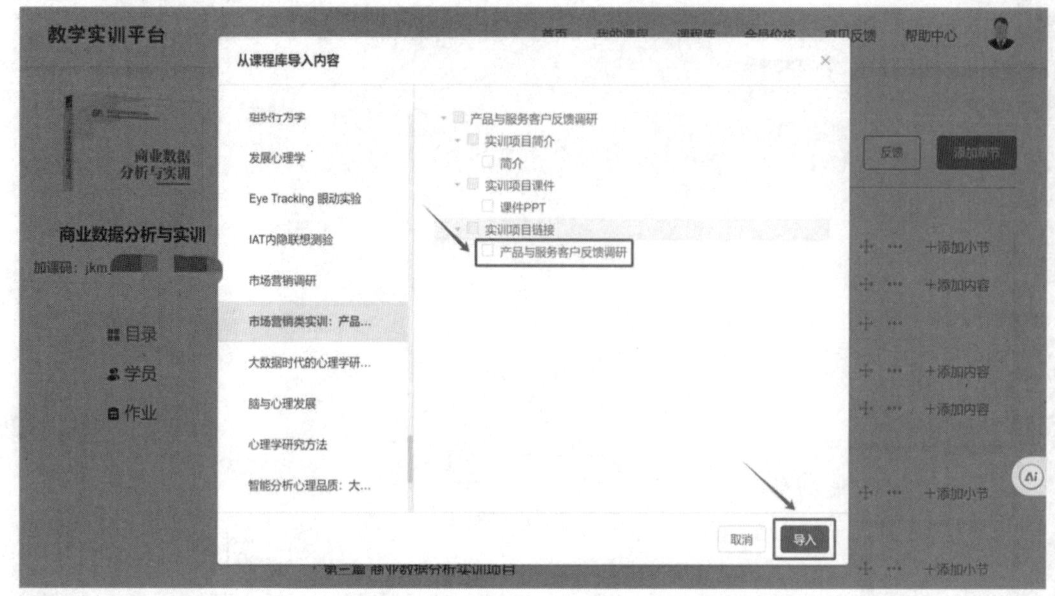

图 3-30　从课程程库中导入实训项目（2）

除了选择问卷实训项目，还可以使用外部数据上传、代码教学、代码测验等，具体请参考本章节末的实训案例。

3.5　AI 智能系统：自动生成问卷与报告辅助撰写

随着人工智能生成内容（AI-generated content，AIGC）技术的不断成熟，这一领域正在迅速发展，并且在各行各业中逐渐成为大势所趋。AI 生成内容技术的快速进步和广泛应用，使人们可以更加高效地生成各种类型的内容，包括文本、图片、影像和音频等。在市场调研领域，商业数据分析实训平台紧跟时代发展的步伐，推出了自动生成问卷与报告辅助撰写两款创新的调研工具，分别在生成问卷和生成调研报告方面使用人工智能技术，推动市场调研进入与人工智能相结合的时代。在商业数据分析实训平台中，可以通过实训项目尝试使用两种 AI 系统，让学员切身感受人工智能技术的发展，同时引导学员获得更高质量的实训实践体验。

3.5.1　AI 自动生成问卷

1. AI 自动生成问卷介绍

AI 自动生成问卷是商业数据分析实训平台推出的一款创新的调研工具，主要功能是通过输入调研主题，自动生成一份完整的调研问卷。该工具利用 ChatGPT 技术，这是一种基于人工智能的语言生成模型，能够理解自然语言输入并生成具有上下文连贯性的文本。AI 自动生成问卷的优势体现在如下方面。

AI 自动生成问卷的使用非常简便，用户只需简要描述调研主题，AI 自动生成问卷就能在几秒钟内自动生成一份结构完整、内容丰富的调研问卷。这种快速生成过程极大地节省了用户的时间和精力。相比传统手动设计问卷的方式，使用 AI 自动生成问卷能够大大缩短调研准备的时间，使用户可以更快地开始实施调研，并更早地获得结果和反馈。同时，AI 自动生成问卷的自动生成能力不仅限于问题设置，还包括适当的调研背景介绍、说明信息和感谢语等。这些元素是一个完整问卷所必须具备的要素，而 AI 自动生成问卷能够自动添加这些内容，使得整个问卷看起来更加专业和完整。用户不再需要额外花费时间来考虑问卷的结构和内容安排，只需简要描述调研主题，即可获得一份完备的调研问卷。这样的自动生成能力对于不熟悉问卷设计或缺乏调研经验的用户尤为有益。即使是新手用户，也能通过 AI 自动生成问卷轻松生成一份符合标准和专业要求的调研问卷，使得调研工作更加高效和便捷。

此外，AI 自动生成问卷还具备灵活性，AI 自动生成问卷允许用户根据需要自定义问卷的特定要素。用户可以根据调研目的和受众群体的特点，灵活地调整问卷的结构和内容。无论是增加特定问题，设置多个选择题，还是添加开放式问题，AI 自动生成问卷都能满足用户的个性化需求。这种灵活性使问卷能够更好地适应不同的研究和业务场景，提供更有针对性的数据收集方案。同时，AI 自动生成问卷在问卷设计方面发挥智能辅助的作用。利用 AI 技术，工具能够自动校验问卷的逻辑关系、问题的合理性以及文本的清晰度。这意味着 AI 自动生成问卷会检查问卷中的问题和选项是否存在逻辑错误，是否存在冲突或重复的问题，从而避免用户设计出低质量的问卷。此外，它还会评估问卷中文本的表达是否清晰易懂，确保受众准确理解问题的含义，提高问卷的回答质量和准确性。这种智能辅助功能为用户提供了质量保障，帮助他们设计出更合理、更有效的问卷。在传统的问卷设计中，很容易忽略一些细节或出现问题，从而影响到数据的可信度和有效性。而通过使用 AI 自动生成问卷，用户可以放心地设计问卷，减少了可能的设计错误，提高了调研的质量和可靠性。

总体来说，AI 自动生成问卷是一款强大且与时俱进的调研工具，它利用先进的 AI 生成内容技术，让用户能够轻松快捷地创建完整且专业的调研问卷。这种智能化的辅助工具为商业数据分析领域带来了新的可能性，将调研过程变得更加智能化、高效化，并极大地提升了调研工作的效率和准确性。

2. AI 自动生成问卷操作流程

在商业数据分析实训平台中，教师和学员可以在实训项目中实现对 AI 自动生成问卷的使用，具体操作流程如下。

步骤 1：登录 Credamo 见数平台，在项目页面中选中 AI 自动生成问卷，如图 3-31 所示。

图 3-31　使用 AI 自动生成问卷

步骤 2：在弹窗中设置问卷主题、调研类型、语言、题目数量，如图 3-32 所示。

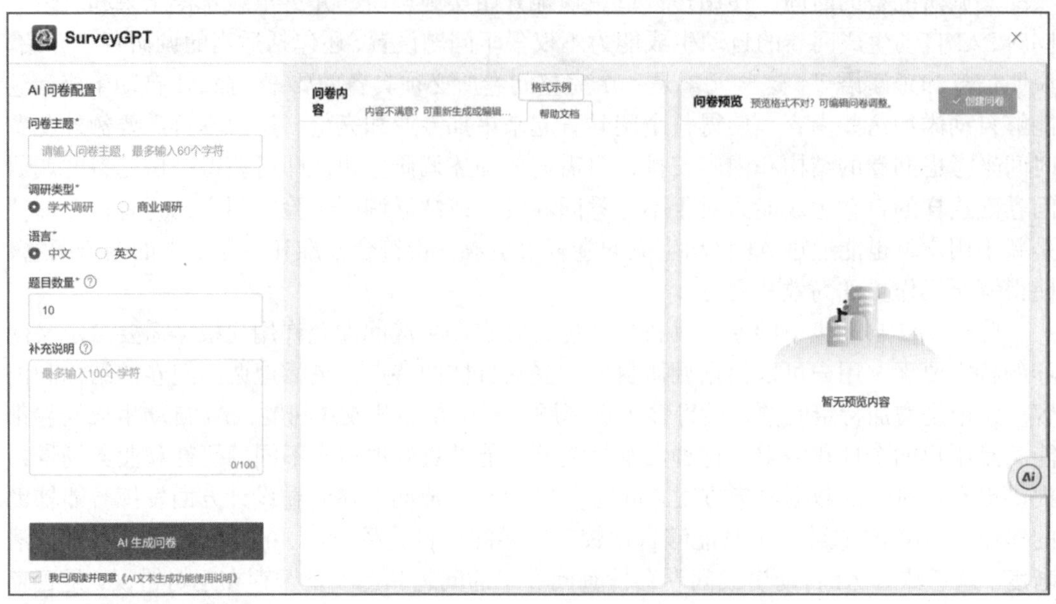

图 3-32　设置 AI 自动生成问卷相关内容

步骤 3：单击“AI 生成问卷”，即在右边看到生成的调研问卷。另外，如果需要在问卷中包含用户认为必要的内容，可以在补充说明中进行添加，这些内容也会自动包含在生成的调研问卷中，如图 3-33 所示。

图 3-33　利用 AI 自动生成问卷内容

步骤 4：调研问卷生成后，单击“创建问卷项目”，即可在问卷设计页面看到创建好的问卷，如图 3-34 所示。

图 3-34 查看生成的问卷内容

3.5.2 AI 报告辅助撰写

1. AI 报告辅助撰写介绍

AI 报告辅助撰写是商业数据分析实训平台推出的一款创新的调研工具，是一款基于人工智能技术的文本生成模型，其主要功能是基于用户的要求和所产生的数据结果，自动进行相应的 AI 文本写作。作为引入 ChatGPT 技术的文本生成模型，其在调研报告生成领域具有强大的能力，分别体现在如下方面。

首先，AI 报告辅助撰写具备智能写作图表和模型的文字解读能力。AI 报告辅助撰写能够自动解读这些图表并生成相应的文字解释。它不仅仅是简单地转述图表中的数据，还通过深度学习和自然语言处理技术，理解图表的含义和背后的数据关系。然后，它用清晰明了的语言，对数据结果进行解释，解释数据背后的趋势、关联和重要的发现。这样的文字解释让用户更好地理解数据的含义，使得数据分析结果更具可读性和可解释性。同时，AI 报告辅助撰写还可以处理数学模型和数据分析的结果。当用户进行复杂的数据建模和分析时，AI 报告辅助撰写能够理解模型的建立过程和结果的解释，然后将其转化为易于理解的文本。这使用户能够更加直观地了解模型的预测能力、重要特征以及对决策的影响，从而更好地应用分析结果于实际业务场景。

其次，AI 报告辅助撰写拥有 AI 写作研究论文和商业报告的能力。AI 报告辅助撰写的功能不仅限于生成论文和报告的提纲，它还能够自动撰写引言、摘要、文献综述、正文、结论等各个部分。对于研究人员来说，撰写一篇完整的研究论文通常需要耗费大量的时间和心力。而 AI 报告辅助撰写的 AI 写作能力使这一过程变得高效且便捷。用户只需简要描述论文的主题和结构，AI 报告辅助撰写就能自动化地生成各个部分的文本，大大减轻了研究人员的写作负担。商业专业人士在撰写商业报告时同样可以受益于 AI 报告辅助撰写的 AI 写作能力。商业报告通常需要对市场趋势、竞争分析、营销策略等内容进行详细阐述，这是一项烦琐的任务。然而，通过使用 AI 报告辅助撰写，商业专业人士可以快速获得商业报告的结构框架和各个部分的内容，从而更加专注于分析和决策层面的工作，而不必花费过多时间在文字的撰写上。值得一提的是，AI 报告辅助撰写生成的文本不仅仅是机械性的填充，它具备上下文的连贯性和逻辑性，能够根据用户输入和要求，合理地组织文本，使得生成的论文和报告内容更具可读性和准确性。这使得 AI 报告辅助撰写的 AI 写作能力不仅是简单的文本生成，更能够生成质量较高的文本内容，符合专业标准和需求。

最后，AI 报告辅助撰写还能对回归分析等方法的结果进行智能写作。回归分析是一种常用的统计方法，用于探索变量之间的关系和预测一个变量如何受其他变量影响。通常，回归分析的结果是一组系数和统计指标，这些数字可能对非专业人士而言并不直观。而通过使用 AI 报告辅助撰写，用户可以将这些结果转化为通俗易懂的文字描述，使得分析结论更具可解释性和可传达性。当得到回归分析结果时，AI 报告辅助撰写会自动解读这些数据，并根据用户的要求，生成相应的文字报告。报告中会包含回归模型的关键信息，如回归系数、显著性水平（significance level）、*R*-squared 值等。同时，AI 报告辅助撰写还可以解释这些指标的意义，以及它们对目标变量的影响程度和方向。这样的文字报告使得回归分析的结果更加直观，决策者和利益相关者能够轻松理解分析结果，从而作出更加明智的决策。不仅如此，AI 报告辅助撰写的报告还可以包含针对回归结果的建议和洞察。它能够帮助用户识别关键影响因素、探索变量之间的关系，并提供基于分析结果的行动建议。这对于决策者来说尤为重要，因为他们可以依据 AI 报告辅助撰写生成的报告，制定更加科学和有效的战略和计划。

总体而言，AI 报告辅助撰写作为一款强大的 AI 智能系统，为用户提供了智能文本生成的功能。它能够自动化地写作图表和模型的文字解释，撰写研究论文和商业报告的各个部分，并对回归分析等方法的结果进行智能写作。这样的功能极大地提高了数据分析和报告撰写的效率和准确性，为商业数据分析领域的专业人士和研究者带来了便利和支持。使用 AI 报告辅助撰写，用户可以更加专注于数据分析的结果和业务洞察的挖掘，而不必过多关注烦琐的文本写作，从而提升工作效率和决策质量。

2. AI 报告辅助撰写操作流程

在商业数据分析实训平台中，教师和学员可以在实训项目中实现对 AI 报告辅助撰写的使用，具体操作流程如下。

步骤 1：在实训项目界面，单击“建模分析”—“AI 报表”，如图 3-35 所示。

步骤 2：单击图表旁的“AI 帮你写图表解读”按钮，在弹出的窗口进行配置即可，如图 3-36 所示。

步骤 3：设置写作要求。单击图表旁的“添加文本块”，并在所生成的空白文本块右上角单击“AI 帮你写”相应图标，来生成文本写作框，如图 3-37 所示。

图 3-35 AI 报告辅助撰写进入界面

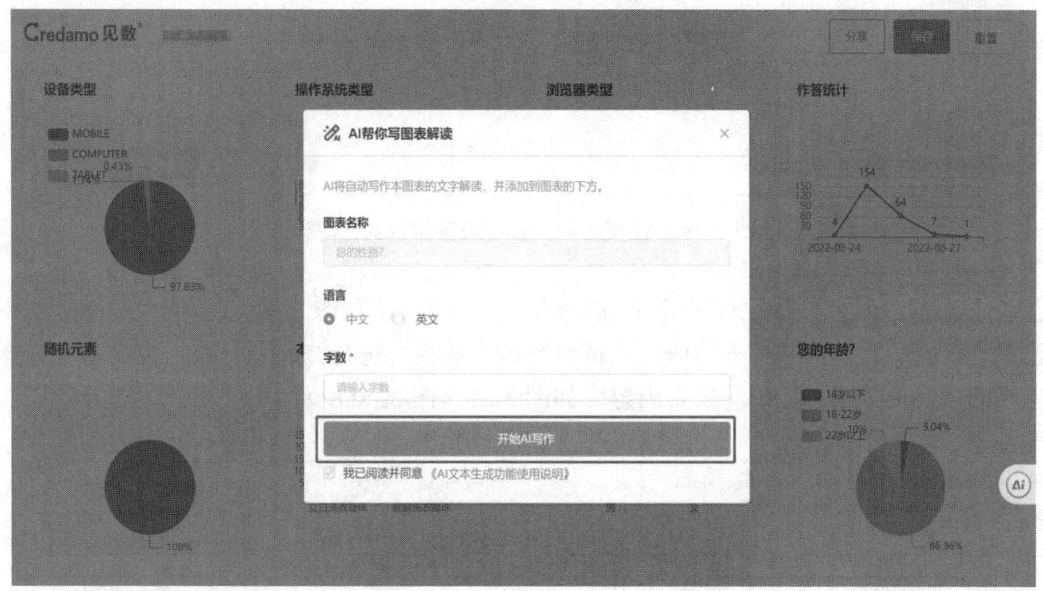

图 3-36 AI 帮你写图表解读

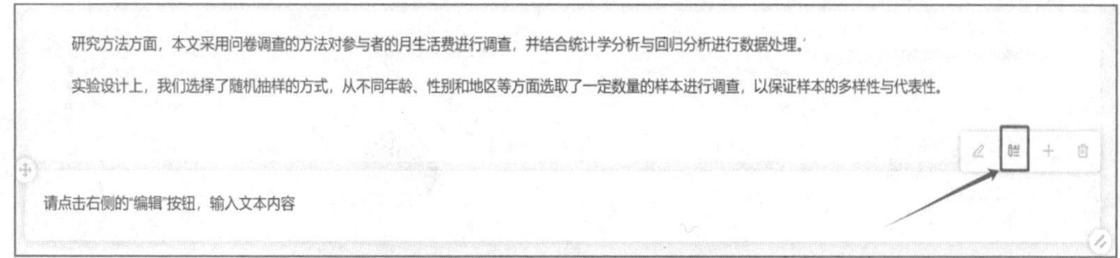

图 3-37 生成文本写作框

在对话框中可以设定写作主题、文本类型、语言风格、语言种类、补充说明等。其中有关文本类型，AI 报告辅助撰写支持的文本类型包括摘要、引言、文献综述、正文、结论等，如图 3-38 所示。

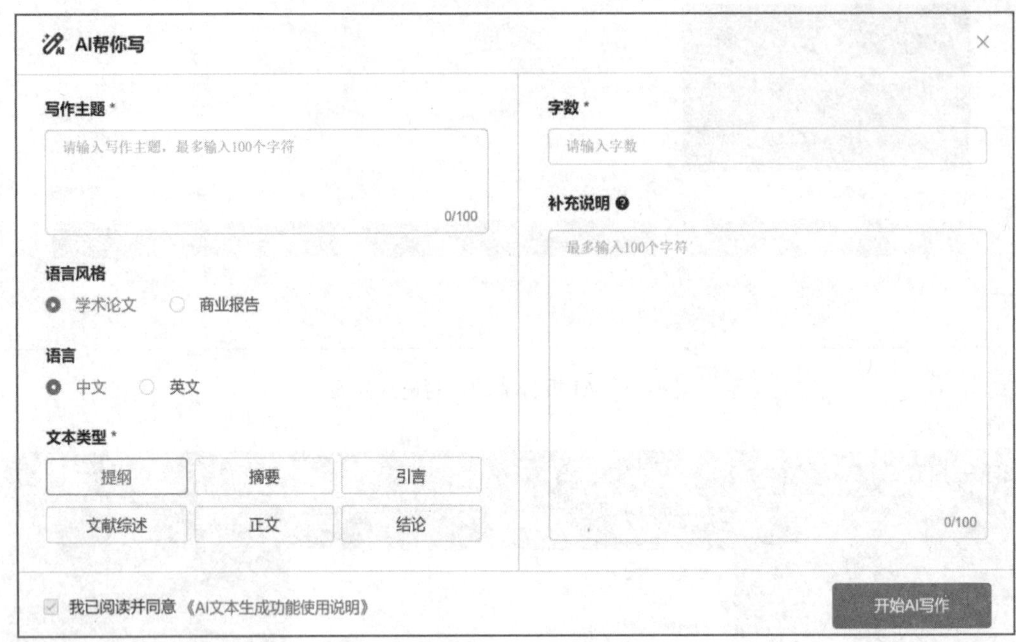

图 3-38　AI 报告辅助撰写设置窗口具体内容

步骤 4：单击“开始 AI 写作”。通过单击“开始 AI 写作”，可以智能生成解读结果或报告。同时，实训平台支持研究人员对智能生成报告进行修改和补充，也支持以智能生成的结果为依据自行撰写报告内容，如图 3-39、图 3-40 所示。

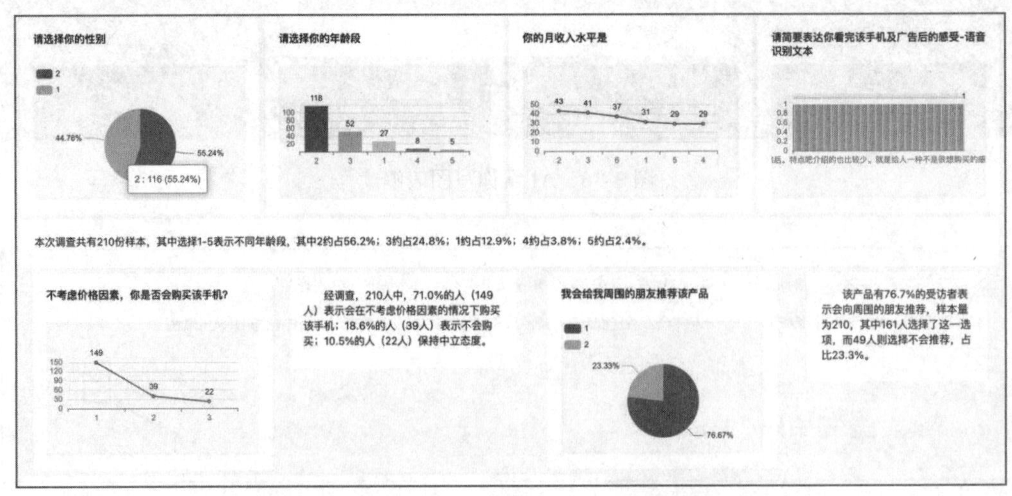

图 3-39　AI 报告辅助撰写中对图表的智能解读

该问题的样本量为210，其中161人表示会向周围的朋友推荐该产品，占比76.7%，另外49人表示不会推荐，占比23.3%。

本文旨在研究广告有效性，探究广告对消费者行为的影响。广告作为一种重要的市场营销工具，其有效性一直备受关注。随着市场竞争的加剧，广告的有效性已成为企业获取竞争优势的关键因素。本文将回顾现有的广告研究，探究广告效果的评估方法，并对广告创意、广告媒介、消费者特征等因素对广告有效性的影响进行深入研究，旨在为企业开展广告活动提供有益参考。

近年来，广告信息的重要性受到了广泛的重视。因此，研究广告信息的重要性已经成为一个研究的焦点。本研究采用定性和定量研究方法，通过实验和调查来探讨广告信息的重要性。研究过程包括数据采集、数据处理和结果分析等。经过实验室和场景测试，研究者发现广告信息在影响人们购买决策和改变观念方面有重要影响。进一步的实证实验也表明，广告信息对消费者知觉有重要意义，并且有助于提高消费者对产品的认知，增强其购买决策。本研究结果表明，广告信息的重要性是不容忽视的，它可以帮助人们更好地理解和利用产品。

近年来，随着社会经济的发展，消费者对广告信息的可信度和需求程度逐步提高。因此，广告信息性对消费者购买意愿的影响受到了广泛关注。本文对相关文献进行综述，分析了广告信息性对消费者购买意愿的影响。研究表明，广告信息的客观性和可信度影响消费者的购买意愿，产品的价格和质量也直接影响消费者的购买决定。在Mishra等人的研究中，他们发现，随着广告信息内容的多样性，消费者对产品的认知程度也越来越高，这有助于提高消费者的购买意愿（Mishra等，2020）。另外，品牌形象也是购买行为的重要因素。Akbar等人提出，消费者对品牌形象的认知程度不仅受到广告信息的影响，还受到品牌管理策略的影响（Akbar等，2019）。此外，Eom等人的研究表明，除了广告信息，产品本身的关联性也会影响消费者的购买意愿（Eom等，2017）。综上所述，广告信息性对消费者购买意愿的影响是多方面的。客观可信的广告信息可以提高消费者的购买意愿，而价格和质量也是影响消费者购买欲望的重要因素。品牌管理策略与品牌形象的认知也会影响购买意愿，同样，产品本身的关联性也会影响消费者的购买意愿。 参考文献 Akbar, A., Zaman, K., Sultana, N., & Ali, S. (2019). The influence of advertising on the purchase decision of consumer. International Journal of Accounting & Finance, 3(3), 1-9. Eom, J., Lee, J., & Won, S. (2017). Inter-brand association and purchase intention: A two-stage nonlinear analysis of luxury brand shoppers. International Business Review, 26(6), 1089-1101. Mishra, A., Chaudhary, N., & Bhattacharya, A. (2020). Does exposure to diversified advertising image affect consumer purchase intentions?. International Journal of Research in Business Management, 8(2), 3-7.

图 3-40　AI 报告辅助撰写中智能生成调研报告部分内容

教学实训平台项目操作指南

教学实训平台为教师教学和学员学习提供了高效、便捷的渠道，教师可以通过问卷实训、外部数据上传实训、代码教学、代码测验等丰富自己的课程内容，学员也可以根据兴趣选择自己喜欢的实训项目，加强理论知识与实际相结合。

1. 问卷实训

教师可以在 Credamo 见数平台单击“创建项目”，选择调查问卷，自己设计并发布问卷，如图 3-41、图 3-42 所示。

图 3-41　创建调查问卷

教师可根据自己的需要选择合适的发布渠道、设置问卷发布数量等，如图 3-43 所示。

图 3-42　设计调查问卷

图 3-43　发布调查问卷

在完成数据收集、数据清理、变量设置后，可以在实训平台单击添加“空白内容”–“问卷实训”，如图 3-44 所示，并设置实训标题及学员权限。

学生可以在课程中参加实训项目，单击“参加”并完成跳转后，学员可以看到教师设计的问卷题项。如图 3-45 所示，学员可以通过单击“建模分析”–“进入分析”展开实际操作。

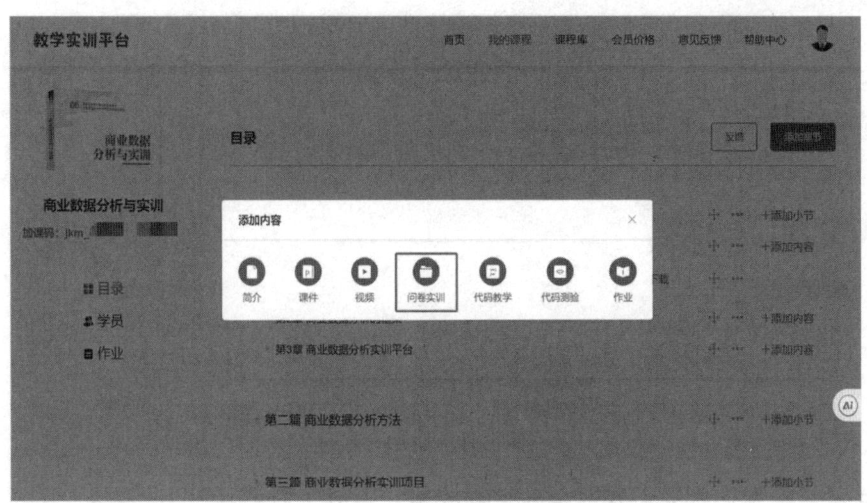

图 3-44　选择问卷实训

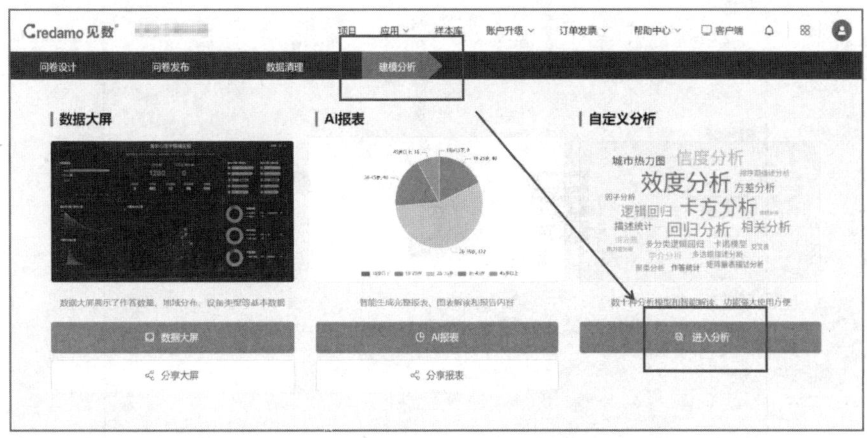

图 3-45　进入分析

除此之外，学员可以建立自己的分析组，并选择合适的分析方法，如图 3-46、图 3-47 所示。

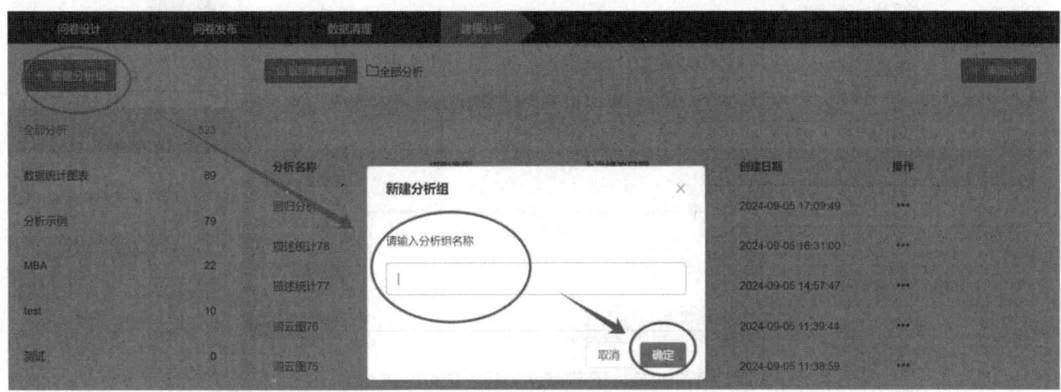

图 3-46　新建分析组

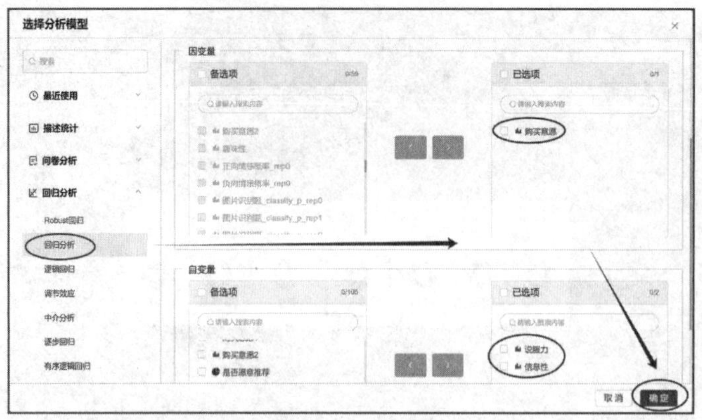

图 3-47　添加分析

学员也可以在平台上查看分析结果和解读，如图 3-48、图 3-49 所示。

数据描述

样本数	R方	调整后的R方	F值	AIC值	BIC值
210	0.6007	0.5968	155.7071	546.0366	556.078

模型估计

购买意愿 ≈ + -0.4606 × 截距项 + 0.9151 × 说服力 + 0.1351 × 信息性

添加变量到模型　选择变量　确认添加
添加交互项　变量1　和　变量2　确认添加

参数摘要

参数名称	系数	标准误	t值	P值	[0.025	0.975]	vif	tolerance
截距项	-0.4606	0.3794	-1.2141	0.2261	-1.2085	0.2873	-	-
说服力	0.9151	0.0787	11.6216	0.0000	0.7598	1.0703	1.9227	0.5201
信息性	0.1351	0.0885	1.5265	0.1284	-0.0394	0.3095	1.9227	0.5201

图 3-48　查看分析结果

图 3-49　智能模型解读

2. 外部数据上传实训

教师也可以导入已有的数据。在 Credamo 见数平台创建项目时，选择“数据导入与分析”即可，如图 3-50 所示。

图 3-50　选择数据导入与分析

数据需要以.csv 格式的文件上传，教师可以下载样例数据并参考说明。教师可以在 Credamo 见数平台中预览上传的数据，在检查无误后确定导入，如图 3-51、图 3-52 所示。

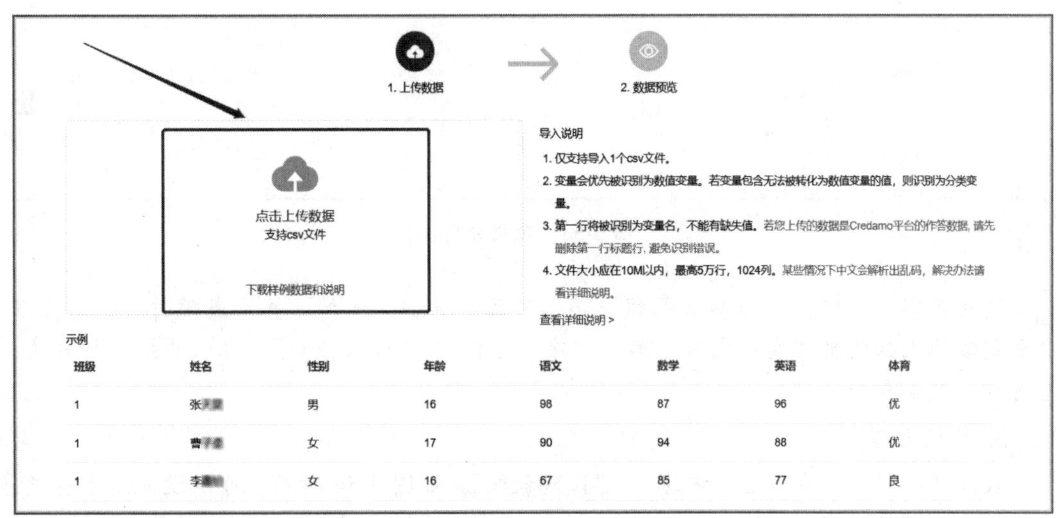

班级	姓名	性别	年龄	语文	数学	英语	体育
1	张	男	16	98	87	96	优
1	曹	女	17	90	94	88	优
1	李	女	16	67	85	77	良

图 3-51　导入外部数据

接着可通过“建模分析”，对上传的数据进行统计建模与结果可视化，如图 3-53 所示。完成数据上传后，返回实训平台，在实训平台单击“添加空白内容”–“问卷实训”并设置实训标题及学员权限即可。

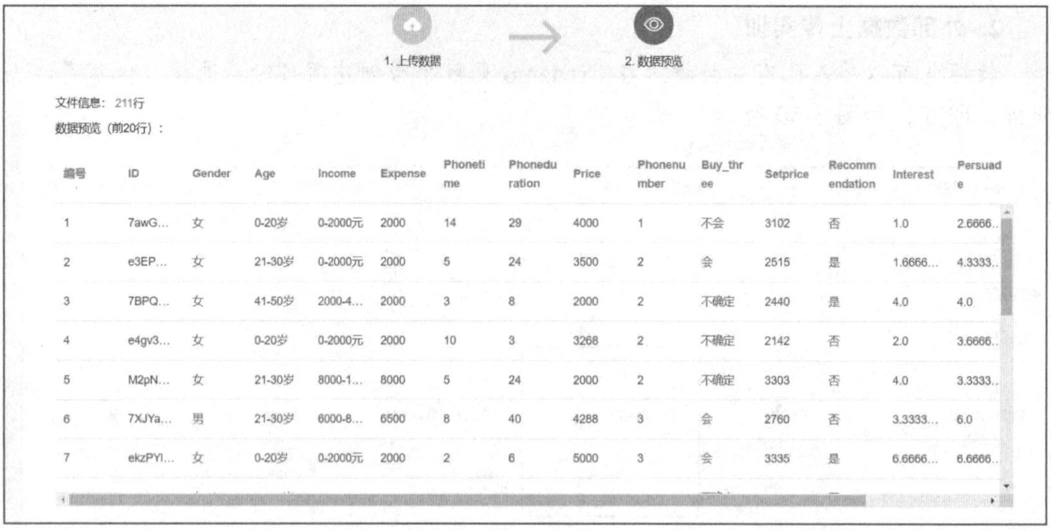

图 3-52　数据预览

图 3-53　数据分析

同问卷实训，学生可以参加课程中实训项目。单击“参加”并完成跳转后，学员可以看到教师上传的具体实训内容，单击“建模分析”–“进入分析”，可以选择分析方法，查看分析结果和解读。

3. 代码教学

教师可以单击“添加空白内容”–“代码教学”，如图 3-54 所示。可以设置语言类型，编辑学生端可见的实训描述，如知识点、题目要求、示例代码等，并上传附件，如图 3-55 所示。

教师可以在页面编辑代码教学的相关代码，如图 3-56 所示。

在外部数据界面可以上传外部数据文件，在学员代码界面可查看学员信息及代码详情，如图 3-57 所示。

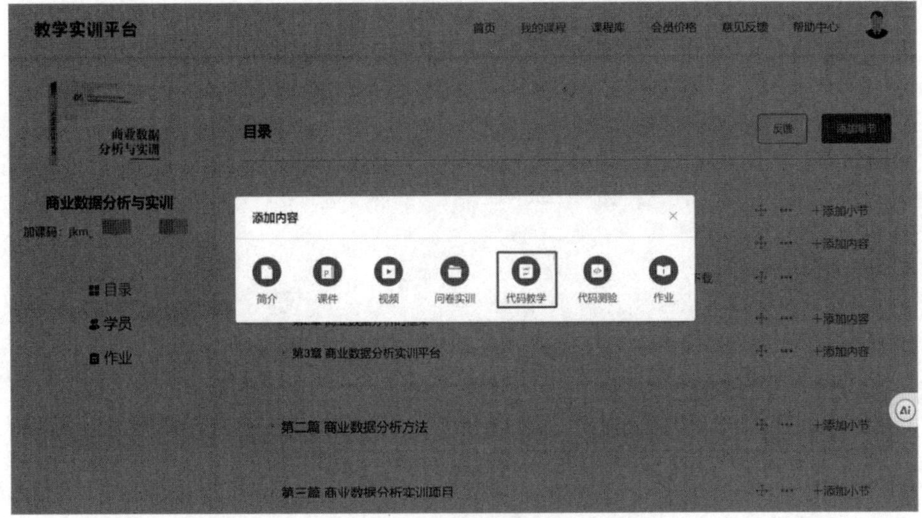

图 3-54　选择代码教学

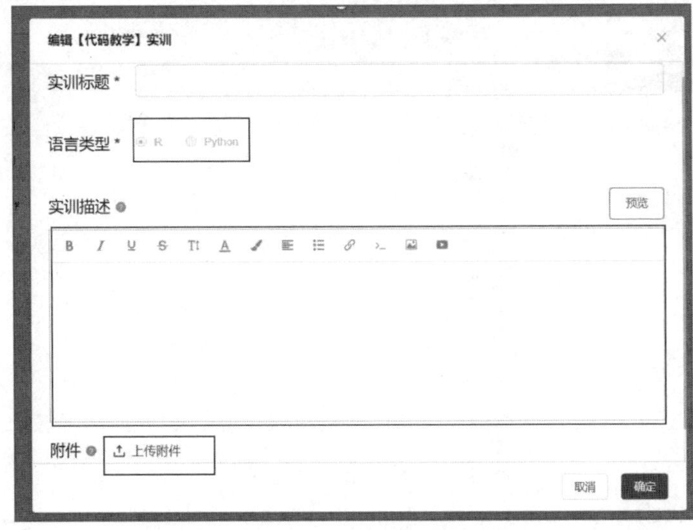

图 3-55　设置实训项目

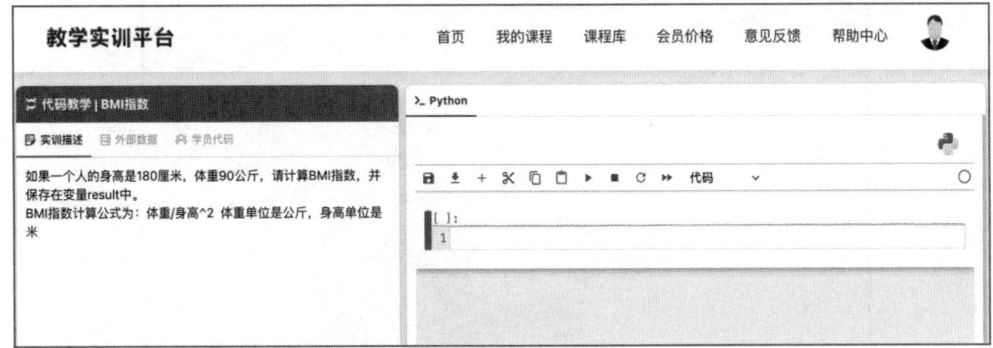

图 3-56　代码教学详情（1）

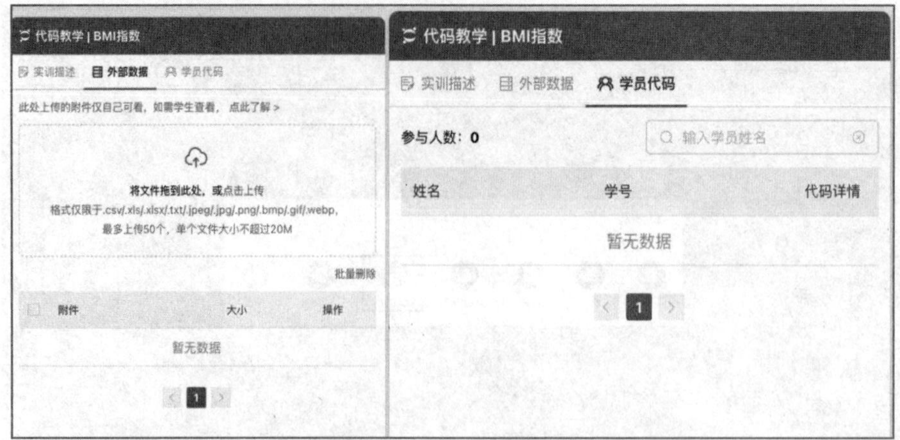

图 3-57　代码教学详情（2）

学员也可以在课程中查看课件并进行练习，如图 3-58～图 3-60 所示。

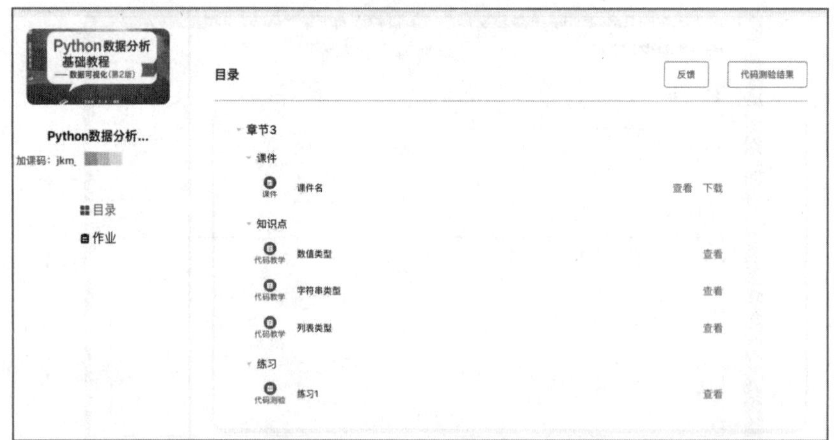

图 3-58　学员页面介绍（1）

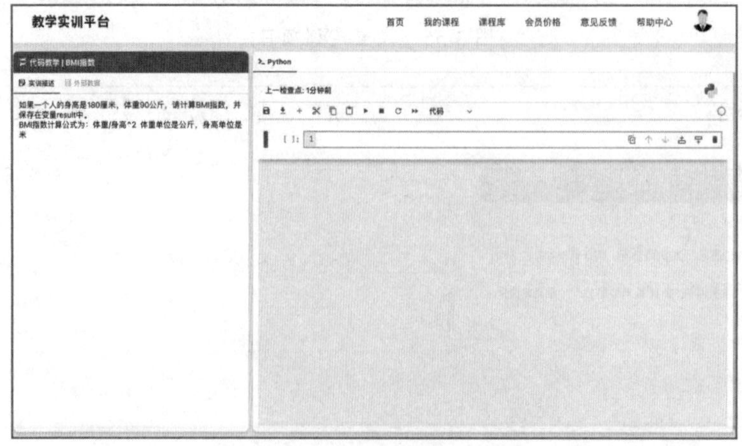

图 3-59　学员页面介绍（2）

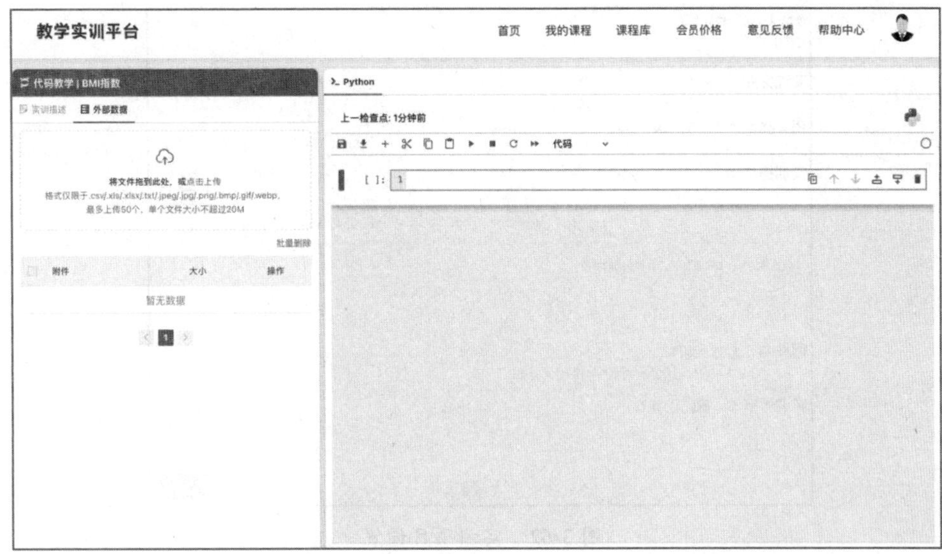

图 3-60　学员页面介绍（3）

4. 代码测验

教师可以单击“添加空白内容”–“代码测验”，导入匹配的课程实训内容，如图 3-61 所示。

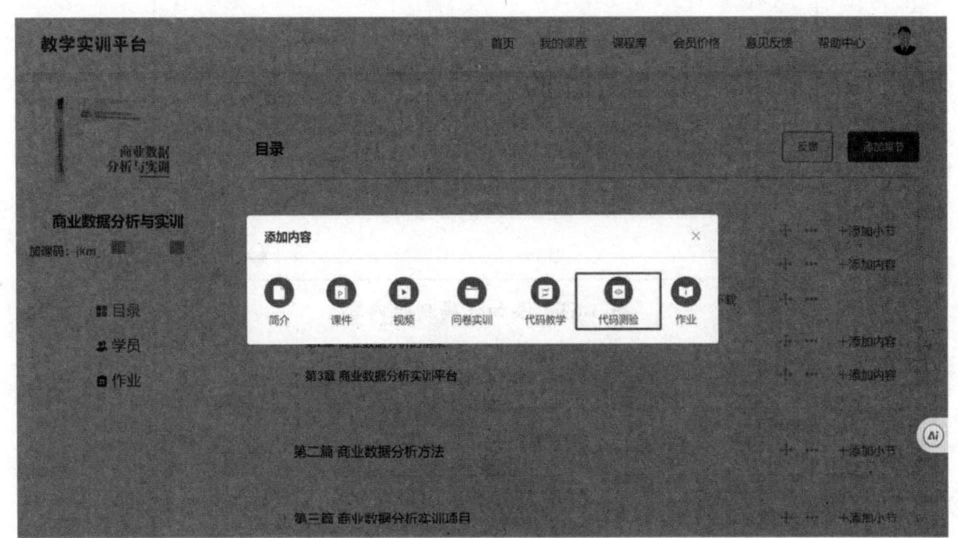

图 3-61　添加代码测验

教师也可以编辑代码测验的具体内容，如图 3-62 所示。

在此之后，可以输入参考代码，将结果保存在变量 result 中，如图 3-63、图 3-64 所示。

教师可以单击考核情况，查看学生作答情况，如图 3-65 所示。

图 3-62 实训项目设置

图 3-63 添加代码测验内容

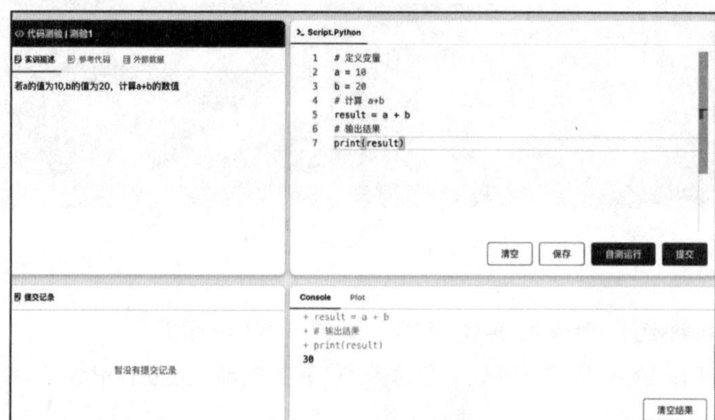

图 3-64 代码测验详情页

图 3-65　查看考核情况

学员可以在实训平台上完成实际操作，如图 3-66 所示。

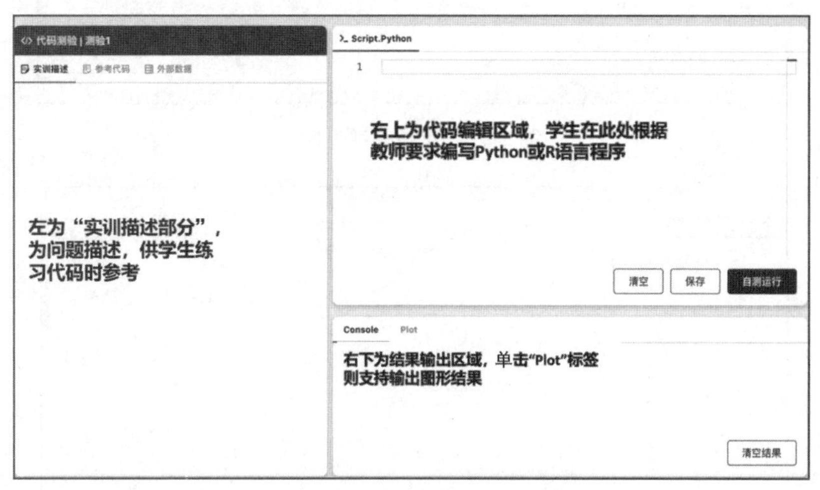

图 3-66　代码测验页面介绍

学生可以在平台上像其他编辑器一样自由编写代码，但不会有 tab 提示功能。代码编写过程中，单击“保存”按钮即可保存已编写的代码，但无法保存数据快照；直接单击“自测运行”可以运行已编写的所有代码，选中后再单击可以运行选中部分的代码。代码运行结果将在下方区域进行输出，输出结果可以通过单击“清空”按钮，如图 3-67 所示。

在 Python 中，通常使用 help()函数来获取有关模块、函数或对象的帮助信息。例如，输入 help(print)将为 print 函数提供帮助信息。同样，在实训平台我们也支持这一操作，如图 3-68 所示。

学员可以上传外部数据，对其进行管理与调用，如图 3-69 所示。

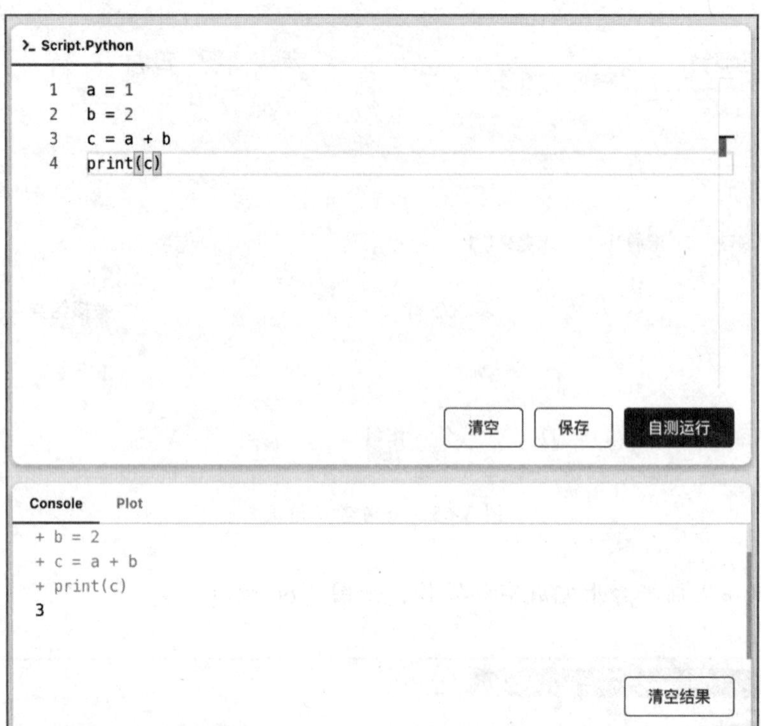

图 3-67　代码练习（1）

图 3-68　代码练习（2）

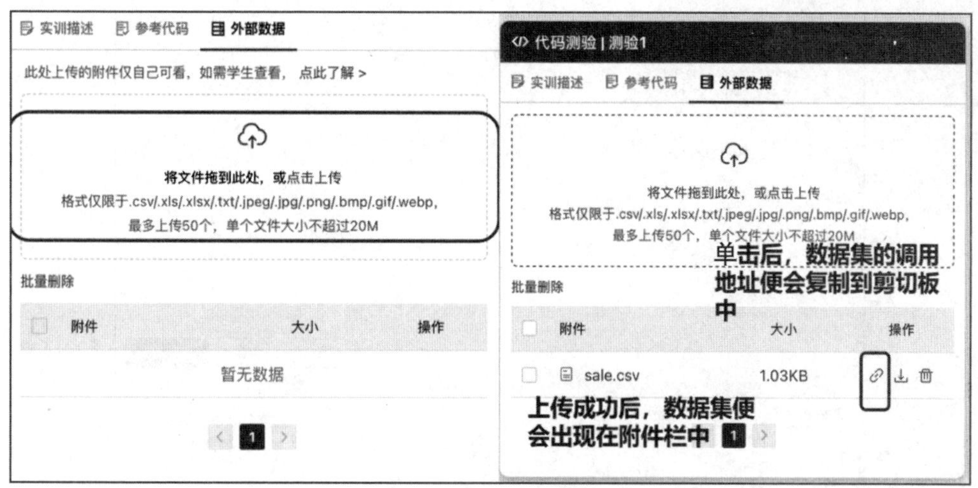

图 3-69　代码练习（3）

上传的数据会被服务器自动存储到一个新地址中，相当于在 Python 语言的工作目录下。学员可以在函数中直接复制剪贴板中的地址，将其当作文件名称进行数据集的正常调用。注意：在调用数据集时记得标注好地址所对应的数据，如图 3-70 所示。

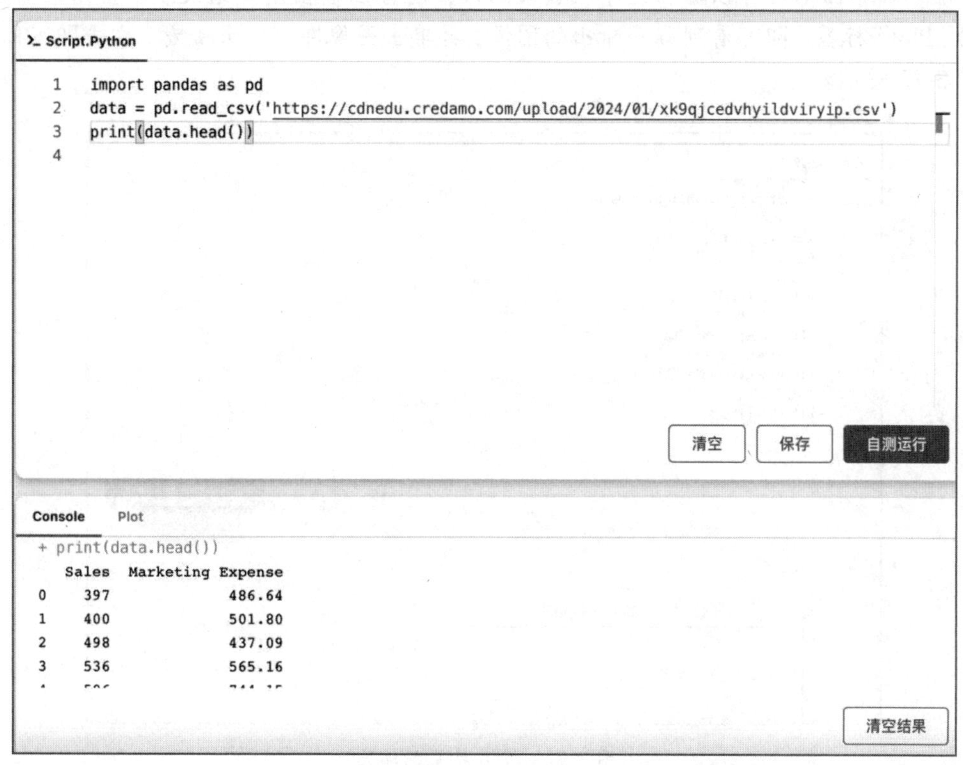

图 3-70　代码练习（4）

实训平台内置了大量常用包，学员可以直接进行调用，结果如图 3-71 所示。

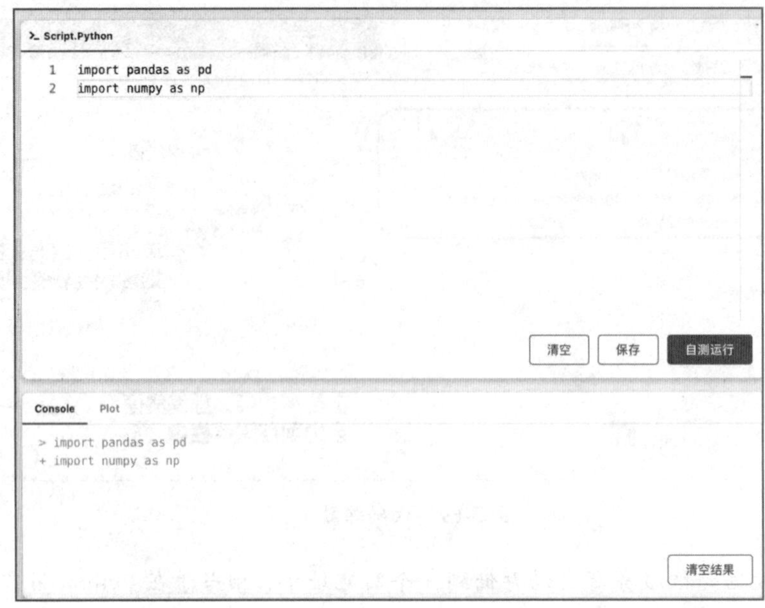

图 3-71 包的调用

在实训界面不仅可以输出文字、数值结果，还可以输出图片结果。单击结果输出区域的“Plot”标签，即可看到程序输出的图像，再单击图像即可放大查看，右击即可保存，如图 3-72 所示。

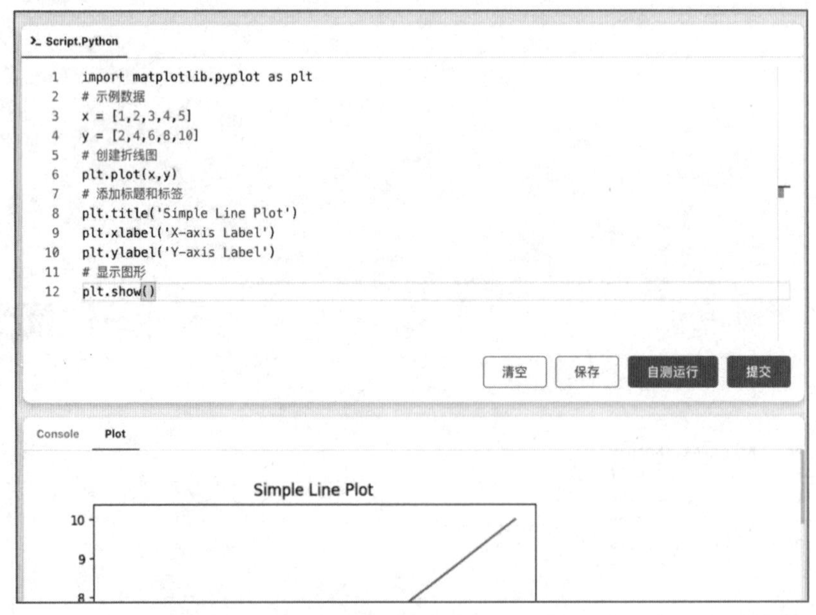

图 3-72 图片结果的输出

学员可以单击“查看作业要求”了解本次作业的详细要求，并单击“提交作业”后，填写作业内容或上传附件，完成作业提交，如图 3-73、图 3-74 所示。

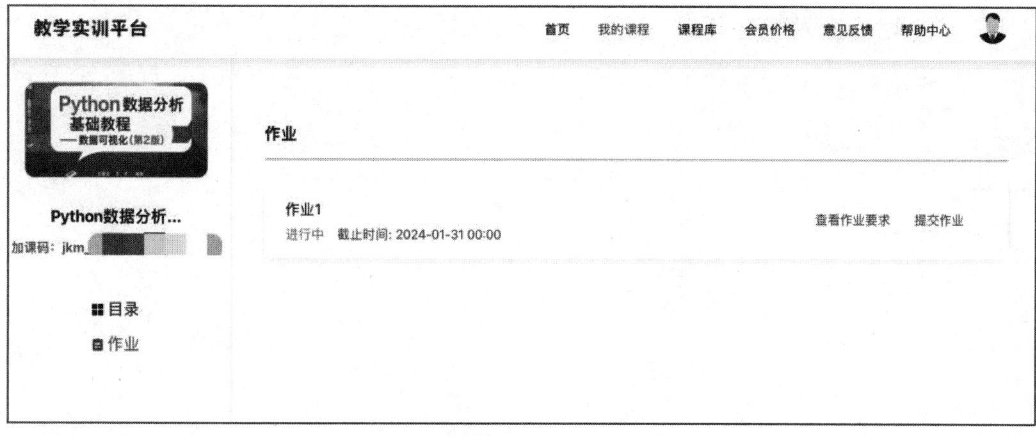

图 3-73　查看作业

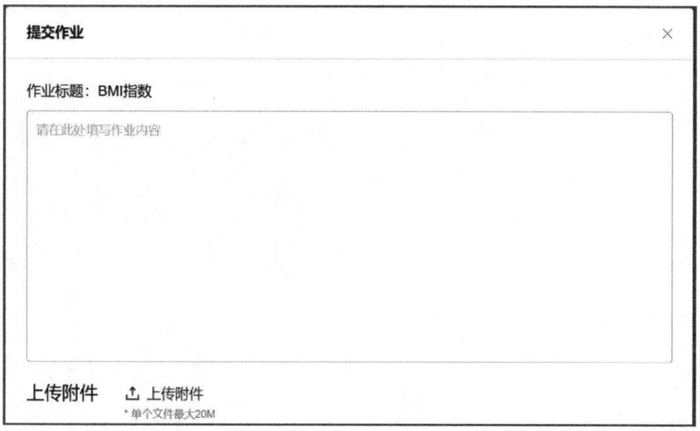

提交作业

作业标题：BMI指数

请在此处填写作业内容

上传附件　上传附件

* 单个文件最大20M

图 3-74　提交作业

第二篇

商业数据分析方法

第 4 章

描述性统计分析

在商业数据分析中，描述性统计分析是一项重要的工具，它能够帮助我们对数据的基本特征和分布进行全面而准确的了解。通过对数据进行描述性统计分析，我们能够揭示数据的关键趋势、变异程度以及可能存在的模式，从而为决策提供实际的依据。通过这些描述性统计分析，分析者能够掌握数据的基本统计特征，把握各个变量的整体分布形态，从而对进一步的数据分析以及统计建模起到重要的指导作用。本章将从描述性统计变量、频数分析、箱线图的使用、交叉表的应用与解读等方面，介绍如何在营销调研中进行描述性统计分析。

4.1 变量类型介绍

在商业数据分析中，深入了解不同类型的变量对于正确选择分析方法以及准确解读数据至关重要。本小节将进一步展开对四种主要变量类型的介绍，包括定类变量、定序变量、定距变量和定比变量。

1. 定类变量

定类变量是一种用于标识和分类的变量，表示不同的类别或群体。这些类别之间没有顺序或等级之分，仅用于区分差异。如在市场调研中，性别、产品类型、地区等都可以作为定类变量。通常使用频数统计，即通过统计每个类别的出现次数，揭示数据的基本分布情况。卡方检验，即用于检验两个或多个定类变量之间是否存在关联，帮助发现潜在的规律。

2. 定序变量

定序变量是具有明确的顺序或等级关系的变量，但相邻类别的间隔不一定相等。这种类型的变量提供了有关类别之间相对位置的信息。如在客户满意度调查中，评分通常被分为“不满意”“基本满意”“满意”和“非常满意”，形成一个有序变量。常使用的分析方法有秩和检验，即通过比较两组或多组定序变量的总体中位数，探究它们之间的差异。相关分析，即揭示两个有序变量之间的相关性，帮助理解它们的关联程度。

3. 定距变量

定距变量具有明确的顺序关系，相邻类别的间隔是相等的。然而，这些变量没有绝对零点，因此不能进行比率运算。如温度是一个定距变量，因为在摄氏度或华氏度中，相邻温度的间隔是相等的。常用的分析方法有均值比较（*t* 检验），即通过比较两组或多组定距变量的平均值，检验它们之间是否存在显著差异。方差分析，即用于比较三组或更多组定距变量的平均值，帮助判断群体之间的差异性。

4. 定比变量

定比变量具有明确的顺序关系、等间隔，而且有绝对零点，可以进行比率运算。这是最高级别的变量类型。如收入、身高、体重等都是定比变量，因为它们具有绝对零点，可以进行比较和比率运算。常使用回归分析，即通过分析两个或多个定比变量之间的关系，实现对未知变量的预测和解释。Pearson 相关系数，即用于度量两个定比变量之间的线性相关性，揭示它们之间的强度和方向。

深入理解这四种变量类型及相应的分析方法，将有助于商业分析者更准确、更全面地解读数据，为商业决策提供更为可靠的支持。在实际应用中，根据所处理数据的特性选择合适的变量类型和分析方法，是商业数据分析的关键一步。

5. 不同数据类型的分析方法

针对不同类型的数据，我们可以选择不同的分析方法来深入了解数据的特点和关系。一般而言，我们将上述提及的定距变量和定比变量统称为连续变量，将定类变量和定序变量统称为分类变量，在此处将不同数据类型对应的分析方法归纳到表格 4-1 中。

表 4-1　不同数据类型的分析方法

变量类型		自变量	
		连续	分类
因变量	连续	回归分析、相关分析（不区分自变量和因变量）	回归分析、方差分析、独立样本 *t* 检验、交叉表分析
	分类	逻辑回归、聚类分析（不区分自变量和因变量）	交叉表分析、卡方检验、逻辑回归、联合分析

4.2　描述性统计变量

在商业数据分析中，描述性统计分析是了解数据基本特征的关键步骤。描述性统计是一种对研究对象的相关数据进行统计性描述的方法，主要通过三类指标来刻画数据的特征：集中趋势方面包括均值、中位数和众数，离散程度方面涉及极差、方差（variance）、标准差和变异系数（coefficient of variation，CV），而分布形状方面则关注偏度和峰度。通过描述性统计变量，我们能够对数据的集中趋势、离散程度以及分布形状进行全面的观察和理解，为后续分析提供坚实的基础。

4.2.1　集中趋势指标

在数据分析中，我们经常需要回答类似以下的问题：数据集中在哪里？数据的典型值是多少？集中趋势指标便是这些问题的答案，集中趋势指标有助于我们对数据的整体趋势和分布有一个直观的了解，帮助我们了解数据的中心位置，即数据的平均倾向或集中趋势，从而更好地进行分析和决策。

1. 均值

均值是最常见的集中趋势指标之一。它计算了所有数据值的平均值，将数据均匀地分布在整个数据集中，可以看作数据的“平衡点”。

均值的计算公式如下：

$$\bar{X} = \frac{1}{n}\sum_{i=1}^{n}X_i$$

其中，X_i 为变量 X 的观测值；n 为样本数量。

在没有极端值的情况下，均值是一个相对稳定的统计量，对样本观测的轻微增减不会对均值产生显著影响。然而，均值容易受到异常值的影响，因为一个极端值可能会显著改变均值的位置，导致对整体趋势的误判。

2. 中位数

中位数在描述性统计分析中是一种具有代表性的集中趋势指标，它通过将数据集按数值大小排列，并找出中间位置的值来描述数据的典型中心值。与平均值不同，中位数不受异常值的显著影响，更能够准确地反映数据的中心趋势，特别适用于数据分布不均匀或存在异常值的情况。

中位数的计算方法相对简单，它将数据集按照数值大小排序后，找到中间位置的值，使得一半数据小于该值，另一半数据大于该值。这种方式避免了极端值对整体结果的过分影响，因此在一些特殊情况下，中位数能够更好地代表数据的中心位置。需要注意的是，当数据集的观察值数量为偶数时，计算中位数稍有不同。此时，通常将最中间的两个数值取平均数作为中位数，以确保在偶数情况下也能准确反映数据的中心趋势。

3. 众数

众数在描述性统计分析中是一个重要的集中趋势指标，它表示数据集中出现频率最高的值。众数的分析有助于我们理解数据的高频值、主要趋势以及数据的集中程度。当数据为分类变量或离散数据时，众数的应用尤为显著。

众数在分析分类变量时非常有用，特别是在统计分析中涉及不同类别、类型或分组的数据集。例如，在一份销售数据中，众数可以帮助我们确定最畅销的产品或服务，从而支持业务决策。对于一个问卷调查数据，众数可以揭示出参与者对于某一特定问题的主要回答。值得注意的是，一个数据集可能存在多个众数，这种情况通常在数据存在多个高频值或分类时发生。众数的使用可以提供更详细的数据洞察，帮助我们了解数据的分布形态和特征。

4.2.2 离散程度指标

离散程度指标反映了数据的分散度和变异程度，有助于识别数据点是否分散在中心趋势附近，或者在整个数据集中是否存在大的波动。这些指标帮助我们了解数据的分布范围，进而深入了解数据的稳定性和一致性。

1. 极差

极差也叫全距，是一组观测数据中，最大值与最小值之间的差值，即

$$\text{Range} = \max(X_i) - \min(X_i)$$

极差作为数据集中最大值和最小值之间的差异，直观地表示了数据的范围。例如，某款产品一周内每天销售额的极差，为最高销售额与最低销售额之间的差值，如 32 000－14 000=18 000 元。极差计算简单，但容易受异常值影响，不够稳健。

2. 方差

方差是各数据点与均值之间差异的平方的平均值，用于度量数据分布的离散程度。营销调研中的方差一般指的是样本方差，是每个样本值与全体样本值的平均数之差的平方值的平均数。当样本数据集中在均值附近时，方差就会相对较小；而当样本数据分布相对分散、离均值较远时，方差就会相对较大。

$$s^2 = \sum_{i=1}^{n} \frac{(x_i - \overline{x})^2}{n-1}$$

3. 标准差

标准差是方差的平方根，与原始数据的单位相同，更容易理解。标准差越大，数据的离散程度越高；标准差越小，数据的离散程度越低。样本标准差的计算公式如下：

$$s = \sqrt{\sum_{i=1}^{n} \frac{(x_i - \overline{x})^2}{n-1}}$$

4. 变异系数

变异系数，又称离散系数，是原始数据标准差与原始数据平均数的比，用百分比表示，是一个没有单位的相对差异性指标。其可以用于比较不同数据集的离散程度。它将标准差标准化，使不同单位的数据可以进行比较。变异系数的计算公式如下：

$$\text{CV} = \frac{s}{\overline{x}}$$

变异系数是一种特别适用于比较两组数据的统计指标。在需要比较两组数据离散程度大小的情况下，如果这两组数据的测量尺度存在较大差异或者数据具有不同的量纲，直接使用标准差进行比较是不合适的。此时，应当采用变异系数来消除测量尺度和量纲的影响。

4.2.3 分布形状指标

分布形状指标用于描述数据分布的偏斜和峰度情况，有助于我们了解数据在均值附近的分布情况及数据分布的形状特征，包括偏斜程度和尖峰程度，从而更准确地描述数据的分布情况。通过分析这些指标，我们可以获取关于数据分布的重要信息，为后续的分析和决策提供更全面的支持。

1. 偏度

偏度用于衡量数据分布的偏斜程度，即数据在均值附近的分布形态。正偏态表示数据向右偏斜，负偏态表示数据向左偏斜，偏度为零表示数据分布相对对称。偏度的计算基于数据的三阶中心矩，用以下公式表示：

$$\text{Skewness}=\frac{\sum_{i=1}^{n}(x_i-\overline{x})^3}{n\cdot s^3}$$

当数据分布向右偏斜时，偏度为正。这意味着数据的尾部在右侧延伸，数据集中的大部分值集中在均值的左侧。在正偏态分布中，平均值通常大于中位数；当数据分布向左偏斜时，偏度为负。这意味着数据的尾部在左侧延伸，数据集中的大部分值集中在均值的右侧。在负偏态分布中，平均值通常小于中位数；当数据分布相对对称时，偏度接近零。这意味着数据集中的值相对均匀地分布在均值的两侧。

2. 峰度

峰度是描述数据分布峰态或尖峭程度的统计指标，它用于衡量数据集中值的分布形态，特别关注数据集尖峭或平坦的程度。峰度的计算和解释有助于揭示数据集的分布形状，进一步了解数据的特征和趋势。峰度的计算基于数据的四阶中心矩，用以下公式表示：

$$\text{Kurtosis}=\frac{\sum_{i=1}^{n}(x_i-\overline{x})^4}{n\cdot s^4}-3$$

正态分布的峰度为 3，当数据集的峰度等于 3 时，说明数据分布的峰态与正态分布相似，数据集的尖峭程度适中；当数据集的峰度大于 3 时，数据集的尖峭程度较高，意味着数据集的值相对于均值集中在尖峭的区域，尾部较长，此时为高峰度（尖峭分布），这表示数据集中存在较多的极端值；当数据集的峰度小于 3 时，数据集的尖峭程度较低，此时为低峰度（平坦分布），意味着数据集的值相对于均值分散在更宽的区域，分布相对平坦。

4.3 频数分析

4.3.1 频数分析的定义

频数分析是一种基础且有效的统计方法，在多个领域中广泛应用，其核心在于计算和展示数据集中各个数值或类别的出现频率。在现实世界中，我们经常面对大量的数据。频数分析有助于从中提取有关数据分布和趋势的关键信息，为进一步的分析和决策提供重要支持。频数分析需要先对数据进行分类，将数据划分为不同的数值或类别。然后计算每个分类中数据出现的次数，即频数。这些频数可以以表格或图表的形式呈现，通常采用直方图或条形图（bar chart）展示数据的分布情况。横轴表示数据的数值或类别，纵轴表示频数。

通过频数分析，可以直观地了解数据的分布情况。例如在市场调研中，可以统计不同产品的销售数量的多少。频数分析还可以揭示数据中的模式和趋势。例如在市场分析中，可以发现某些产品的销售数量在某个区间呈现出集中的趋势，这可能意味着该产品在该区域具有较大的市场需求。此外，频数分析还可以帮助我们发现异常情况，如某个类别的频数明显偏离其他类别，则可能需要进一步调查和分析。通过计算和展示数据的频率分布，可以更好地理解数据的特点和趋势，为后续的分析和决策提供有力支持。

4.3.2 直方图

频数分布图是一种图形化展示频数分布的工具，能够帮助我们更加直观地理解数据的分布情况，通过频数分布图，我们可以清晰地看到不同数值或类别的出现频率，从而揭示数据的模式、趋势和异常情况。常见的频数分布图如直方图和条形图，都在描述性统计分析中得到广泛的应用。

1. 直方图的定义

直方图，又称质量分布图，由一系列高度不等的纵向条纹或线段表示数据分布的情况。其通过将数据的取值范围分成若干个等距的区间（也称为“箱子”或“组”），然后统计每个区间内数据的频数或频率来展示数据的分布特征。直方图的横轴表示数据的区间，纵轴表示频数或频率，如图 4-1 所示。

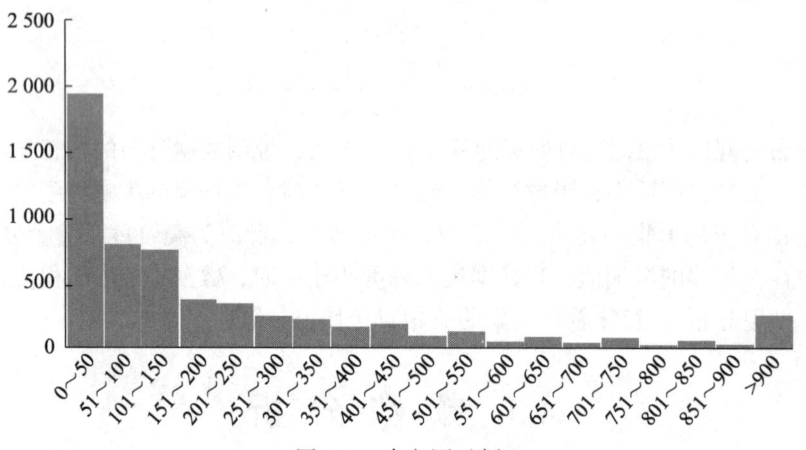

图 4-1 直方图示例

直方图的构建需要先将数据的取值范围分成若干等间隔的区间，其中组距为每个区间的长度。然后考察每个区间数据的频数、频率或频率/组距。组距对直方图的形态有很大影响，组距过小，每组的频数就可能会较少，在随机条件下，近邻区间上的频数就可能很大。相反，如果组距太大，直方图所反映的形态会显得“愚钝”。直方图可以解析出资料的规则性，使人们比较直观地看出产品质量特性的分布状态，对于资料分布状况一目了然，便于判断其总体质量的分布情况。同时，直方图也可以采用频率/组距的方式进行绘制。在高度是频率/组距的情形下，每个矩形的面积恰是数据落入区间的频率，是一种被归一化显示的“相对”频率。可以通过这种直方图估计总体的概率密度，也可以在直方图上附加分布曲线，便于与某种分布进行比较。

2. 直方图的解读与作用

直方图是强大的数据分析工具，可清晰展示数据分布，为后续的数据处理、模型建立和决策提供基础。横轴通常表示数据取值范围或分组区间，对于连续数据，横轴表示取值范围；对于分组数据，横轴表示分组区间。纵轴表示频数或频率，即某范围内数据的出现次数或占比，频数是指数据在该范围内出现的次数，频率则表示频数与总数据量的比例。具体而言直方图的作用可以从以下几个方面表现。

（1）直方图展示了不同取值范围或分组区间内数据的分布情况，帮助我们理解数据的集中趋势、分散程度和分布形态，能够有效帮助分析人员找到可能出现的异常值，同时可以对具有的趋势变化进行分析。

（2）通过观察直方图的尾部，我们可以发现数据中的异常值，即分布在极端区间的异常数据点，这有助于我们识别可能的数据质量问题。

（3）直方图的形状可以帮助我们判断数据是否呈现某种特定的分布形态，如正态分布、偏态分布等。不同的形状反映了数据的不同特点。

因此，直方图作为频数分布图中的经典图表，让数据分析人员能够获得关于数据分布特征的全面认识，为进一步的分析和决策提供支持。

4.3.3 条形图

1. 条形图的定义

条形图，是通过相同宽度条形的高度或长短来表示数据频数的图形，其使用垂直或水平的矩形条来表示各个类别的数据，条的长度（或高度）与数据的大小成比例。条形图可以用于比较不同类别的数据大小或数量差异，通常用于显示离散的、分类的数据，帮助观察它们之间的差异、趋势或分布，如图 4-2 所示。

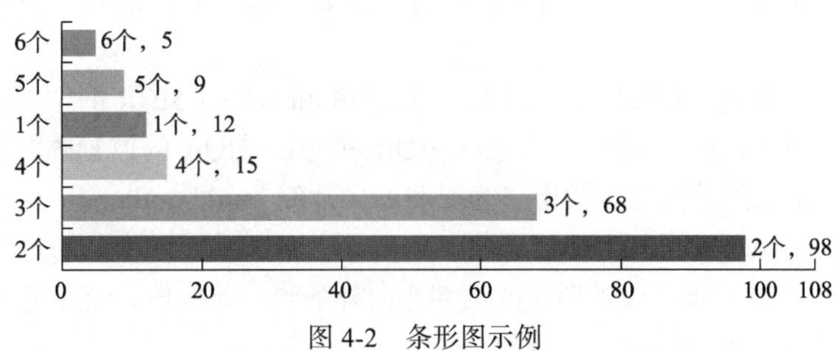

图 4-2 条形图示例

2. 条形图与直方图的区别

条形图和直方图是两种常见的数据可视化工具，它们在展示数据和揭示分布方面有所不同。二者的主要区别体现在如下方面。

（1）在数据类型方面，条形图适用于离散数据和分类数据，比如产品销量、地区人口等。而直方图则适用于连续数据，如身高、体重、成绩等。

（2）在数据的表示上，条形图通常使用垂直或水平的条状图形来表示不同类别的数据。条的长度（或高度）与数据的大小成比例。而直方图使用连续的矩形条来表示数据的分布，条的宽度表示数据的区间范围，条的高度表示在该区间内数据的数量。因此在直方图中，高度和宽度均具有意义。

（3）在数据分析的目的上，条形图主要用于比较不同类别之间的数据差异，观察它们的大小关系和趋势。而直方图主要用于展示数据的分布情况，帮助分析数据集中在哪些区间，数据是否集中或分散等。

综上所述，条形图适用于比较不同类别的数据，而直方图适用于展示连续数据的分布情况，选择使用哪种类型取决于数据分析人员的实际需求。

4.4 箱线图的使用

4.4.1 箱线图的介绍

1. 箱线图的定义

箱线图，又称盒须图，是一种用作显示一组数据分散情况资料的统计图，因形状如箱子而得名。它通过中位数、四分位数和极值等统计指标来描述数据的集中趋势和离散程度，同时可以有效识别数据的异常值。

2. 箱线图的绘制步骤

建立数轴：在绘制箱形图之前，我们需要建立一个数轴，以确保度量单位的大小与数据批的单位一致。数轴的起点应稍微小于数据中的最小值，而其长度则略长于该数据批的全距。

绘制矩形盒：在数轴上，绘制一个矩形盒。该矩形盒的两端分别对应数据批的上下四分位数（Q3 和 Q1）。在矩形盒内部，通过中位数（X_m）的位置画一条线段，形成中位线。

标定异常值截断点：在数轴上，以 Q3 + 1.5IQR 和 Q1 − 1.5IQR 的位置画两条与中位线相符的线段，称为内限。同时，在 Q3 + 3IQR 和 Q1 − 3IQR 的位置画两条线段，称为外限。内限与外限之间的数据点被定义为温和的异常值（mild outliers），而外限之外的为极端的异常值（extreme outliers）。这里的四分位距 IQR 定义为 Q3 与 Q1 之差。

确定正常值分布区间：从矩形盒的两端边向外各画一条线段，直至不再是异常值的最远点，表示数据批正常值的分布区间。

标记异常值：使用符号标记异常值。用“○”标示温和的异常值，用“*”标示极端的异常值。对于数值相同的数据点，将其并列标记在同一数据线位置，而不同数值的数据点则分别标在不同的数据线位置。

完善箱形图：经过以上步骤，我们成功绘制了一批数据的箱形图。值得注意的是，通常情况下，统计软件绘制的箱形图并没有标出内限和外限，如图 4-3 所示。

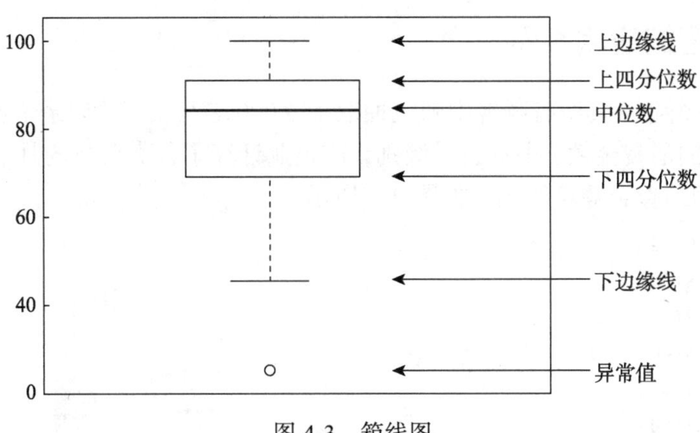

图 4-3 箱线图

4.4.2 箱线图的特点与作用

1. 箱线图的特点

箱线图的构成要素包括箱体（box）、须（whisker）和异常值（outliers）等。箱体表示了数据的四分位数范围，即将数据分成四等份，上四分位数和下四分位数之间的距离形成了箱体的上边界和下边界，箱体的中间线代表中位数。箱线图的须从箱体延伸出来，表示数据的分布范围。通常，须的长度取决于数据分布的离散程度。在箱线图上，超出须的范围的数据点被认为是异常值，可能表示数据的特殊情况或错误。

数据分析人员可以从箱线图的构成要素出发，实现对箱线图的解读，分析其指标所代表的具体含义。首先，箱体内的中位数和四分位数可以帮助我们了解数据的集中趋势，箱体的长度可以反映数据的离散程度。其次，须的长度可以显示数据的分布范围，较长的须表示数据的分散度较大。最后，当出现异常值时，箱线图会出现须的长度增加或分散的群组等，在箱线图中识别异常值有助于发现数据中的异常情况，以及是否存在数据错误或特殊事件。

2. 箱线图的作用

箱线图是一种常用的统计图表，它在数据分析和可视化中具有多种重要作用，可以帮助我们更好地理解数据的分布、特征和异常情况。具体而言，箱线图的作用可以体现在以下几个方面。

（1）箱线图可以清晰地展示数据的分布情况，帮助我们了解数据的集中趋势和分散程度，同时可以帮助我们有效地识别数据中的异常值，发现潜在的问题或异常情况。

（2）通过比较多个箱线图，我们可以快速了解不同数据集之间的差异和相似性，不同数据集之间的差异在箱线图中能够得到直观的体现。

（3）箱线图可以帮助我们观察数据的偏斜情况，来判断数据是否呈现偏态分布，以及数据的分布是否对称，同时能够观察数据的趋势和变化。通过绘制不同时间段的箱线图，可以识别出数据随时间变化的模式，帮助预测未来趋势。

4.4.3 箱线图的应用案例

例如，零售企业从其所有顾客中随机抽取了 6 000 名会员，并记录了这 6 000 名会员在 2023 年 9 月的消费金额。根据会员级别，该企业计算了各类会员的月消费情况，并绘制了各类会员的消费金额箱线图，如图 4-4 所示。

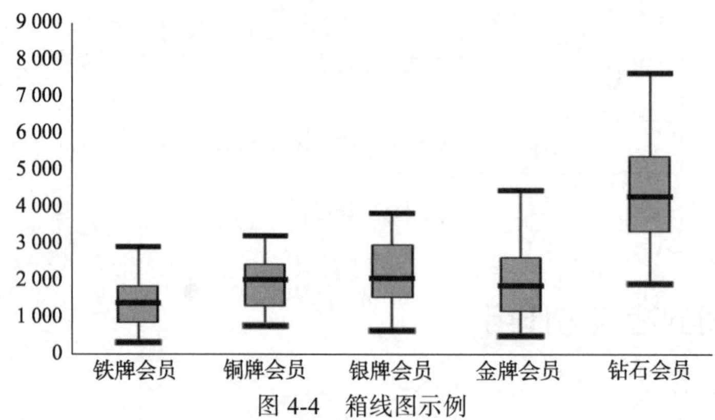

图 4-4　箱线图示例

从图 4-4 可以看出，钻石会员在该零售企业平均月消费金额超过 4 000 元，且最大值达到 7 600 元；铁牌会员月均消费金额约为 1 300 元。铜牌、银牌和金牌会员月均消费金额在 2 000 元左右，但金牌会员月均消费波动性更大。

4.5 交叉表的应用与解读

4.5.1 交叉表的定义与作用

1. 交叉表的定义

交叉表是一种用于分析两个或多个分类变量之间关系的统计工具。它将不同分类变量的取值组合形成一个交叉表格，以便更清晰地展示不同变量之间的相互作用和依赖关系，如图 4-5 所示。交叉表在统计分析、数据挖掘以及社会科学研究中广泛使用，以帮助研究人员发现变量之间的关联性，揭示数据背后的模式和趋势。交叉表显示的是有限种类取值下的两个或两个以上变量的联合分布。一个变量的类别和其他变量的类别交叉，因此，按其他变量的取值或种类分别考察某个变量的频数分布。

性别	频次		
	是否希望购买组合套装：是	是否希望购买组合套装：否	行总计
女	64	9	73
男	24	3	28
	88	12	101

图 4-5　交叉表

在上述交叉表分析中，每个组合由两个分类变量构成，形成一个单元格。单元格内的数字表示有多少调查对象同时符合这两个分类变量。在进行交叉表分析时，行和列的数据均属于分类变量，每个单元格代表两个分类变量的交叉组合。

在交叉表中，对两个变量进行分类交叉后，可以按行或列计算行合计或列合计（或以百分比表示）。此外，行和列的计数也可以互换。确定哪个变量放在行的位置，哪个变量放在列的位置，以及是计算行合计还是列合计，通常需要考虑哪个变量是自变量，哪个是因变量。在计算合计时，应按照自变量的方向顺序计算不同因变量的合计。

2. 交叉表的作用

交叉表在营销研究中具有广泛应用，它能够为企业管理人员提供有关市场和消费者行为的深入见解，从而支持决策制定和战略规划。以下是交叉表在营销研究中的作用的具体体现。

（1）交叉表的可理解性强，其结果以直观的交叉表格形式呈现，每个单元格显示了两个或多个变量之间的关系，这种可视化呈现方式使非统计专业的企业管理人员能够轻松理解分析结果，无须深入了解复杂的统计方法。

（2）交叉表分析产生的结果易于解释，能够通过简单的百分比或计数来描述不同变量之间的关系，这种清晰的结果解释使管理人员能够更容易地将研究发现应用于实际企业管理实践中，从而指导市场营销决策。

（3）交叉表能够提供深入信息，其可以同时考虑多个变量之间的相互关系，揭示出更多复杂的现象和趋势，它能够帮助营销研究人员发现市场细分、消费者群体特征以及产品偏好等方面的深入见解。

（4）交叉表能够克服数据分散问题，在营销研究中，往往涉及多个分类变量，导致数据分布过于分散，难以一目了然，交叉表能够将不同变量之间的关系集中展示，帮助识别变量之间的相关性和交叉影响。

（5）交叉表分析相对简单，不要求研究人员具备高度的统计学知识和技能，这使不熟练的营销研究人员也能够轻松上手，从而更好地利用这一工具来解决实际问题。

综上所述，交叉表在营销研究中具有广阔的应用前景，它通过简单、直观的方式提供了深入的市场见解，帮助企业更好地了解市场趋势、消费者行为和产品特征，从而支持决策制定和市场战略规划。

4.5.2　交叉表的使用

交叉表在统计分析和研究领域中具有广泛的应用，通过计算各种指标和系数，我们能够更深入地了解变量之间的关系和影响。以下是一些常用的交叉表相关指标。

1. φ 相关系数

φ 系数（phi coefficient）主要衡量两个二分类变量之间的相关性，常用于显示 2 行 2 列表格（2×2）中变量之间联系强度。它的取值范围在 0 到 1 之间，越接近 1，表示相关性越强；越接近 0，表示相关性较弱。φ 系数适用于两个二分类变量之间的关联性分析，如性别与购买决策之间的关系，φ 系数与卡方统计量是成比例的，对于样本规模 n，计算方式如下：

$$\varphi = \sqrt{\frac{\chi^2}{n}}$$

当变量之间没有联系时，φ 系数为 0，此时卡方值也为 0；当变量之间完全相关时，φ 等于 1，且所有观测值都位于一条主对角线或者副对角线上。

2. 列联系数

列联系数是用于多分类变量之间的关联性分析的指标。它在 0 到 1 之间取值，表示两个变量之间的关系强度，越接近 1 表示关系越强。列联系数常用于超过二分类的情况，如市场细分与购买行为之间的关系，列联系数可以用于评估任意大小的交叉表中联系的强度，主要计算方式如下：

$$C = \sqrt{\frac{\chi^2}{\chi^2 + n}}$$

C 系数的取值范围在 0 和 1 之间。当变量之间没有联系时，C 系数为 0。且 C 系数永远无法达到最大值 1。列联系数的最大值由表格的行数和列数决定。

3. Cramer's V 相关系数

Cramer's V 是一种常用的交叉表相关系数，是对 φ 系数进行修正后得到的指标，主要用于分析大于 2×2 的交叉表，以评估多分类变量之间的关联强度。在计算大于 2×2 的交叉表时，φ 系数的取值范围是无上限的，为了得到 Cramer's V 系数，可以根据表格的行数和列数中较小的值进行调整。调整后的 V 系数的取值范围在 0 和 1 之间，V 值大只能说明变量之间的联系强，但不能说明变量之间是如何联系的。Cramer's V 系数和 φ 系数之间的关系可以表示为

$$V = \sqrt{\frac{\varphi^2}{\min(r-1, c-1)}}$$

商业实训

基于描述性统计剖析用户数据

读者可轻轻刮开封底的刮刮卡，扫码获取该实训项目及数据。教师如有需要，可登录教学实训平台（edu.credamo.com），在课程库中搜索课程“商业数据分析与实训”，根据需要选择相应的课程后，按照第三章介绍的方法，导入到“我的课程”教师端并组织班级学生加课学习。

在具体的实训项目中，学生可以利用 Credamo 见数平台实现数据的描述性统计分析，可以进行描述性统计变量分析、频数分析、箱线图绘制、交叉表分析和卡方分析等，此处使用“手机广告”的问卷作为实训项目的示例，在实训平台中展示描述性统计分析的步骤。

1. 描述性统计变量分析

单击“建模分析”，添加相应的分析组后，再单击“添加分析”按钮，选择“描述统

计”，就可对相应的变量进行描述性统计分析，如图 4-6、图 4-7 所示。

图 4-6　新建分析组

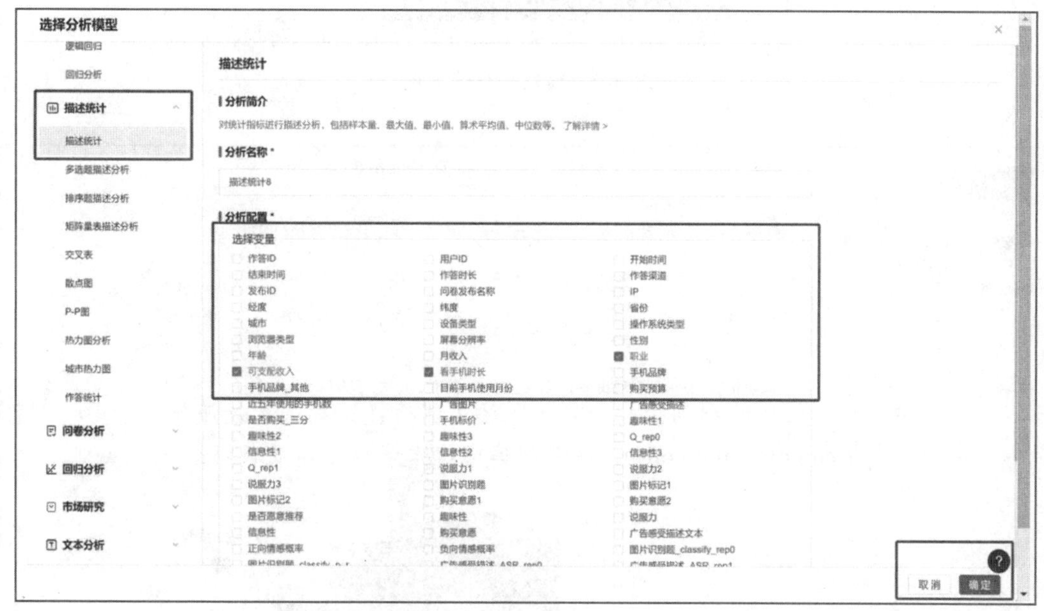

图 4-7　添加描述性统计分析

通过单击“描述统计”，在选择相对应的变量后，即可生成描述性统计变量的分析结果，如图 4-8 所示。

描述分析结果

可支配收入 你每个月的可支配收入是多少？（单位：元，只需填写数字）　　下载数据

样本数	中位数	平均数	95%置信区间	标准差	最小值	最大值
210	4000.00	5804.82	[1000.00,17775.00]	7250.43	800.00	80000.00

图 4-8　描述性统计变量分析结果

2. 频数分析

通过单击“描述统计”及选择相对应的变量即可获得频数分析的结果。单击生成的图片，可以实现对频数分析图的更改，图 4-9、图 4-10 所示是利用直方图的形式分析受访者每天看手机的时长分布情况。

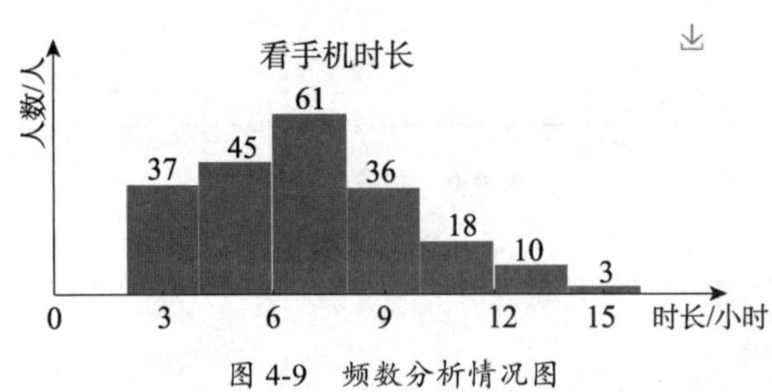

图 4-9　频数分析情况图

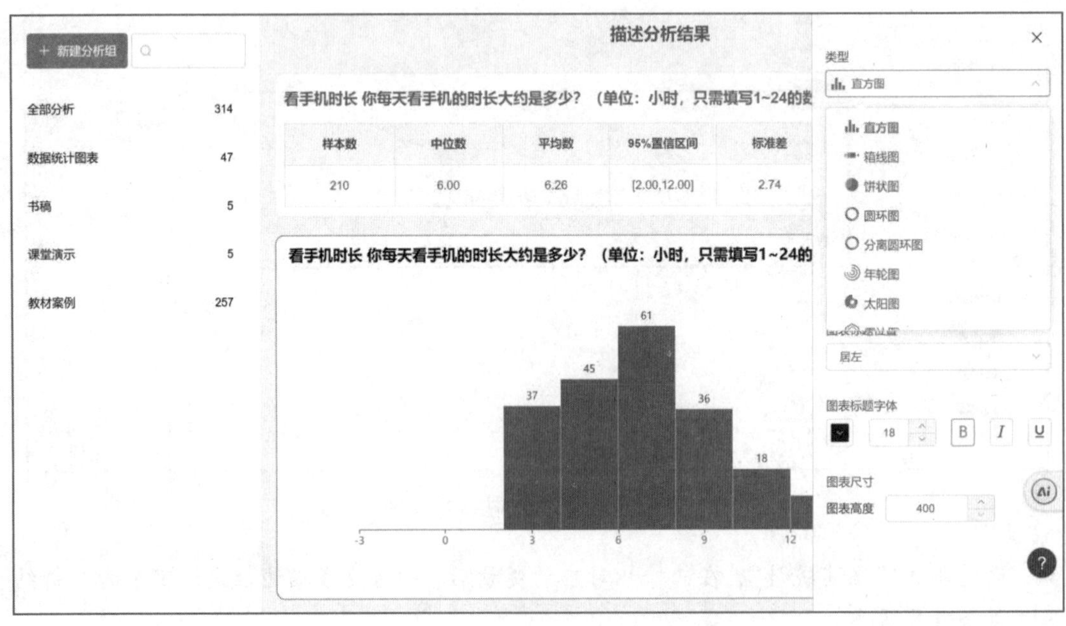

图 4-10　更改图表类型

对于分类变量，可以生成条形图来实现频数分析过程，图 4-11 所示是采用条形图的形式分析不同职业类型的占比情况。

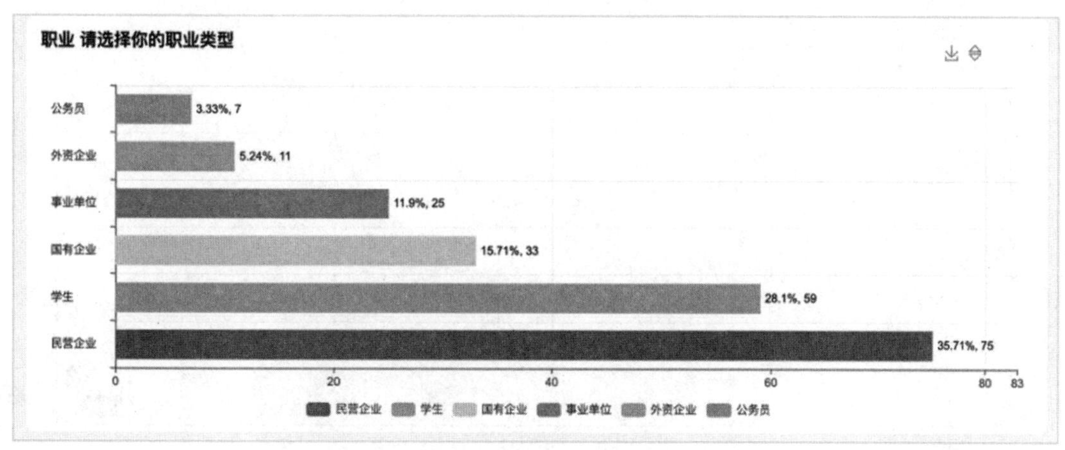

图 4-11 生成条形图

3. 箱线图

单击图片右上方的图表类型，即可获得对应的箱线图，图 4-12 所示是采用箱线图的方式分析可支配收入的情况。

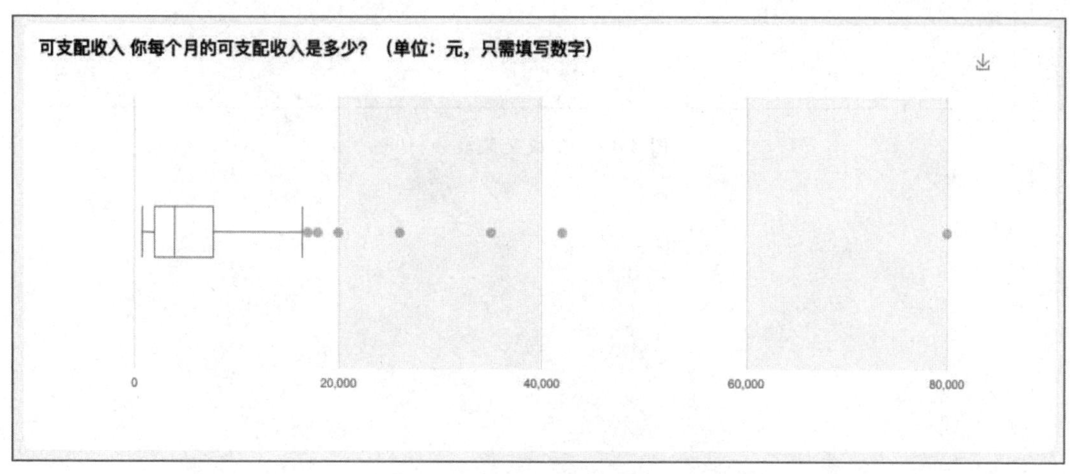

图 4-12 生成箱线图

4. 交叉表分析

单击“添加分析”中的“交叉表”，分别选取纵坐标和横坐标的变量，即可获得交叉表分析的结果，如图 4-13 所示。

图 4-14 是性别与是否推荐两个变量的交叉表分析。

图 4-13　添加交叉表分析

性别	频次		
	是否愿意推荐：是	是否愿意推荐：否	行总计
男	80	14	94
女	81	35	116
	161	49	210

图 4-14　生成交叉表分析

第 5 章

数据可视化

数据是企业最宝贵的资源之一，数据可视化成为商业数据分析中不可或缺的技能。它以直观、生动的方式呈现复杂数据，帮助深入了解业务运营。本章将引导读者选择和设计合适的图表类型，包括柱状图、折线图、散点图等，读者将学会如何通过趋势分析与预测，以及实际案例研究，把理论知识应用于实际业务问题，在掌握技术技能的同时，培养出发现问题的能力，为企业在竞争激烈的市场中取得优势提供有力支持。

5.1 数据可视化原理

5.1.1 数据可视化的概念

数据可视化是将复杂的数据以图形化的方式呈现，使得数据更易于理解、分析和解释。通过图表、图形、地图等可视化手段，用户能够直观地感知数据的关系、趋势和模式，从而更好地进行决策和洞察。

数据可视化在商业应用中具有巨大的价值，它通过图表、图形和其他可视化手段将复杂的数据转化为直观、易于理解的形式，从而帮助企业更好地理解和分析业务信息。其具体包括以下价值。

1. 决策支持

数据可视化在商业决策制定过程中扮演了直观且高效的角色，激发决策者采用数据驱动的方法制定更具有战略性和前瞻性的决策。在处理大量数据时，商业决策需要全面考虑，通过以图形化的方式展示庞大而复杂的数据，利用可视化工具，数据的趋势、模式和关联关系变得一目了然。从销售趋势到运营效率，数据可视化都提供了全面的业务洞察，使决策者能够更准确地评估现状并预测未来走向。此外，通过实时监控关键性能指标，企业领导层可以快速响应市场变化，优化资源分配，从而实现更灵活、敏捷的决策流程。

2. 业绩监控

数据可视化在业务业绩监控方面的价值在于为企业提供了全面、清晰的业务洞察，帮助其实时作出决策、优化运营，并保持竞争优势。通过将庞大的业务数据以直观的图表和图形呈现，企业能够实时追踪关键业绩指标，识别潜在的问题和机会。这种实时洞察使管理层能够迅速作出决策，调整战略方向，以应对市场变化。可视化还有助于识别业务流程中的瓶颈和优化机会，提高效率并降低成本。此外，通过对比不同时间段的数据趋势，企业可以更好地了解业绩变化的趋势，为未来的规划和预测提供有力支持。

3. 趋势分析

数据可视化在商业趋势分析中的应用，不仅提升了分析的效率，更能为企业在快速变化的市场中取得竞争优势提供重要的决策支持。商业环境不断变化，通过将大量复杂的数据以图表、图形的形式呈现，数据可视化使企业更直观地识别和理解市场趋势、消费者行为和竞争动态。这种视觉呈现不仅迅速捕捉趋势的变化，还能帮助企业领导和决策者更好地预测未来发展方向。通过实时监测关键指标，数据可视化还能帮助企业及时调整策略，适应市场变化，提高反应速度。此外，通过交互式可视化工具，用户可以深入挖掘数据，发现隐藏在表面之下的关联和机会，为制定更具前瞻性的商业战略提供有力支持。

4. 客户洞察

数据可视化为企业提供了一种直观、高效的洞察工具，为业务决策和客户管理提供了有力支持。通过图形化展示复杂的业务数据，企业能够更迅速、清晰地理解客户行为、市场趋势和业务绩效。这不仅有助于信息的传达和理解，降低了决策门槛，同时也提供了强大的决策支持工具。通过实时监控业务绩效、分析客户行为和识别市场趋势，企业能够更灵活地调整战略、优化产品或服务，从而提高客户满意度，抓住市场机会，确保业务始终保持在最佳状态。数据可视化也促进了团队内部的协作，通过共享可视化报告，团队成员能够共同理解业务状况，分享见解，共同努力解决问题。

5. 团队协作

数据可视化在商业应用中为团队协作注入更高效、透明和协同的元素，促使团队共同努力推动业务的成功。通过可视化工具，团队成员能够共享、理解和讨论数据，从而形成更加清晰的共识。可视化报告和仪表板为团队提供了一个共同的信息基础，使团队成员能够更有效地协同工作，共同制定战略方向。这种直观的数据呈现方式减少了沟通的障碍，促使团队更加紧密地合作，共同追求业务目标。此外，可视化也有助于团队成员更容易发现问题、识别机会，并在整个组织中分享见解，推动团队整体的创新和发展。

在数据可视化的过程中，有很多强大的工具如词云图、热力图、气泡图等，这些高阶图表不仅提供了更丰富、更个性化的数据呈现方式，还能够提供更深层次的分析，帮助企业发现隐藏在数据背后的洞察。对于企业而言，综合运用这些数据可视化工具可以更好地支持业务发展和优化运营。

5.1.2 数据可视化的原则

良好的数据可视化设计需要遵循一些关键的准则，以确保图表传达清晰、准确的信息，提供有用的洞察。以下是部分数据可视化的设计准则。

1. 一致性

在商业分析中，数据可视化的一致性原则包括颜色和图例一致性、命名和标签一致性、风格一致性等。通过确保图表、颜色、标签等元素的一致性，用户能够在不同的可视化工具和图表之间建立直观的联系，从而更容易比较和理解数据。一致的设计使得关键信息在不同部分之间保持一致，减小了混淆和误导的风险，帮助决策者更可靠地识别趋势、模式和关键见解。通过遵循一致性原则，商业分析中的数据可视化不仅提高了信息的可理解性，还促进了更有针对性的决策制定。

2. 简洁性

在商业分析中，数据可视化的简洁性（simplicity）原则包括信息密度适中、清晰明了的标签、移除不必要的装饰等。简洁的可视化设计能够通过清晰而直观的图表和图形，迅速传达关键信息，避免信息过载和混淆。通过精选关键指标和简化图表元素，我们能够使数据呈现更为明了，使决策者迅速洞察业务趋势、识别机会和问题。简洁性原则不仅提高了信息的易理解性，还有助于用户更迅速、准确地作出商业决策，在信息爆炸的时代中更有效地引导注意力，使数据可视化成为决策支持的有力工具。

3. 有效性

数据可视化在商业分析中的有效性体现在其能够将庞大的、抽象的数据转化为直观、易理解的图形形式，从而帮助分析师和决策者更迅速地识别关键趋势、模式和洞察。通过遵循设计原则，例如清晰性、一致性和避免误导，商业分析中的数据可视化确保信息传达的准确性和可靠性。选择合适的图表来重点突出内容，使用户能够迅速获取关键信息；在图表中提供足够的上下文信息，以便观众正确地解释和理解数据；可交互性则为深入数据挖掘提供了机会。数据可视化不仅提高了工作效率，还通过美观而有吸引力的呈现方式增强了用户体验，使商业分析更加灵活、深入和直观。

这些设计准则有助于创建清晰、简洁、有效的数据可视化，提高观众对数据的理解和信任度。在设计过程中，需要不断考虑观众的视角，确保图表以直观的方式传达信息、提供更好的用户体验，帮助决策者和团队更好地理解和分析数据，从而作出更明智的决策。

5.2 基础图表的应用

5.2.1 柱状图

1. 柱状图的定义和用途

柱状图是一种常见的数据可视化图表，用垂直的长方形柱子表示数据的数量或数值大小。通常，每个柱子的高度对应于相应数据的数值，横轴则表示不同的类别或时间。柱状图在展示分类数据的相对大小或展示趋势方面非常有效，因为它直观地突显了各个类别之间的差异，使观众能够迅速比较和理解数据，如图 5-1 所示。

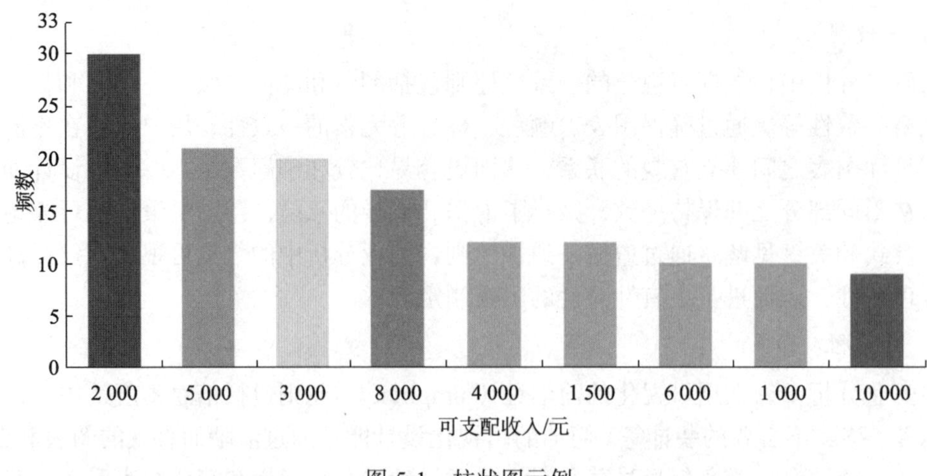

图 5-1　柱状图示例

柱状图的主要用途在于清晰而直观地展示不同类别或组之间的数量关系。通过垂直的柱形表示数据，柱状图使观众能够迅速比较各组之间的差异或趋势。在商业分析中，柱状图常用于展示销售额、市场份额、产品对比等关键业务指标，有助于快速洞察数据的关联和趋势。其简单的设计和易于理解的特性使其成为传达大量数据信息的强大工具，为决策者提供直观的视觉呈现，有助于更快速、更有效地发现关键洞察，从而支持更明智的决策制定。

2. 绘制和解读柱状图

绘制柱状图的过程相对简单。首先，收集所需的数据，并确定要在图表中表示的变量和类别。选择适当的柱状图类型，通常包括垂直柱状图和水平柱状图。设定坐标轴，横轴表示类别或组，纵轴表示变量的数值。使用绘图工具或软件，在坐标轴上为每个类别绘制相应高度的柱子。确保柱子之间有适当的间隔，以提高可读性。最后，添加标签、标题以及其他美化元素，如颜色或阴影，以使图表更具吸引力。审查图表并调整，确保清晰地传达所需的信息。

解读柱状图的关键在于理解图表中的各个元素，并从中获取有关数据分布和关系的信息。在单变量柱状图中，观察柱子的高度，较高的柱子表示相应类别或组的数值较大，而较矮的柱子则表示数值较小。通过比较不同柱子的高度，可以分析它们之间的差异。添加标签和标题有助于提供更多上下文信息。

在多变量柱状图中，可以通过在同一图表中绘制多个柱状图来比较不同变量的分布。不同颜色或图案的柱子代表不同的变量，用户可以直观地比较它们之间的关系。图例可以提供颜色或图案的解释。通过观察同一类别下不同变量的柱子，可以发现它们之间的差异和趋势。

总体而言，解读柱状图需要注意柱子的高度、颜色、标签、图例等元素，以便深入理解数据的分布和趋势。对于多变量柱状图，重点在于同时比较多个变量，从而获得更全面的数据洞察。

5.2.2　折线图

1. 折线图的概念和应用场景

折线图是一种用线段连接数据点来显示数据变化趋势的图表类型。通常，横轴表示时间或其他连续变量，纵轴表示数值变量。通过将数据点相连接，折线图能够清晰地展示数据的趋势、波动和变化，如图 5-2 所示。

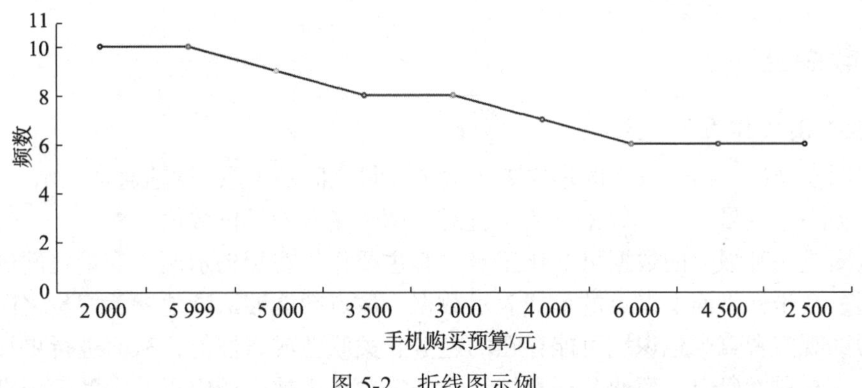

图 5-2　折线图示例

折线图是一种强大的工具，可用于直观地展示数据的变化趋势和关系，适用于许多领域，其应用场景包括以下几个。

（1）趋势分析。折线图常用于展示随时间变化的趋势。例如，股票价格随时间的变化、销售额在不同季度的波动等。通过折线图，用户能够直观地了解趋势的方向和幅度。

（2）比较变量。折线图适用于比较多个变量的变化趋势。在同一图表中，可以包含多条折线，每条折线代表一个变量。这种方式使得不同变量之间的趋势关系一目了然。

（3）关联性分析。当需要显示两个变量之间的关联性时，折线图也很有用。通过将两个变量的折线放在同一图表中，可以轻松地比较它们的趋势，并发现它们之间的关系。

（4）周期性分析。如果数据具有明显的周期性，如天、周、月，折线图可以帮助展示这种周期性的规律。这在分析季节性销售、用户活动等方面特别有用。

（5）异常值检测。折线图也可以用于识别异常值。当数据在图表上呈现出明显的异常点或波动时，可能表明发生了特殊事件，需要进一步调查。

（6）温度曲线。气象学常使用折线图来展示温度变化。通过将不同地点或不同时间的温度数据连接起来，人们能够更好地理解温度的变化趋势。

2. 创建和解读折线图

绘制折线图的过程中，首先要收集清晰准确的数据，确定横轴和纵轴所代表的变量。选择折线图类型，如单条折线或多条折线。通过在坐标轴上连接数据点，形成折线，直观地反映数据的变化趋势。添加标签和标题以提供更多信息，可以美化折线图，如添加颜色或标记点。最后，审查图表确保清晰可读，并进行必要的调整，以确保准确传达所需的数据信息。整个过程注重简洁、清晰地呈现数据趋势，以支持观众对数据的理解。

在解读折线图的过程中，需要对图表中的趋势、关联和变化进行理解，包括趋势分析和比较分析。首先，通过观察折线的整体形状和方向，可以进行趋势分析。上升的折线通常表示增长趋势，而下降的折线则暗示减少趋势。平稳的折线可能表明相对稳定的趋势。标记点或突出的数据点可帮助识别关键事件。其次，比较分析涉及对不同折线的对比。多条折线在同一图表上使比较变得直观，观察它们的相对位置和变化幅度，可以快速评估各个变量之间的关系。通过综合趋势和比较分析，折线图为用户提供了深入理解数据趋势和关联关系的强大工具。

5.2.3 散点图

1. 散点图的作用和特点

散点图在坐标平面上以点的形式表示两个变量之间的关系。横轴通常表示一个变量，纵轴表示另一个变量，每个数据点的位置对应两个变量的具体数值。

散点图是一种强大的数据可视化工具，其主要作用在于揭示两个变量之间的关系和模式。通过在坐标平面上以点的形式表示数据，散点图能够清晰地展示变量之间的相对位置，帮助观察者直观地识别可能存在的趋势、关联性或离群值，从而进行更深入的数据分析。它在科学研究、商业分析和统计调查等领域都被广泛应用，有助于识别变量之间的相关性、离群值，以及可能存在的规律，如图 5-3 所示。

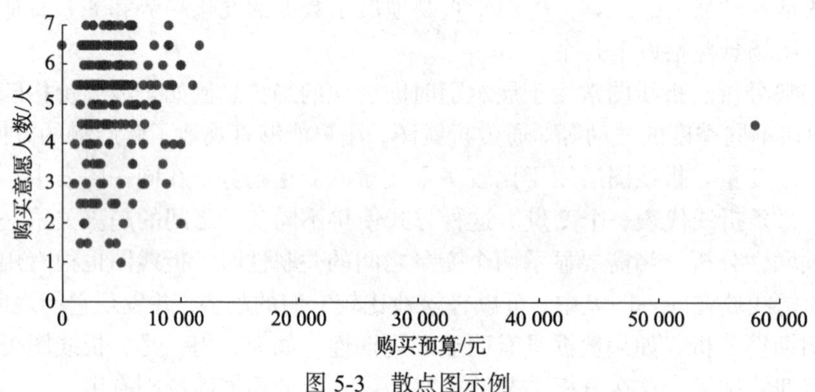

图 5-3　散点图示例

与其他图表类型相比，散点图的特点在于清晰展示了数据点在二维平面上的分布，每个点代表一组数据的取值。通过观察点的分布，可以推断出两个变量之间的关系，包括正相关、负相关或无相关。散点图还能够突显离群值，帮助识别异常情况。由于其简单直观的特性，散点图也常用于观察变量之间的趋势，支持数据驱动的决策过程。

2. 绘制和解读散点图

在散点图的绘制过程中：①收集呈现的两个变量的数据。②确定这两个变量在图表中的位置，其中一个在横轴，另一个在纵轴。然后选择绘图工具或软件，将每组数据点的坐标在图表中标出，点的位置反映了两个变量的具体数值。③为图表添加轴标签、标题以及其他必要的信息，以便观众正确理解数据的含义。④审查图表，确保所有元素清晰可读，以便观察者轻松地识别关系和模式。

解读散点图的关键在于观察点的分布，以便推断两个变量之间的关系。在相关性分析中，若点呈现出明显的趋势，可以推断存在正相关或负相关关系。斜向上的趋势表示正相关，而斜向下的趋势则表示负相关。观察散点图中点的集中或分散程度，还可用于聚类分析。密集的点群可能表示数据点在某个区域有聚类趋势，有助于发现数据的潜在群组结构。细致观察散点图中的离群值也是重要的，它们可能揭示了异常情况或特殊模式。总体而言，散点图是一种强大工具，可在相关性分析和聚类分析中提供直观、清晰的视觉表示，有助于深入理解数据的关系和结构。

5.3　进阶图表的应用

5.3.1　词云图

1. 词云图的定义和应用

词云图是一种数据可视化技术，通过将文本中词语的频率或重要性以视觉方式展现，以形成具有吸引力的图形。在词云图中，常见的词语以较大的字体显示，而出现频率较低的词语则以较小的字体展示，形成视觉上的差异。这种视觉效果突显了文本中的关键主题或重要概念，使观众能够迅速捕捉文本中的关键信息。词云图广泛应用于文本数据分析、舆情监测、市场调研等领域，为用户提供了一种直观而有趣的方式来理解和概括大量文本信息，如图 5-4 所示。

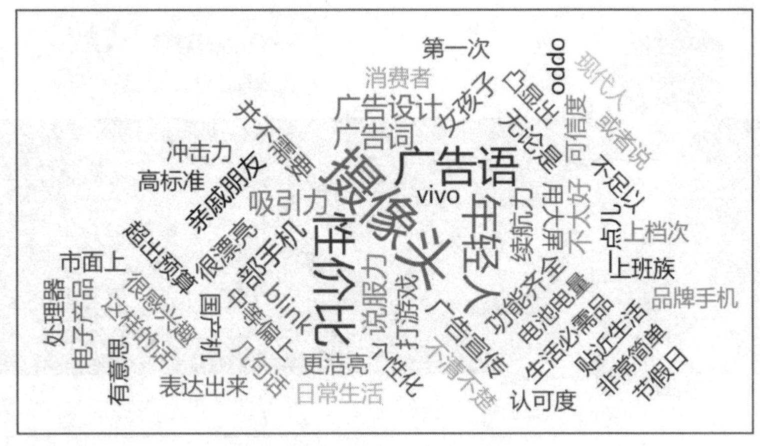

图 5-4　词云图示例

2. 创建和解读词云图

创建词云图的过程主要分为以下几个步骤：首先，收集需要制作词云的文本数据，这可以是一段文章、评论或任何包含文字的内容。然后，通过文本处理工具或编程语言，对文本进行预处理，包括分词、去除停用词、统一大小写等。接下来，将处理后的文本输入词云生成器中，选择词云的形状、颜色、字体等参数。生成器会根据文本中词语的频率和重要性，在图像中按照设定生成对应的词云图。最后，对生成的词云图进行必要的调整，如调整颜色搭配、字体大小，以使图形更加美观和符合需求。这样，用户就能够快速而直观地发现文本中关键词的重要性和分布情况。

解读词云图首先涉及理解其基本原理和呈现方式。词云图是一种通过文字大小、颜色等方式展示关键词频率的可视化工具。在词云图中，字体越大的词汇代表其在文本中出现的频率越高，从而凸显关键词的重要性。通过观察词云中的词语排布，用户可以迅速识别文本中的主题和关键概念。此外，有时颜色的深浅也可用于强调词汇的重要性，如深色表示高频率或高重要性。综合考虑词云中的字体大小、颜色和布局，可以帮助用户直观地了解文本的关键信息和热点，支持决策者和分析师更深入地理解数据，从而作出更有针对性的决策。

5.3.2 热力图

1. 热力图的概念和使用场景

热力图是一种数据可视化工具，通过色彩密集度的变化来直观地展示数据分布、关联或趋势，通常以二维矩阵的形式呈现，其中的每个单元格代表一个数据点或数值，而颜色的深浅则反映了该点的数值大小或数据密度。深色通常表示高数值或高密度，而浅色则表示低数值或低密度。热力图广泛用于可视化复杂数据集，帮助用户快速识别模式、趋势或异常，如图 5-5 所示。

图 5-5　热力图示例

热力图在各个领域都有广泛的使用场景。在地理信息系统中，热力图可以展示地区的人口密度、交通流量或犯罪发生率，帮助城市规划和资源分配。在商业分析中，热力图可用于呈现销售热点、客户分布或产品受欢迎程度，支持市场战略和业务决策。在医学领域中，热力图可以用于展示病例的传播路径、药物效果或生物数据的分布，为研究和医疗决策提供有力支持。在社交网络和用户体验设计中，热力图可以追踪用户点击、浏览或交互的热度，优化界面设计和用户体验。总体而言，热力图以其直观、易读的特点，适用于多个领域，为数据分析和决策提供了强大的工具。

2. 绘制和解读热力图

绘制热力图的过程包括以下步骤：首先，收集需要呈现的数据，确保数据清晰且合适。确定热力图的横纵轴，通常表示两个变量的关系。选择绘图工具或软件，根据数据的密度和关系，将颜色映射到不同数值上。通过色彩的深浅或明暗，直观地呈现出数据的热度分布。最后，可以添加标签、图例等元素，以提供更多信息。并且审查和调整，确保图表清晰，可传达所需的数据趋势和关联性，使观众快速理解数据的热度分布。

通过色彩的深浅来表示数据点的密度，热力图能够直观地呈现数据的分布情况。深色区域表示高密度，浅色区域表示低密度，使观察者迅速识别数据的集中或稀疏区域。同时，热力图还能够展示不同变量之间的相关性，通过颜色的变化显示相关性的强度，从而揭示数据之间的潜在模式。在密度和相关性分析中，热力图的直观性和易读性使其成为数据科学、地理信息系统和其他领域中常用的工具，为决策者提供深刻的数据洞察。

5.3.3 雷达图

1. 雷达图的基本原理和用途

雷达图，又称蜘蛛图或极坐标图，基于极坐标系，以多边形的形式将多个变量的数值表示在同一图表上。每个变量对应于雷达图的一个放射线，其数值通过线的长度表示，多边形的形状由这些线连接而成。雷达图的基本原理在于通过直观的方式呈现多个维度之间的相对大小和关系，使观察者能够快速比较不同维度的数值，如图 5-6 所示。

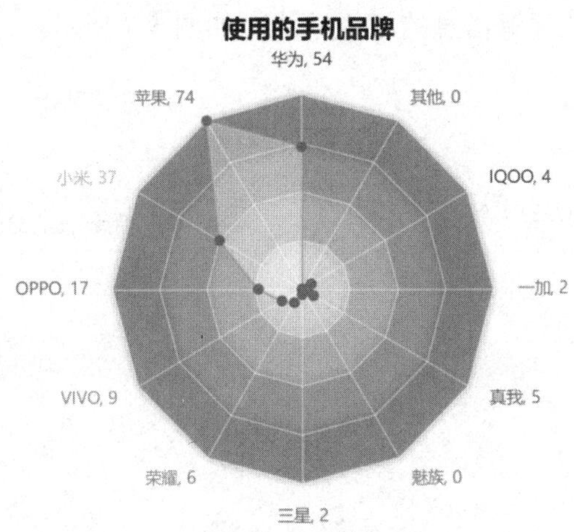

图 5-6　雷达图示例

雷达图广泛应用于多维度数据的比较和分析。它常用于展示个体或实体在多个属性上的表现，例如产品特征的对比、团队成员的技能评估或企业绩效的多指标分析。通过雷达图，用户可以一目了然地了解各个维度的相对贡献和差异，帮助决策者更全面地理解复杂数据，支持跨维度的比较和评估。

2. 构建和解读雷达图

雷达图的构建过程包括以下步骤：①确定需要比较的多个变量，每个变量对应雷达图的一个轴线。②确定数据的度量范围，并将数据标准化，通常将数据映射到[0，1]的范围内。③在雷达图上绘制放射线，每条线代表一个变量，长度表示其标准化后的数值。连接相邻的数据点，形成多边形，从而形成整体的雷达图。为提高可读性，可以添加标签、坐标轴刻度以及区域阴影等元素，使观察者更容易理解图表的含义。④根据数据的特点和用户需求，可以选择调整雷达图的样式和布局，以便更好地传达信息。雷达图的构建过程强调直观性和易读性，确保用户清晰地了解多个变量之间的关系。

雷达图的解读过程中涉及多维数据的比较和评估，首先需要注意多边形的整体形状和大小，凸起的区域通常表示较高的数值，而凹陷的部分可能表明相对较低的数值。比较不同雷达图的多边形，关注形状的差异，以判断各个变量在不同实体或时间点上的相对优劣。交叉点和交点提供了多个变量之间的相互影响和权衡关系，而标注具体数值则能够精确了解每个变量的数值大小。再者，需要注意异常值和突出部分，它们可能揭示出在某个变量上的特殊性。最终，要在综合考虑多个变量的基础上，全面理解雷达图，以支持更深入的分析和更全面的决策制定。

5.3.4 太阳图

1. 太阳图的作用和特点

太阳图是一种数据可视化工具，其独特的作用在于有效地展示多维数据的层次结构和相互关系。通过以圆形的形式呈现数据，太阳图能够清晰地展示主题与子主题之间的层级关系，使观众直观地理解信息的组织结构，如图 5-7 所示。

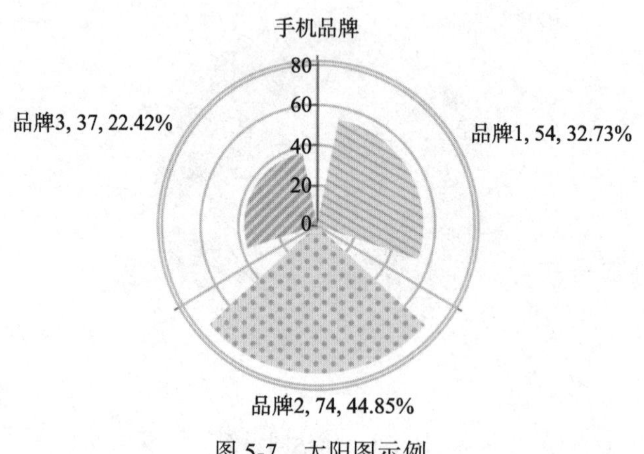

图 5-7 太阳图示例

太阳图的特点之一是可视化层次结构的同时，还能够在同一图表中展示不同层级的数量或比例关系，使用户能够一目了然地了解各个层级的相对重要性。此外，太阳图的色彩和区块大小等设计元素也可以用来表示数据的其他属性，增强了信息传达的多样性和深度。总体而言，太阳图在数据可视化中的作用在于简化复杂结构、凸显关键信息，并为观众提供直观而全面的数据解读体验。

2. 绘制和解读太阳图

要绘制太阳图，首先需要确定数据的层次结构，将主题和子主题按照层级组织。然后，为每个主题和子主题分配一个圆环区块，圆环的大小表示其在整体中的权重或数量。颜色和标签可以用来表示其他属性或类别。在绘制过程中，确保层次结构的清晰性，以便观众轻松理解图表。

解读太阳图时，首先关注最中心的主题，了解总体的概况。然后，逐级向外扩展，注意每个层级的大小和相对比例。颜色和标签可用于识别不同的数据类别或属性。通过观察太阳图的整体形状和各个区块的位置关系，可以快速洞察数据的层次结构和重要性。太阳图能够提供对数据的直观感知，帮助用户快速理解复杂信息，识别关键趋势和模式。在解读时，要注意避免信息过载，以确保观众轻松理解和记忆图表呈现的信息。

5.3.5 城市热力图

1. 城市热力图的作用和特点

城市热力图是一种以地理空间为基础的数据可视化工具，通过在地图上使用颜色或渐变来反映特定地区的数据密度或数值分布。其主要作用是有效展示地理区域内的数据分布和趋势，特别适用于揭示城市或地区中的热点和变化。通过在地图上使用颜色编码，城市热力图能够直观地表达不同区域的数据密度或特定指标的强度，使用户快速识别关键趋势和重要区域。此外，城市热力图还能帮助分析市场机会、优化资源分配和制定战略决策。其特点包括对地理空间的直观展示，通过颜色深浅和热图图例的设计，使用户轻松理解地区之间的差异，帮助商业决策者更直观地理解城市内不同区域的商业活动水平或其他关键指标，从而更好地制定业务策略。

城市热力图的特点之一是强调地理位置的影响，通过色彩的深浅或渐变，直观展示出不同区域的相对强度，使用户迅速识别热点或冷点区域。此外，城市热力图也具备与地理信息系统（GIS）集成的能力，使其能够与其他地理数据相结合，进一步丰富数据解读的层次。总体而言，城市热力图发挥着直观展示空间分布和趋势的关键作用，帮助用户更好地理解城市内部的商业动态。

2. 绘制和解读城市热力图

要绘制城市热力图，首先需要收集与地理位置相关的数据，如销售额、人口密度或其他关键指标。使用地理信息系统（GIS）或专业的数据可视化工具，将数据与相应的地图数据集集成，确保地理位置的准确性。然后，通过颜色渐变来编码数据值，通常使用色谱图，将低值用较浅的颜色表示，高值用较深的颜色表示。在地图上标示各个区域的颜色，形成热力图。

解读城市热力图时，首先关注颜色的深浅，深色区域代表高数值或热点区域，而浅色则表示低数值或相对冷门区域。比较不同区域的颜色强度，可以快速识别热点分布和趋势。同时，注意图例的设定，确保观众理解颜色与数据值之间的对应关系。除了直观地识别高低值之外，城市热力图还可以通过空间分布的形状和连接性来帮助解读区域间的关系。总的来说，城市热力图是一种强大的工具，可用于展示地理数据的分布情况，帮助用户更好地理解城市或区域内的趋势和变化。

商业实训

基于智能应用的数据可视化分析

读者可轻轻刮开封底的刮刮卡，扫码获取该实训项目及数据。教师如有需要，可登录教学实训平台（edu.credamo.com），在课程库中搜索课程“商业数据分析与实训”，根据需要选择相应的课程后，按照第三章介绍的方法，导入到“我的课程”教师端并组织班级学生加课学习。

1. 柱形图

在 Credamo 见数平台中柱状图的绘制步骤如下。

单击“建模分析”，添加相应的分析组后，就可单击“添加分析”按钮，选择“描述统计”，就可对相应的变量进行描述性统计分析，如图 5-8 所示。

选中对应图表后，单击图片右上方的图表类型，即可获得对应的柱状图，图 5-9 所示是采用柱状图的方式分析手机品牌市场占比的情况。

2. 折线图

在 Credamo 见数平台中折线图的绘制步骤如下。

单击“建模分析”，添加相应的分析组后，就可单击“添加分析”按钮，选择“描述统计”，就可对相应的变量进行描述性统计分析。

单击对应图表后，通过单击图片右上方的图表类型，选择折线图，如图 5-10 所示。

最后，即可获得对应的折线图，如图 5-11 所示。

图 5-8　绘制柱状图步骤

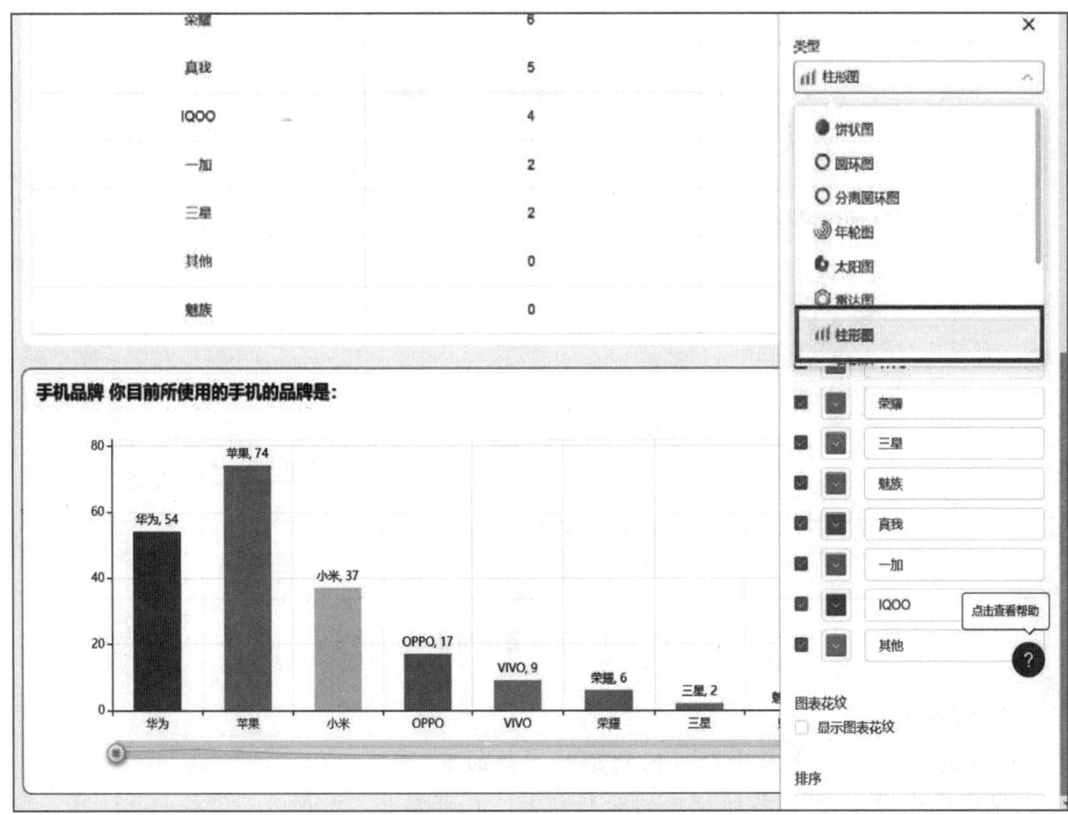

图 5-9 柱状图绘制结果

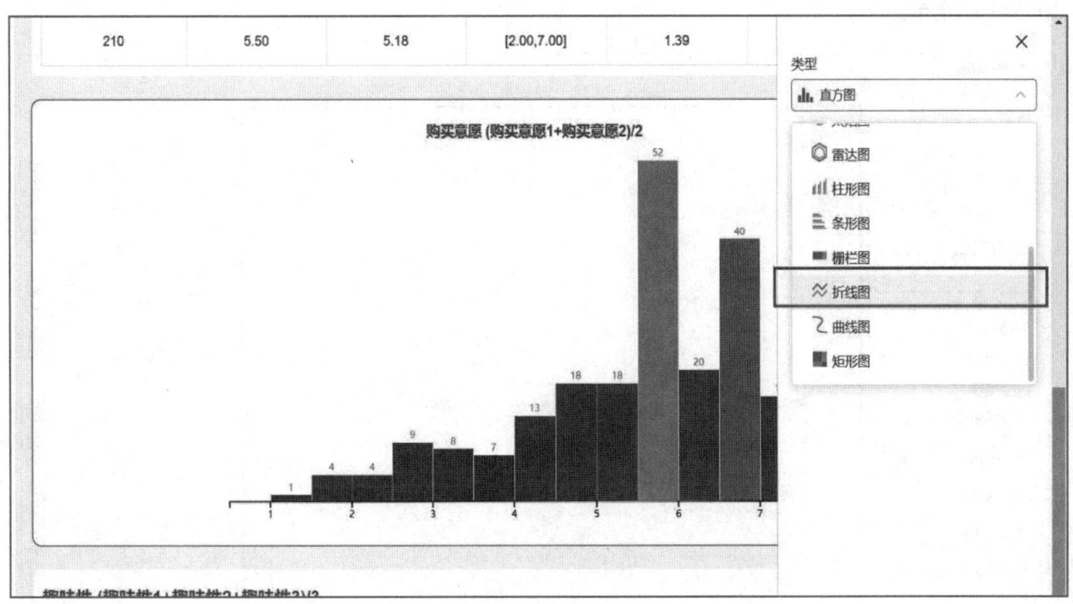

图 5-10 选择折线图

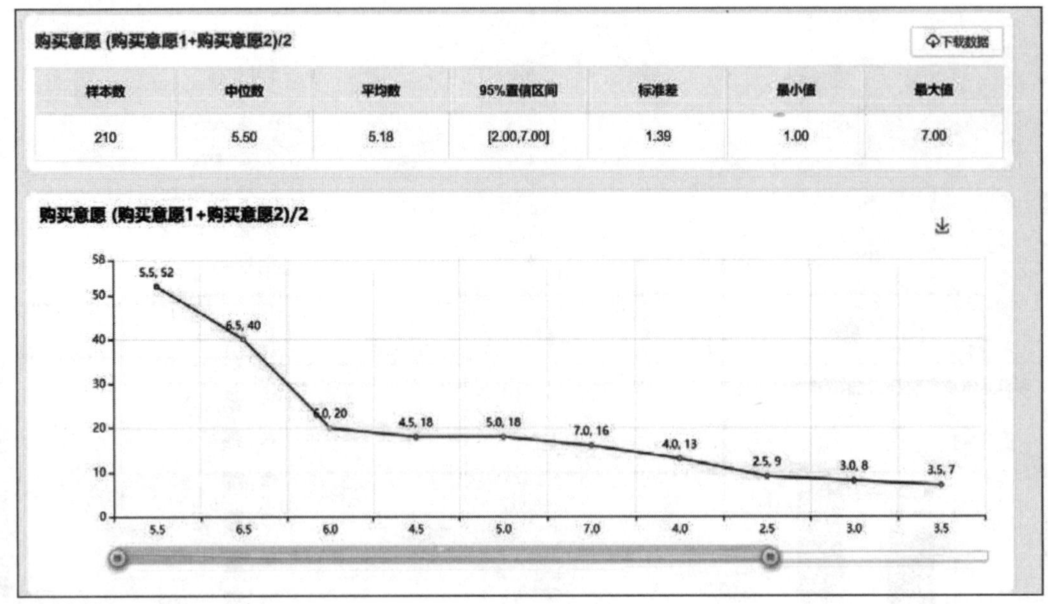
购买意愿（购买意愿1+购买意愿2）/2

样本数	中位数	平均数	95%置信区间	标准差	最小值	最大值
210	5.50	5.18	[2.00,7.00]	1.39	1.00	7.00

图 5-11　折线图绘制结果

3. 散点图

在 Credamo 见数平台中散点图的绘制步骤如下。

单击“建模分析”，添加相应的分析组后，就可单击“添加分析”按钮，选择“描述统计”下的“散点图”，并分别选中需要分析的自变量和因变量，点击箭头添加到右侧方框中，最后单击右下角的“确定”按钮即可获得对应的散点图，如图 5-12、图 5-13 所示。

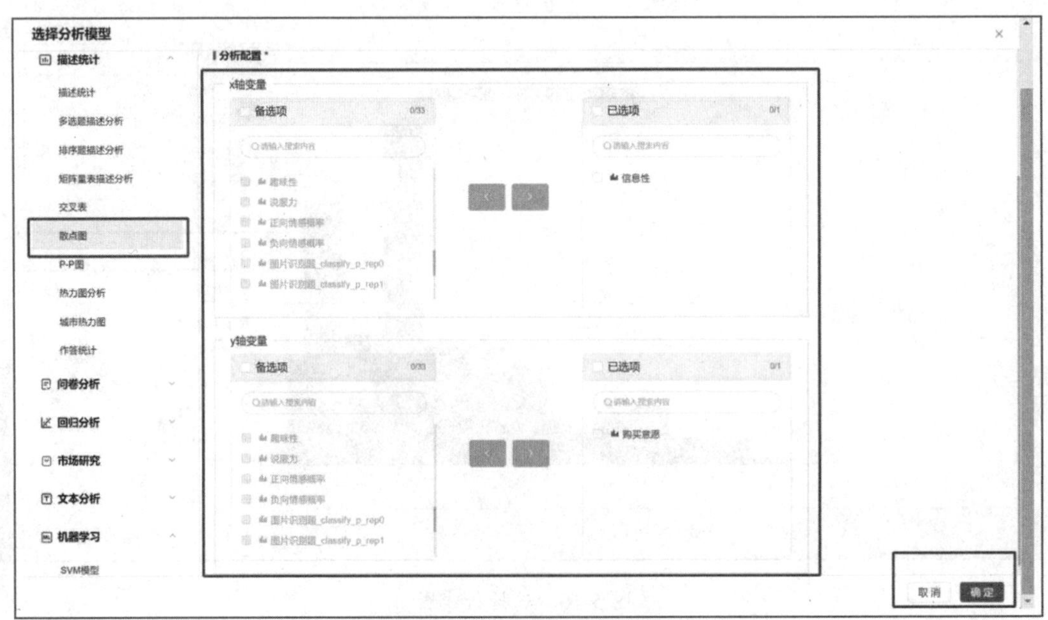

图 5-12　绘制散点图步骤

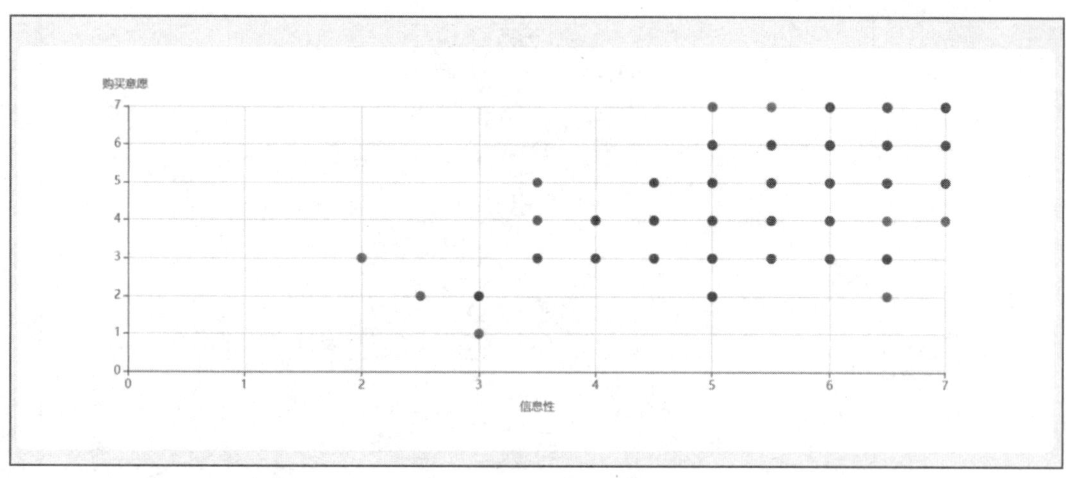

图 5-13 散点图绘制结果

4. 词云图

在 Credamo 见数平台中词云图的绘制步骤如下。

单击“建模分析”，添加相应的分析组后，就可单击“添加分析”按钮，选择下方“文本分析”下的“词云图”，选中需要分析的变量，还可在下方添加自定义词语和停用词，提升分词准确率，最后单击右下角的“确定”按钮即可获得对应的词云图，如图 5-14、图 5-15 所示。

图 5-14 绘制词云图步骤

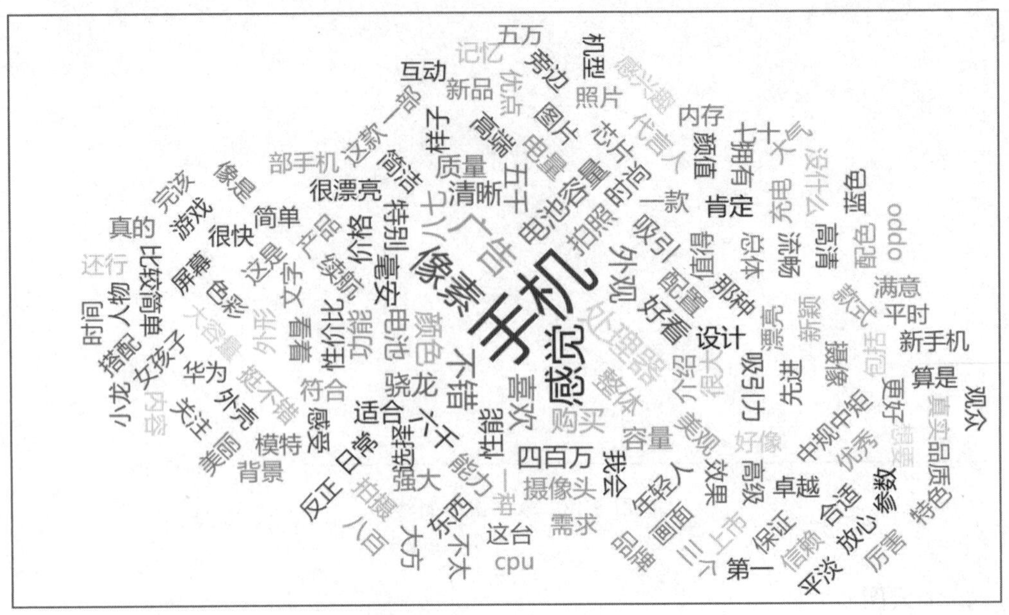

图 5-15　词云图绘制结果

5. 热力图

在 Credamo 见数平台中热力图的绘制步骤如下。

单击“建模分析”，添加相应的分析组后，就可单击“添加分析”按钮，选择“描述统计”下的“热力图分析”，并分别选中需要分析的变量，最后单击右下角的“确定”按钮即可获得对应的热力图，如图 5-16、图 5-17 所示。

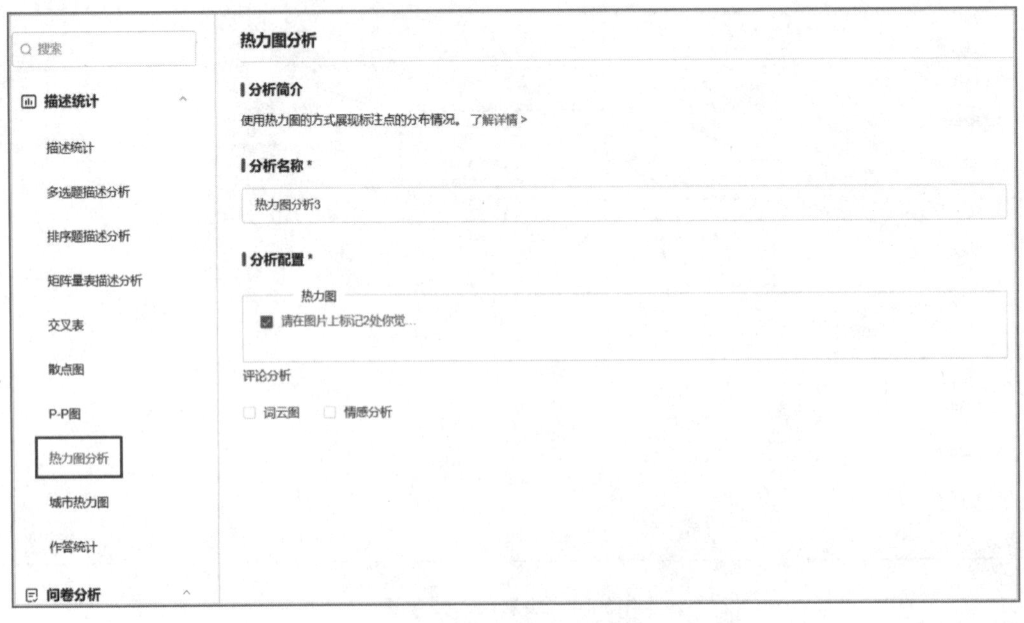

图 5-16　绘制热力图步骤

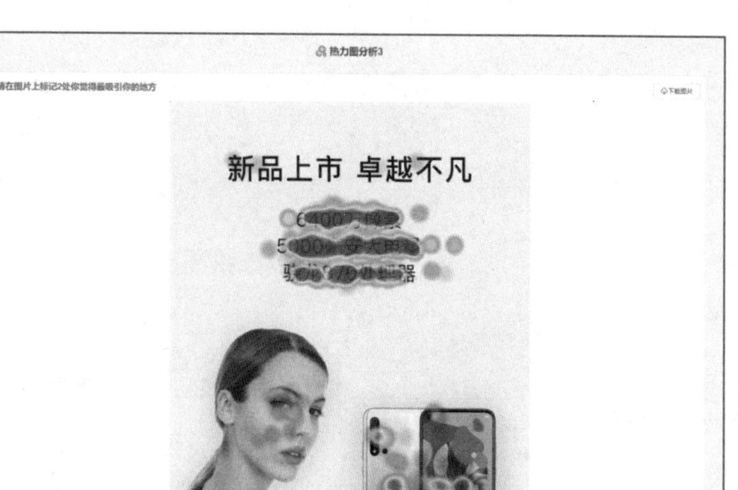

图 5-17 热力图绘制结果

6. 雷达图

在 Credamo 见数平台中雷达图的绘制步骤如下。

单击“建模分析”，添加相应的分析组后，就可单击“添加分析”按钮，选择“描述统计”，并选中需要分析的变量，最后单击右下角的“确定”按钮，如图 5-18 所示。

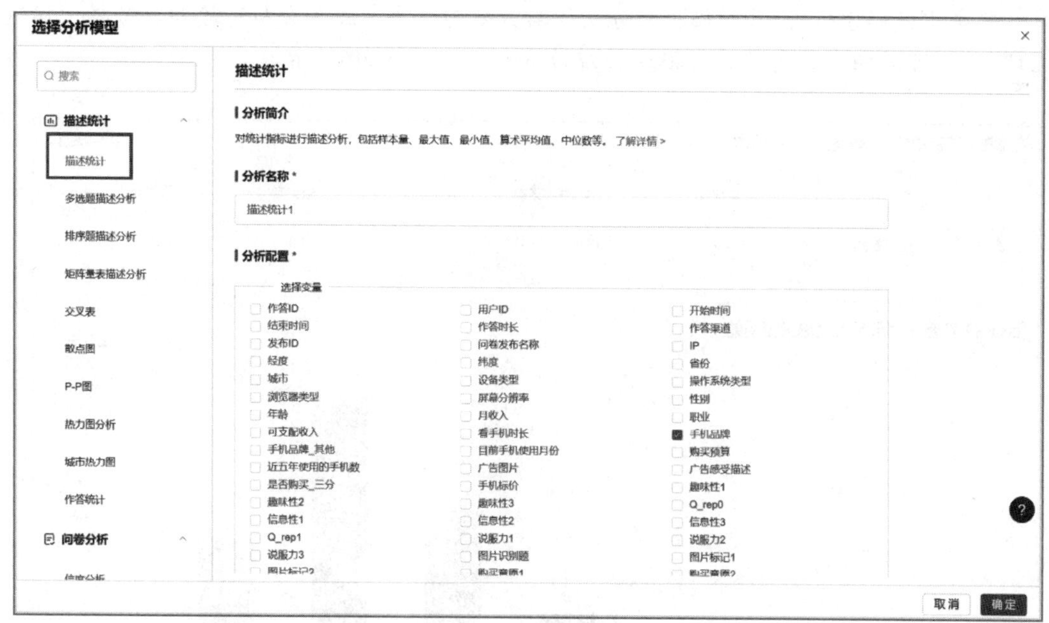

图 5-18 绘制雷达图步骤

选中对应图表后，单击图片右上方的图表类型，即可获得雷达图，如图 5-19 所示。

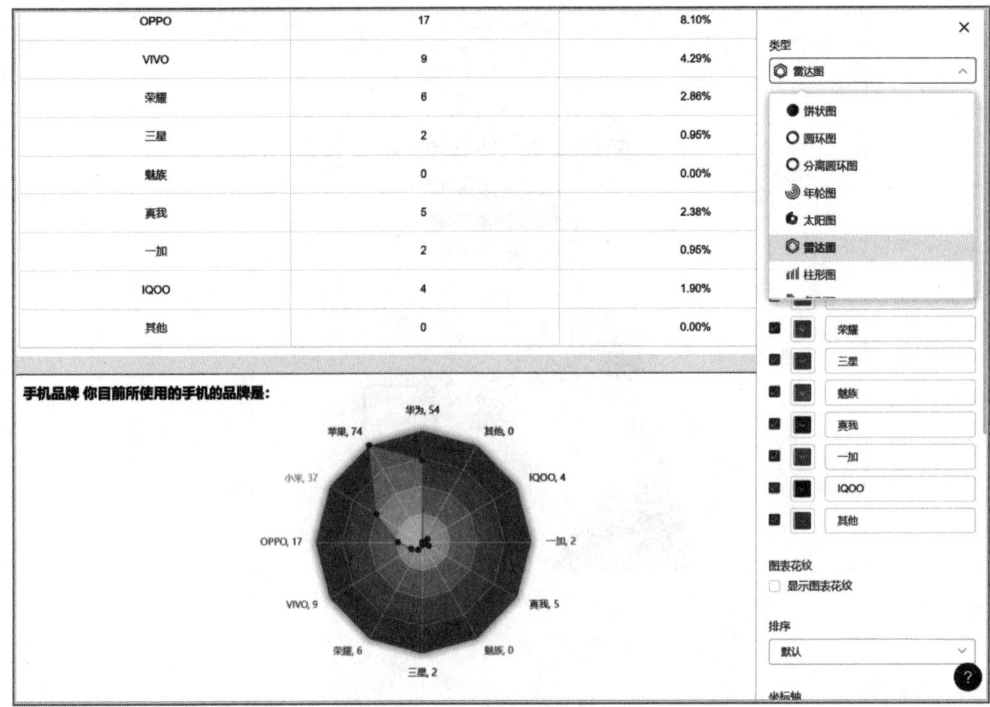

OPPO	17	8.10%
VIVO	9	4.29%
荣耀	6	2.86%
三星	2	0.95%
魅族	0	0.00%
真我	5	2.38%
一加	2	0.95%
IQOO	4	1.90%
其他	0	0.00%

图 5-19　雷达图绘制结果

7. 太阳图

在 Credamo 见数平台中太阳图的绘制步骤如下。

单击“建模分析”，添加相应的分析组后，就可单击“添加分析”按钮，选择“描述统计”，就可对相应的变量进行描述性统计分析，如图 5-20 所示。

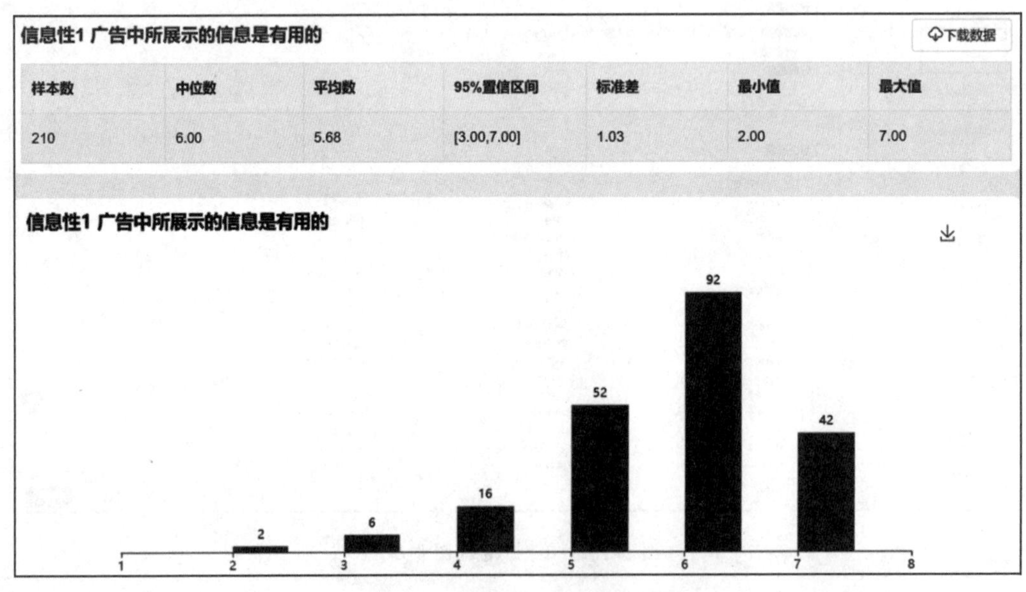

信息性1 广告中所展示的信息是有用的

样本数	中位数	平均数	95%置信区间	标准差	最小值	最大值
210	6.00	5.68	[3.00,7.00]	1.03	2.00	7.00

图 5-20　绘制太阳图步骤（1）

选中对应图表后，单击图片右上方的图表类型，即可获得太阳图，如图 5-21 所示。

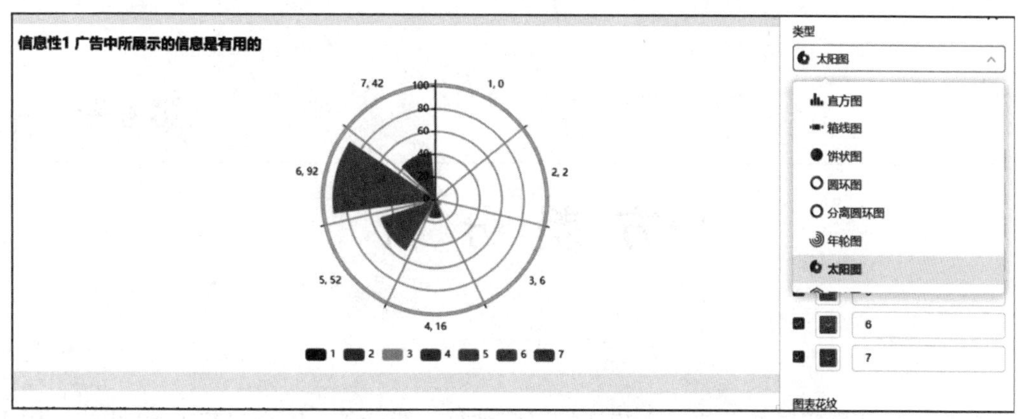

图 5-22 太阳图绘制结果

8. 城市热力图

在 Credamo 见数平台中城市热力图的绘制步骤如下。

单击“建模分析”，添加相应的分析组后，就可单击“添加分析”按钮，选择“描述统计”下的“城市热力图”，确保没有在变量设置中隐藏“省份”和“城市”，最后单击右下角的“确定”按钮即可获得对应的城市热力图，如图 5-22 所示。

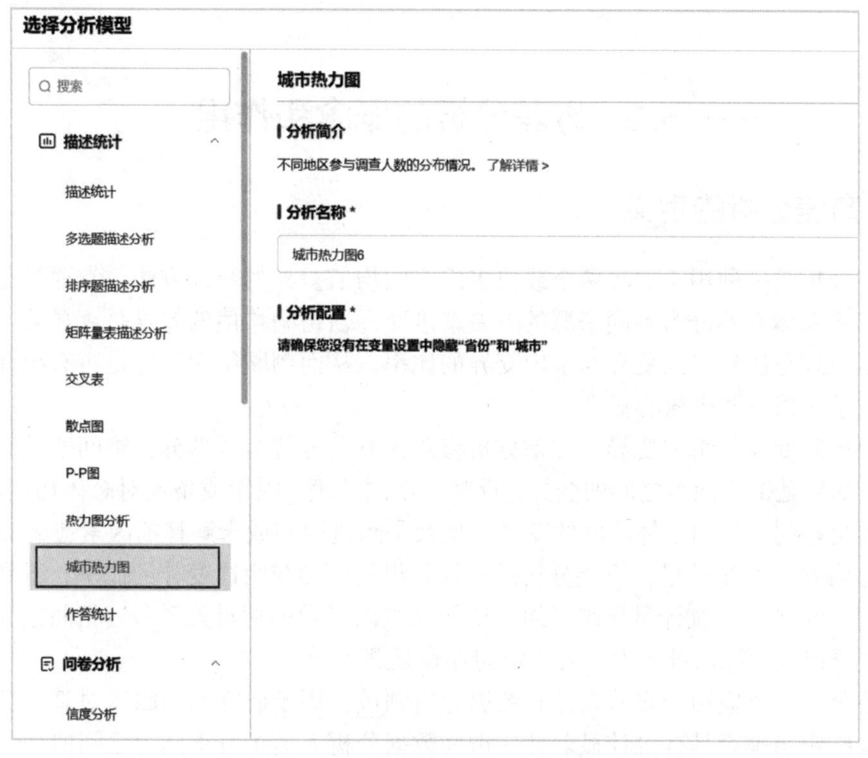

图 5-22 绘制城市热力图步骤

第 6 章

方 差 分 析

方差分析又称变异数分析，由统计学家罗纳德·费希尔（Ronald Fisher）提出，用于测量不同组样本数据中变量均值是否存在显著性的差异，以揭示因素对变量的影响程度。在实际应用中，我们常常需要评估不同处理、不同条件或不同因素对于某个变量的影响是否显著，进而为决策提供支持，例如，当我们想要知道针对同一产品，男性被试和女性被试的购买意愿是否存在显著的差异时，就可以采用方差分析，并通过假设检验对上述问题进行系统性的讨论。本章将深入探讨方差分析的核心概念、作用，以及假设检验的基本原理，并详细介绍单因素方差分析（one-way ANOVA，analysis of variance）和双因素方差分析（two-way analysis of variance），帮助读者理解如何应用方差分析来处理实际问题。

6.1 方差分析的概念和作用

6.1.1 方差分析的定义

方差分析是一种用于比较两个或更多组之间均值差异的统计方法。它通过分解总体的方差，将总体方差分为不同来源的方差，进而评估组间均值的差异是否显著。方差分析的基本原理是比较组间变异与组内变异的比率，从而判断组间均值是否有统计显著性差异。它基于以下两个核心概念。

一为组间变异与组内变异，方差分析将总体方差分解为两部分：组间变异和组内变异。组间变异是指不同组之间的变异，反映了不同处理、因素或条件对总体均值的影响。组内变异是指同一组内个体之间的变异，反映了随机误差或未解释的因素造成的变异。

二为均方与 F 统计量，方差分析通过计算组间变异与组内变异的比率，得到一个称为 F 统计量的值。F 统计量反映了组间变异与组内变异的相对关系。当组间差异显著大于组内变异时，F 统计量较大，表明组间存在显著差异。

方差分析广泛应用于实验设计和数据分析领域，用于研究不同因素对某个变量的影响以及这些影响是否具有统计显著性，帮助数据分析人员了解不同组之间的均值差异是否真实存在，也可以帮助决策者作出科学、合理的决策，因此方差分析具有重要的应用价值。

6.1.2 方差分析的基本步骤

方差分析具有一套标准的分析流程，通过该步骤可以实现对组间均值差异的比较，以揭示不同因素对于变量的影响程度，方差分析与假设检验（假设检验详细内容见 6.2 节）的基本过程如下。

1. 建立假设

首先，明确研究问题并建立相应的假设，这个过程有助于界定分析的方向和目标，在方差分析中，研究问题通常涉及多个组或处理条件之间的均值差异。第一步所建立的假设分为零假设和备择假设。在方差分析中，零假设可以表示为：所有组的均值相等，没有任何处理条件引起的显著差异。这相当于说在样本数据中，任何观察到的均值差异都是由抽样误差造成的，而不是真实的总体差异。备择假设可以表示为：至少有一组的均值与其他组不同，说明至少一个处理条件引起了显著差异。备择假设的形式可能会根据研究问题的具体情况而有所变化，但总体目标是检验组间的均值差异是否存在。

简言之，在方差分析中，零假设（H_0）通常表示组间均值没有显著差异，备择假设（H_1）表示至少有一组均值与其他组不同。

2. 计算均方与 F 统计量

在收集各组数据时，确保数据符合方差分析的前提条件，包括随机性、独立性、正态分布和方差齐性，以保证方差分析的质量。在进行数据整理后，对每个组计算平均值和方差，然后计算组间均方和组内均方。组间均方是各组均值与总体均值之差的平方和除以相应的自由度，组内均方是各组内观测值与该组均值之差的平方和除以组内自由度。通过计算得到组间均方和组内均方，然后计算 F 统计量，即组间均方与组内均方的比值：

$$F = \frac{\text{组间均方}}{\text{组内均方}}$$

3. 选择显著性水平

选择显著性水平是进行假设检验时的一个重要步骤，它决定了在多大程度上我们愿意拒绝零假设。常见的显著性水平值包括 0.05、0.01 等，即在 95%、99%的可能性拒绝零假设。

4. 比较 F 统计量

根据选择的显著性水平和分子自由度（组数减 1）以及分母自由度（总样本数减总组数）在 F 分布表中查找相应的临界值。这个临界值表示了在给定显著性水平下，F 统计量需要达到这个值才能拒绝零假设。将计算得到的 F 统计量与查找到的临界值进行比较。如果计算得到的 F 值大于临界值，就意味着组间均值差异显著，我们可以拒绝零假设。相反，如果计算得到的 F 值小于临界值，就没有足够的证据拒绝零假设，说明组间均值差异不显著。

通过比较 F 统计量，我们可以判断在给定显著性水平下，是否有足够的统计证据支持拒绝零假设，从而得出关于组间均值差异的结论。这有助于我们了解不同处理条件对于所研究变量的影响是否具有统计显著性，进而在试验设计和数据分析中作出合理的决策。

5. 得出结论并解释

在完成方差分析后，我们比较了 F 统计量并作出了关于是否拒绝零假设的决策。现在，我们根据这些结果来判断各组均值差异的显著性。如果拒绝了零假设，这意味着至少有一组均值与其他组存在显著差异。但为了更具体地了解哪些组之间存在显著差异，我们需要进行多重比较分析。

多重比较分析是方差分析中一个非常重要的步骤，它可以帮助我们确定具体是哪些组之间存在显著的均值差异。通过这种方法，我们可以直接比较各组的均值，并识别出那些差异显著的组合。完成方差分析和多重比较分析后，我们将得出关于不同组间均值差异的结论。这一阶段是将统计结果转化为实际问题洞察和决策支持的关键环节。我们的重点不仅仅在于指出这些差异，更在于解释这些均值差异背后的意义。

例如，如果我们发现在一项市场研究中，广告策略 A、B 的销售额存在显著差异，那么我们需要进一步解释这种差异的原因。这可能是因为广告策略 A 在吸引目标受众方面更有效，或者产品在不同市场中的受欢迎程度有所不同。通过深入解释这些差异，我们可以更好地理解数据背后的故事，并为决策者提供更有价值的信息。

总的来说，通过得出关于组间均值差异的结论并解释其意义，我们可以将统计分析结果转化为实际问题的洞察和决策支持。这有助于优化业务决策，改进产品或服务，以及在不同领域中更好地应用数据分析。

6.1.3 方差分析的作用

方差分析在市场调查与分析领域具有重要作用，它不仅帮助我们理解变量之间的关系，还能揭示因素影响和交互作用，为决策提供有力支持，从而推动科学研究和实践的发展。具体而言，方差分析的作用可以体现在如下方面。

1. 比较多组均值差异

通过分析不同组之间的变异程度，我们可以判断这些差异是否具有统计学上的显著性。这种分析方法不仅能揭示不同组之间的差异，而且帮助我们深入了解这些差异的来源和潜在的影响因素。

在商业数据分析中，特别是当涉及营销策略制定时，方差分析具有明显的优势。通过分析不同组之间的均值差异，方差分析能够有效地识别出是否存在一个或多个关键因素导致组间均值的显著变化。这为企业提供了关于哪些因素对销售业绩、市场表现等具有显著影响的客观证据。

有了这些信息，企业可以更有针对性地制定营销策略，调整产品定位，或优化推广方式。方差分析提供了一种科学的方法来评估不同市场、不同产品或不同推广条件下的实际效果，从而帮助企业作出更加明智的决策。

2. 效应评估

方差分析在数据分析中的一个关键作用是评估不同处理或条件对变量的效应大小。通过将总体方差分解为不同来源的方差，我们可以深入了解各个因素对整体差异的贡献程度，这种分解能够帮助我们确定哪些因素对变量的影响是显著的，从而更准确地把握数据背后的模式和趋势。方差分析的方差分解过程能够将整体差异分为两部分：组间差异和组内差异。通过比较这两部分的方差，我们可以推断出不同因素对变量的贡献程度，从而评估它们的效应大小。

在商业数据分析中，方差分析能够帮助我们确定哪些因素在影响分析结果中起着重要作用，通过定量地衡量不同因素的效应大小，其提供更深入、更精准的数据分析结果，为决策提供了有力的支持。

3. 因素交互作用分析

在商业数据分析中，方差分析扮演着关键角色，尤其在揭示不同因素之间的交互作用是否显著方面。交互作用是指不同因素在共同作用时对结果产生的影响，这种影响可能与单个因素单独作用时产生的影响不同。这种交互作用可能导致因素对结果的影响模式发生改变，从而在实际决策中产生重大影响。

当交互作用显著时，意味着不同因素在共同作用时产生了非线性的效应。这可能意味着在某些条件下，这些因素的影响是相互增强或相互抵消的。在这种情况下，仅考虑单个因素的影响可能会导致误导性的结论。而方差分析为我们提供了一种工具，帮助我们更准确地理解这些变量之间的复杂关系。

具体来说，方差分析在商业数据分析中的应用可以帮助我们识别出哪些因素在特定情况下对结果的影响发生了显著变化。这为决策者提供了更有针对性的策略制定依据。例如，在市场营销中，不同的市场环境、消费者群体和营销策略可能会导致各种因素之间的交互作用。通过方差分析，我们可以更好地理解这些交互作用，并据此调整营销策略，以达到更好的业务效果。总的来说，方差分析在商业数据分析中起到了关键的作用，帮助我们更好地理解和利用数据，制定出更明智的商业决策。

6.2 假设检验

6.2.1 假设检验的概念

在学习方差分析之前，需要先了解假设检验方法。假设检验是统计学中一种重要的推断方法，用于验证关于总体参数的假设是否成立，其基本思想是将问题转化为一个统计问题，通过对比样本数据和假设值，来判断样本数据是否支持或反对假设。在商业数据分析中，假设检验帮助我们从样本数据中推断出关于整个总体的结论，这些结论涉及市场营销策略、生产工艺改进等方面。

在商业数据分析中，假设检验的基本概念包括以下几个。

1. 零假设与备则假设

零假设（H_0）：零假设是一种默认的假设，通常表示没有效应或没有差异，它是我们要进行假设检验的起点；备择假设（H_1）：备择假设是我们试图证明的假设，通常表示存在效应或存在差异。

2. 检验统计量

这是一个用于衡量样本数据与假设值之间差异的统计量，不同的检验问题方式将会对应不同的检验统计量：如果需要检验总体均值是否等于某个特定值，可以考虑使用 Z 检验；如果需要比较两组的均值是否不同，可以使用 t 检验；如果需要比较多组之间的差异，可以使用方差分析，在方差分析中，常使用的检验统计量是 F 统计量。

3. 显著性水平

显著性水平，通常表示为 α，是在假设检验中用来判断是否拒绝零假设的阈值。它在统计推断中具有重要的作用，帮助我们确定在样本数据中观察到的差异是否足够大，以至于我们可以合理地认为这种差异不是由随机因素引起的。常见的显著性水平有 0.05 或 0.01，这意味着我们愿意接受 5%或 1%的概率来犯错，即错误地拒绝了零假设。

4. P 值

P 值（P-value）是假设检验中的一个重要概念，用于衡量观察到的样本数据与零假设之间的不一致程度。它提供了关于样本数据是否支持零假设的信息，以及是否有足够的证据拒绝零假设。P 值表示在零假设成立的情况下，观察到的数据或更极端数据出现的概率。换句话说，P 值告诉我们，如果零假设为真，观察到的数据或更极端数据出现的可能性有多大，较小的 P 值意味着观察到的数据在零假设下出现的概率较低，因此可能性较小，从而提供了拒绝零假设的证据。

在实际应用中，通常将 P 值与显著性水平进行比较，来作出关于假设检验结果的判断。较小的 P 值表明数据与零假设不一致，提供了支持拒绝零假设的证据；较大的 P 值则表明数据与零假设一致，不能拒绝零假设。需要注意的是，P 值本身并不能告诉我们零假设或备择假设哪一个是正确的，它只提供了关于数据与零假设一致性的信息。决策是否拒绝零假设还需要综合考虑 P 值、显著性水平、样本大小以及领域知识等因素。

6.2.2 假设检验的流程

在实际的商业数据分析过程中，假设检验一般包括标准的操作流程，具体包括以下方面。

1. 建立假设

在进行假设检验前，需要明确研究问题并建立相应的假设。通常会有零假设（H_0）和备择假设（H_1）。例如，在比较两组均值时，零假设可以是两组均值相等，备择假设可以是两组均值不相等。

2. 选择检验统计量

根据研究问题的特点和数据类型，选择适当的检验统计量，不同的检验问题对应不同的统计量，如 t 统计量、Z 统计量、F 统计量等。其中，t 统计量适用于小样本（样本量相对较小）的均值比较，其可以用于单样本均值检验、独立样本均值检验和配对样本均值检验等情况；Z 统计量适用于大样本（样本量较大）的均值比较，通常在总体标准差已知的情况下使用；F 统计量适用于方差比较，在方差分析中，通常使用 F 统计量来判断不同组之间的均值差异是否显著。

3. 收集样本数据并计算检验统计量

选择适当的检验统计量后，下一步是在总体中随机抽取样本或使用已有的调研数据作为分析对象，然后计算所需的检验统计量。这个过程是假设检验的核心步骤，它帮助我们评估样本数据与假设值之间的差异，从而判断是否拒绝零假设。

4. 确定显著性水平并计算 P 值

较小的显著性水平意味着更高的证据标准，因此更严格地要求拒绝零假设，较大的显著性水平可以提高拒绝零假设的概率。P 值是基于样本数据和零假设计算得到的概率值，表示观察到的数据或更极端数据在零假设为真的情况下出现的概率。计算 P 值的过程涉及使用所选的检验统计量和样本数据，以及假设零假设为真。其具体计算方法与选择的检验统计量有关，通常需要使用统计软件或查找相应的统计分布表。

5. 比较 P 值与显著性水平

将计算得到的 P 值与显著性水平进行比较，如果 P 值小于或等于显著性水平，我们拒绝零假设，认为观察到的数据在统计上是显著的。否则，我们不拒绝零假设。

6. 解释和结论

根据假设检验的结果，解释研究的统计显著性和实际意义。当假设检验的 P 值小于预先设定的显著性水平（α）时，我们有足够的证据拒绝零假设。这意味着我们在样本数据中观察到的差异在零假设为真的情况下是相当罕见的。统计显著性表明样本数据提供了足够的支持，使我们有信心认为所研究的效应在总体中确实存在。

在解释了统计显著性后，就可以解释其实际意义，仅仅拒绝零假设并不足以对研究问题作出有意义的解释，还需要将统计结果与领域知识、背景信息和研究目的相结合，得出具有现实意义的结论。

6.2.3　假设检验的注意事项

1. 依据问题明确假设

假设的建立是假设检验过程中的关键步骤，它涉及明确研究问题、制定合适的假设以及为假设设定方向。在商业数据分析中，建立零假设（H_0）和备择假设（H_1）需要综合考虑研究问题、业务背景和数据特点，以确保假设检验具有合理性和实际意义。

在进行假设检验时，一方面需要明确假设的方向和类型，根据研究问题的性质，假设可以分为双侧假设（two-tailed hypothesis）和单侧假设（one-tailed hypothesis）。双侧假设适用于研究是否存在差异，但未指定差异的方向。例如，我们可能想要检验两种广告宣传方式对产品销量是否有影响，但未提前假定哪种广告效果更好；单侧假设适用于研究是否存在某种特定的差异或效应方向。例如，我们想要检验新产品的平均满意度是否高于现有产品，这就是一个单侧假设。另一方面需要保证假设是依据研究问题而得出的，并且假设检验的结果能够作用于商业数据分析实践。这需要数据分析人员理解要解决的核心问题，例如产品效果、市场影响等，同时需要分析业务背景，了解有关因素和环境，以便为假设提供合理依据，同时能够根据业务经验或领域知识，设想不同因素对变量的可能影响，这将帮助确定备择假设的方向。

2. 常见的两类错误

在假设检验中，可能出现统计推断过程中常见的两种错误，分别为类型Ⅰ错误和类型Ⅱ错误，理解这些错误类型以及它们的影响对于正确解释假设检验结果以及作出明智的决策至关重要。

具体而言，类型Ⅰ错误，是指在零假设为真的情况下，拒绝了零假设的错误，换言之，类型Ⅰ错误发生时，我们错误地认为存在显著性差异，而实际上并没有，这种错误可能导致不必要的业务决策或资源浪费；类型Ⅱ错误，是指在备择假设为真的情况下，未能拒绝零假设的错误，这意味着我们未能发现实际存在的显著性差异，类型Ⅱ错误可能导致错过重要的业务机会或未能识别真实的效应。

在假设检验中，有两个因素会影响到两类错误的发生：第一个因素是显著性水平（α）。较小的显著性水平意味着我们要求更高的证据来拒绝零假设，从而降低类型Ⅰ错误的风险，在分析中我们一般会人为设定类型Ⅰ错误概率，这个概率也就是前文提到的显著性水平。然而，较小的显著性水平可能导致增加类型Ⅱ错误的风险，即未能拒绝零假设，即使备择假设为真。另一个要考虑的因素是样本大小，较大的样本大小通常会增强检验的功效，即减少发生类型Ⅱ错误的风险。

因此，在做权衡时，需要综合考虑显著性水平和样本大小，以找到适当的平衡点。在实际应用中，选择适当的显著性水平和样本大小取决于研究问题、业务需求和可接受的错误类型。需要根据具体情况，仔细权衡各种因素，以确保假设检验结果的可靠性和准确性。

6.3 单因素方差分析

6.3.1 单因素方差分析的概念

1. 单因素方差分析的定义

单因素方差分析是方差分析中比较常用的一种方式，用于比较两个或更多组之间均值差异是否显著。它通过分析组间变异与组内变异的比值来判断不同组的均值是否存在显著性差异，进而评估不同处理、条件或因素对变量的影响。在单因素方差分析中，有一个自变量（或因素）和一个因变量。自变量是一个分类变量，将样本分为多个组，而因变量是连续的观测值。分析的目的是确定不同组之间的均值是否存在显著性差异，从而判断自变量是否对因变量产生影响。

单因素方差基本假设组如下。

H_0：所有组的均值均相同；

H_1：至少有一组均值与其他组不同。

通过计算统计量和 P 值，可以判断是否拒绝零假设，从而得出结论。

2. 单因素方差分析基本元素

在完成对自变量的分析后，需要了解单因素方差分析的三个基本元素，以更好地完成单因素方差分析的过程。

（1）方差分析的基本假定。为了更好地对研究的数据样本进行统计学分析，统计学家要求方差分析的样本数据满足以下三个基本的假定：各分组样本中变量都来自正态分布（正态性）；各分组样本中数据的方差相同（方差齐性）；样本内数据取值相互独立（独立性）。在满足上述三个基本假定之后，我们才可以通过统计学方式对变量进行方差分析。

（2）因素。在方差分析所研究的样本中，样本的变量之间会存在一定的波动，而方差分析通过研究样本波动所带来的方差，将造成波动的原因分为两类：一种是可控因素，如我们样本当中由于被试性别不同造成的影响；而另一种则是不可控因素，如每一个个体本身除性别外的其他因素，比如个性带来的差异等，不可控因素通常难以被观察和量化。

（3）水平（level）。在方差分析中，水平是指样本在不同因素下的表现情况，每个水平代表了自变量的一个类别或状态。水平在单因素方差分析中起着关键作用，它代表了不同组别或情境下的观测值，允许我们在这些组别之间进行比较和分析。

6.3.2 单因素方差分析相关统计量

通过计算和比较单因素方差分析中的相关统计量，我们可以得出关于不同组别均值差异的结论，在单因素方差分析中，相关统计量的具体情况如下。

1. 总变量平方和 SST

总变量平方和（total sum of squares，SST）是单因素方差分析中的一个重要统计量，用于衡量所有数据与总体均值之间的总差异，它表示所有数据点与总体均值之间的差异的总和，其常用于描述整个样本当中，所有变量整体波动情况，具体计算公式为

$$\mathrm{SST}=\sum_{j=1}^{j=n_1}(y_{1j}-\overline{y})^2+\sum_{j=1}^{j=n_2}(y_{2j}-\overline{y})^2$$

其中，$\overline{y}$ 是整个样本中因变量的均值。

在方差分析的过程中，为了更好地对相关统计量的性质进行研究，需要做好对于统计量自由度的理解，通俗来讲自由度的取值取决于计算统计量的过程中，使用到不受限制的变量的个数。例如在上述计算 SST 的过程当中，由于用到了样本中因变量的平均值 $\overline{y}$，当该值确定的时候，其余不受限制的变量个数为 $\sum_{i=1}^{i=r}n_i-1$，此时统计量 SST 的自由度为 $\sum_{i=1}^{i=r}n_i-1$，其中 r 为按单因素进行分组的个数。

2. 组间平方和 SSA

组间平方和（sum of squares between classes，SSA）是单因素方差分析中的一个重要统计量，用于衡量不同组别之间的均值差异，其表示各组均值与总体均值之间的差异的总和，是方差分析中用来衡量组间变异性的指标，其常用于刻画不同组之间均值的差异。在实际的单因素方差分析中，SSA 被用于刻画自变量各个组在均值上的差异，假设自变量被分为两个组，组间平方和具体计算公式为

$$\mathrm{SSA}=n_1(\overline{y}_1-\overline{y})^2+n_2(\overline{y}_2-\overline{y})^2$$

其中，$\overline{y}_1$ 为自变量第一组的因变量平均值，$\overline{y}_2$ 为自变量第二组被试的因变量平均值。统计量 SSA 的自由度为 r–1。

3. 组内平方和或误差平方和 SSE

组内平方和，也称为误差平方和（error sum of squares，SSE），是单因素方差分析中的一个重要统计量，用于衡量每个组内部的数据变异程度，即组内误差的总和，其表示组内个体与各自组内均值之间的差异的总和，用于评估数据的随机波动，具体计算公式为

$$\mathrm{SSE}=\sum_{j=1}^{j=n_1}(y_{1j}-\overline{y}_1)^2+\sum_{j=1}^{j=n_2}(y_{2j}-\overline{y}_2)^2$$

$$\mathrm{SSE}\text{ 的自由度}\sum_{i=1}^{i=r}n_i-r$$

通过计算推导，我们可以发现$\mathrm{SST}=\mathrm{SSE}+\mathrm{SSA}$。确切地说，方差分析的核心思想是将样本根据某个可控因素（如性别、处理、条件等）分成不同的组别，然后计算组间方差和组内方差，从而解释总体方差的分解情况，通过方差的大小刻画可控因素在样本波动中所造成的影响。

为了更好地描述组间影响因素的强度，我们引入新的统计量 R^2，它是组间平方和 SSA 在变量总平方和 SST 中的占比，具体公式为 $R^2=\dfrac{\mathrm{SSA}}{\mathrm{SST}}$。$R^2$ 的值越大，说明可控因素（自变量）对被观测对象（因变量）的影响越大。

4. 组内均方 MSE、组间均方 MSA 和 F 统计量

为了更好地对统计量进行描述，我们还需要对组间平方和以及组内平方和做进一步处理，得到组内均方 MSE 和组间均方 MSA。

组间均方和是组间平方和除以自由度（r–1）得到的平均值，其衡量了不同组别均值之间的差异，即组间变异，计算公式为：$\mathrm{MSA}=\dfrac{\mathrm{SSA}}{r-1}$。组内均方和是组内平方和除以自由度得到的平均值，其衡量了同一组别内部数据点的变异，即组内变异，计算公式为：$\mathrm{MSE}=\dfrac{\mathrm{SSE}}{\sum_{i=1}^{i=r}n_i-r}$。

通过组内均方和组间均方，可以计算出 F 统计量的值，计算公式为：$F=\dfrac{\mathrm{MSA}}{\mathrm{MSE}}$，此

时 F 统计量服从 F 分布。F 统计量用于描述组间波动和组内波动的比值，F 越高，说明分组的因子（自变量）对我们所研究的因变量影响越大。

5. LSD 值

LSD（least significant difference）多重比较法，又称为最小显著性差异法，是单因素方差分析中常用的一种多重比较方法，用于比较各组均值之间的差异。在进行单因素方差分析后，如果发现组别间存在显著差异，LSD 多重比较法可以进一步确定哪些组之间的均值差异是显著的。其基本思想在于对于每一对组别，计算其均值之间的差异，并与一个临界值进行比较，以判断这个差异是否显著。

在进行 LSD 多重比较法时，首先需要计算每一对组别的均值差异水平，即 $\bar{x}_i - \bar{x}_j$；其次，计算均值差异的标准差，计算公式为：$\mathrm{SE}(\Delta\bar{x}_{ij}) = \sqrt{\mathrm{MSE}\left(\frac{1}{n_i}+\frac{1}{n_j}\right)}$，其中，MSE 为组内均方；再次，即计算 LSD 的值，可以通过将标准误差乘以一个临界值（通常是 t 分布的临界值）得到：$\mathrm{LSD} = t_{\alpha/2}\cdot\mathrm{SE}(\Delta\bar{x}_{ij})$，其中 $t_{\alpha/2}$ 是 t 分布的临界值，α 是显著性水平；最后，将每一对组别的均值差异 $\bar{x}_i - \bar{x}_j$ 与对应的 LSD 值进行比较。如果均值差异的绝对值大于 LSD 值，说明这两个组别的均值差异是显著的。

LSD 多重比较法的优点在于简单易用，但需要注意的是，它的显著性水平可能会受到多重比较的影响，可能会导致类型 I 错误的增加。在进行 LSD 多重比较时，可以考虑使用适当的校正方法，如 Bonferroni 校正，来控制多重比较的整体显著性水平。

6.4　双因素方差分析

6.4.1　双因素方差的基本概念

1. 双因素方差分析的定义

双因素方差分析是一种统计方法，用于研究两个不同因素对观察变量的影响程度是否显著，以及是否存在这些因素之间的交互作用。单因素方差分析仅考虑了一个分类自变量对数值型因变量的影响，而双因素方差分析则能够评估两个因素的影响，同时考虑两个不同因素对观察变量的影响。

与单因素方差分析相似，双因素方差分析也需要满足对于因素、水平和基本假设的要求。在双因素方差分析中，每个自变量都有两个或多个水平，这些水平可以是不同的条件、处理或分类。观察变量则是我们感兴趣的因变量。通过比较不同水平组合下的观察变量均值，我们可以了解每个因子对观察变量的影响，以及它们是否会相互影响。

2. 双因素方差分析作用

双因素方差分析的主要作用在于揭示两个不同因素对观察变量的影响是否显著。它有助于回答以下问题：两个因素是否单独或联合地影响观察变量？两个因素对观察变量的影响程度是否显著？这两个因素之间是否存在交互作用？因此该方法在商业数据分析中具有重要作用，可以深入了解多个因素对观察变量的影响，以及它们之间的关系。

通过双因素方差分析，我们可以评估多个因素的影响，同时考虑两个不同因素对观察变量的影响，而不是只关注单一因素。这有助于我们了解每个因素的独立影响以及它们共同对观察变量的影响。同时，我们可以检验两个因素的主效应情况，判断它们是否对观察变量产生显著影响。这有助于确定哪些因素在研究中是重要的，从而有针对性地进行分析或调整。最后，双因素方差分析相较于单因素方差分析，还能够检验两个因素之间是否存在交互作用。交互作用表示两个因素一起对观察变量产生的影响与它们各自对观察变量的影响不同。这有助于深入理解不同因素之间的复杂关系。

3. 双因素分析的注意事项

与单因素方差分析不同，双因素方差分析涉及两个自变量，若第一个自变量有 k 个水平，即 $i=1,\cdots,k$，第二个自变量有 r 个水平，即 $j=1,\cdots,r$。那么此时可以将数据分为 $k\times r$ 组。与之前分析类似，该方法也要数据满足正态性：在这 $k\times r$ 组中，所有的样本数据都来自独立的正态分布，且每个正态分布的方差 s^2 相等。此外，为了更好地对方差分析的计算进行描述，我们定义 $\overline{x}_{i\cdot}=\dfrac{\sum_{j=1}^{n}x_{ij}}{n}$，$\overline{x}_{\cdot j}=\dfrac{\sum_{i=1}^{m}x_{ij}}{m}$。

除此之外，在建立假设时，与单因素方差分析类似，双因素方差分析也通过构建统计量来对提出的假设进行统计分析和检验。但不同的是，为了检验假设的两个因素对因变量的影响，我们需要对两个因素分别作出假设。

$H_0^1:\mu_1=\mu_2\cdots=\mu_k$，第一个自变量对因变量无影响；

$H_1^1:\mu_1,\mu_2\cdots,\mu_k$ 不全相等，第一个自变量对因变量有影响。

$H_0^2:\mu_1=\mu_2\cdots=\mu_r$，第二个自变量对因变量无影响；

$H_1^2:\mu_1,\mu_2,\cdots,\mu_r$ 不全相等，第二个自变量对因变量有影响。

6.4.2 双因素方差分析的相关统计量

在进行双因素方差分析时，主要注意的是这两个因素对于因变量的影响是否是独立的，这意味着这两个自变量是否会产生交互作用，而对因变量产生新的影响。因此在对双因素方差分析的相关统计量进行讨论时，需要分不同的情况选取适合的统计量进行分析。

1. 无交互作用的双因素方差分析

在双因素方差分析中，样本误差总平方和（SST）是用来衡量因变量（观察变量）的总变异或波动，其包括了所有数据点与总平均之间的差异，其计算公式为：

$$\mathrm{SST}=\sum_{j=1}^{r}\sum_{i=1}^{k}(x_{ij}-\overline{x})^2\text{。}$$

除 SST 外，需要对两个自变量的误差平方和进行计算，因素 1 误差平方和 SSR_1：和单因素方差分析不同的是，我们将可控因素造成的波动按照不同因素分别讨论，其中第一个因素造成的方差波动为$\text{SSR}_1=\sum_{i=1}^{k}n_i(\overline{x}_i-\overline{x})^2$，$n_i$为第 i 个分组中样本的数量，而$\overline{x}_i$是该分组 i 中的样本的均值。以及因素 2 误差平方和 SSR_2：和因素 1 误差平方和类似，我们将第二个可控因素造成的波动方差记为$\text{SSR}_2=\sum_{j=1}^{r}m_j(\overline{x}_j-\overline{x})^2$，其中 m_j 为按因素 2 分类时第 j 组样本的数量，而$\overline{x}_j$是该分组 j 中的样本的均值。

通过计算分析，我们可以发现样本的$\text{SST}=\text{SSR}_1+\text{SSR}_2+\text{SSE}$。此外，和单因素方差分析类似，我们需要根据统计量的自由度对统计量进行调整，其中第一个因素的误差均方为$\text{MSR}_1=\dfrac{\text{SSR}_1}{k-1}$，第二个因素的误差均方为$\text{MSR}_2=\dfrac{\text{SSR}_2}{r-1}$，随机误差的均方为$\text{MSE}=\dfrac{\text{SSE}}{(k-1)(r-1)}$。

在此之后，可以通过误差均方来计算 F 统计量，对于因素 1，F 统计量的计算公式为：$F_1=\dfrac{\text{MSR}_1}{\text{MSE}}$，该统计量服从$F(k-1,(k-1)(r-1))$分布。给定显著性水平$\alpha$，我们得到相应的阈值$F_\alpha$，当$F>F_\alpha$时，我们认为因素 1 对因变量的影响显著。与之类似，对于因素 2，F 统计量的计算公式为：$F_2=\dfrac{\text{MSR}_2}{\text{MSE}}$，该统计量服从$F(r-1,(k-1)(r-1))$分布，当$F>F_\alpha$时，我们认为因素 2 对因变量的影响显著。

最后，可以在双因素影响的框架下对R^2进行描述，$R^2=\dfrac{\text{SSR}_1+\text{SSR}_2}{\text{SST}}$，该统计量表示可控因素（第一个自变量，第二个自变量）造成波动占所有样本波动的比值。

2. *存在交互作用的双因素方差分析*

相较于不存在交互作用的双因素方差分析，该分析在原理上和双因素方差分析基本类似，在具体的计算过程中只需要在原有统计量的基础上再加入交互作用平方和，并构造相应的统计值对显著性进行研究。

首先需要对总变量方差 SST 进行计算，其计算公式为

$$\text{SST}=\sum_{i=1}^{r}\sum_{j=1}^{s}\sum_{k=1}^{t_{ij}}(x_{ijk}-\overline{x})^2$$

其中，r,s 为按照因素 1 和因素 2 分组的个数，而 t_{ij} 为在该分组下观察到样本的个数。

其次，需要分别计算两个自变量的变量方差 SSR，以及交互作用平方和。SSR_1 与 SSR_2 计算见前文，此处不再赘述，而交互作用平方和 SSR_{12} 的计算公式为：$\text{SSR}_{12}=\sum_{j=1}^{r}\sum_{i=1}^{k}t_{ij}(\overline{x}_{ij}-\overline{x}_{i.}-\overline{x}_{.j}-\overline{x})^2$，其中$\overline{x}_{ij}$是同时满足第一个因素中因素 i 和第二个因素中因素 j 的样本平均值。最后在该情况下，误差平方和被定义为$\text{SSE}=\text{SST}-\text{SSR}_1-\text{SSR}_2-\text{SSR}_{12}$。

在因素相关的双因素方差分析中，我们需要着重关注的是描述两个因素间交互作用

的统计量 SSR_{12}。通过构造 $MSR_{12} = \dfrac{SSR_{12}}{(k-1)(r-1)}$，$MSE = \dfrac{SSE}{\sum_{j=1}^{r}\sum_{i=1}^{k}(t_{ij}-1)}$，我们得到 $F_{12} = \dfrac{MSR_{12}}{MSE}$，通过该统计量，我们可以判断两个因素间是否存在关联，以及关联性的强弱。

商业实训

基于方差分析揭示消费者性别与年龄的差异性影响

读者可轻轻刮开封底的刮刮卡，扫码获取该实训项目及数据。教师如有需要，可登录教学实训平台（edu.credamo.com），在课程库中搜索课程“商业数据分析与实训”，根据需要选择相应的课程后，按照第三章介绍的方法，导入到“我的课程”教师端并组织班级学生加课学习。此处以手机广告的实训项目为例，分别介绍单因素方差分析和双因素方差分析的操作流程。

1. 单因素方差分析案例

本案例目的是研究在手机广告中，消费者性别对购买意愿的影响，即在观看手机广告后，对于不同性别的消费者，他们的购买意愿是否具有差异性。在商业数据分析实训平台的建模分析中，选择方差分析，并在因变量选中购买意愿，自变量选中性别，系统即可自动生成方差分析模型。

具体操作步骤如下：首先添加分析，在分析方法中选择单因素方差分析，然后自主对此次的分析名称进行命名，在这里我们将之命名为“方差分析 1”，将备选项中的购买意愿勾选为因变量，性别勾选为自变量，如图 6-1、图 6-2 所示。

图 6-1　因变量添加分析（单因素）

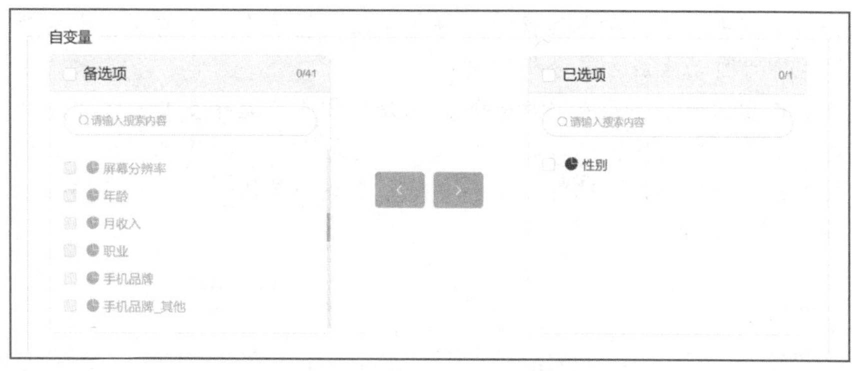

图 6-2 自变量添加分析（单因素）

接下来就可以依据数据对分析结果进行解读，并获得相关结论。当添加好因变量和自变量后，单击“确定”按钮，系统会自动生成分析结果，如图 6-3—图 6-5 所示。

购买意愿均值信息　　下载数据

男	女
5.4096	4.9871

图 6-3 分析结果 1（单因素）

方差齐次性检验　　下载数据

levene检验值	p值
1.33	0.25

图 6-4 分析结果 2（单因素）

单因素方差分析结果　　下载数据

因素	自由度	平方和	均方和	F值	p值
性别	1	9.2690	9.2690	4.8968	0.0280
Residual	208	393.7120	1.8928		

图 6-5 分析结果 3（单因素）

在图 6-3 中，可以看出女性消费者和男性消费者的购买意愿均值是不同的。而图 6-4 中方差齐次性检验的 p 值大于 0.05，表明符合方差齐性假设，可以进行下一步分析。并且图 6-5 中 F 检验的 p 值小于 0.05，表明不同性别对该手机的购买意愿存在显著差异，男性的购买意愿显著高于女性。

2. 多因素方差分析案例

本案例的目的是研究在手机广告中，消费者的性别和年龄对购买意愿的影响，即在观看手机广告后，对于不同性别和年龄的消费者，他们的购买意愿是否具有差异性。在商业数据分析实训平台中，在多因素方差分析中因变量选中购买意愿，自变量选中性别和年龄，系统即可自动生成方差分析模型。

其具体操作步骤如下：首先添加分析，在分析方法中选择多因素方差分析，然后对此次分析进行命名，在这里我们将之命名为“方差分析 2”。接下来在因变量选择框中选择购买意愿，自变量选择框中选择性别和年龄，系统会默认计算交互项影响，具体操作过程如图 6-6 与图 6-7 所示。

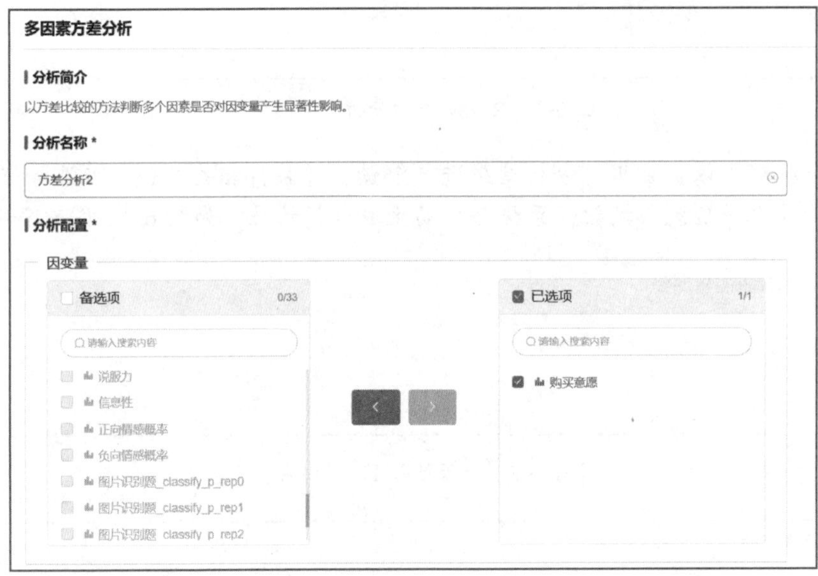

图 6-6　因变量添加分析（多因素）

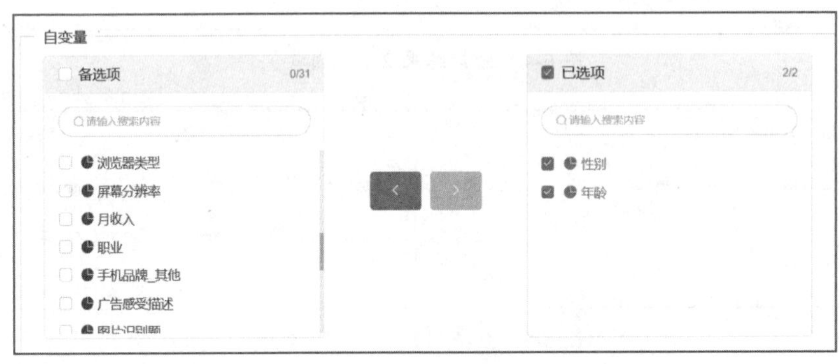

图 6-7　自变量添加分析（多因素）

当添加好因变量和自变量后，单击“确定”按钮，系统会自动生成分析结果，如图 6-8 所示。根据图 6-8 中的结果可以得知，消费者的年龄对购买意愿的影响是显著的（$p = 0.000 < 0.01$），即在观看过手机广告后，对于不同年龄阶段的消费者，他们的购买意愿有显著差异。而此时消费者的性别对购买意愿的影响不显著（$p = 0.915 > 0.05$），可能是受到年龄项的影响。从图中还可以看出，性别与年龄的交互项对于消费者购买意愿的影响，在 0.1 的水平下是显著的。

多因素方差分析结果表

下载数据

项	平方和	自由度	均方	F	p
截距项	313.471	1	313.471	183.626	0.000
性别	0.020	1	0.020	0.012	0.915
年龄	37.106	4	9.276	5.434	0.000
性别 * 年龄	14.884	4	3.721	2.180	0.073
Residual	341.422	200	1.707	-	-

R方= 0.153 (调整后的R方=0.115)

图 6-8 分析结果（多因素）

第 7 章

相关分析与回归分析

在商业数据分析中，理解数据之间的关系以及如何预测变量对业务绩效的影响至关重要。本章将引导读者深入探讨这两个关键主题，为其提供建立可靠模型和作出预测的关键工具。读者将学会如何使用相关系数来量化变量之间的线性关系，并了解如何解释这些关系，从而更好地理解数据的动态和潜在趋势。本章将学习建立回归模型的基本步骤，包括变量选择、模型拟合和解释结果。通过学习本章，读者不仅能够掌握相关分析和回归分析的理论基础，还可以夯实在实际场景中应用这些技术的能力。

7.1 相关分析

7.1.1 相关分析的概念与作用

1. 相关分析的概念

相关分析是一种统计方法，用于衡量两个或多个变量之间的关联程度和方向。其通过计算相关系数来衡量变量之间的线性关系，帮助我们了解变量之间的相互影响程度，相关分析可以揭示出变量之间的模式、趋势和可能的关联因素，从而帮助预测和解释数据。在相关分析中，我们关注的是两个或多个变量之间的关系，而并非因果关系，相关性表明变量之间的变化趋势，在某些情况下可能暗示着因果关系，但不能确认因果关系。

在相关分析中，经常使用相关系数来衡量相关性强弱，常见的相关系数有皮尔逊相关系数（Pearson correlation coefficient）、斯皮尔曼等级相关系数和肯德尔相关系数等。皮尔逊相关系数适用于连续变量，衡量线性关系的强度和方向。斯皮尔曼等级相关系数和肯德尔相关系数适用于有序变量或非线性关系，本节将会详细介绍不同的相关系数及其衡量方法。

2. 相关分析的作用

相关分析在商业数据分析中具有重要的作用，它可以帮助我们理解变量之间的关系、揭示模式和趋势，从而为决策提供有价值的见解，具体而言，相关分析的作用可以体现在如下方面。

首先，相关分析主要作用是发现关联关系：在相关分析中，通过计算相关系数，我们可以确定变量之间的相关性强度和方向。正相关意味着当一个变量增加时，另一个变量也会增加；负相关则表示一个变量增加时，另一个变量会减少。这种分析对于发现数据中的模式和趋势非常有帮助，例如，在市场研究中，我们可以分析广告投放费用与销售额之间的关联关系。如果发现两者之间存在较强的正相关性，就意味着增加广告投放可能会导致销售额的增加。这对于制定市场推广策略至关重要。

其次，相关分析不仅可以揭示变量之间的关联性，还可以用于预测。当两个变量之间的相关性很强时，我们可以使用一个变量的值来预测另一个变量的值。这在市场趋势预测、销售预测等领域非常有用，例如，当在相关分析中发现某家电产品的销售额与广告费用之间存在强相关关系，如果我们知道了当前的广告费用，就可以利用相关性来预测未来的销售额。这对于合理安排预算和资源分配具有重要意义。

最后，相关分析为决策制定提供了有关变量之间关系的信息。在商业决策中，了解不同变量之间的关联可以帮助作出更明智的决策。例如，在制定市场营销策略时，我们可以分析不同因素（如广告、促销、季节性）与销售额之间的相关性，以确定哪些因素对销售额影响最大。

发现关联关系、预测能力和决策支持是相关分析在商业数据分析中的三个主要作用。通过这些作用，我们可以从数据中提取有价值的信息，帮助决策者做出明智的决策和策略。

7.1.2　相关系数与显著性检验

在相关分析中，相关系数是用来度量两个变量之间关联程度的统计量。最常用的相关系数是皮尔逊相关系数，它衡量的是两个变量之间的线性关系。在给定数据样本时，皮尔逊相关系数的计算公式如下：

$$r=\frac{\sum(X_i-\bar{X})(Y_i-\bar{Y})}{\sqrt{\sum(X_i-\bar{X})^2}\sqrt{\sum(Y_i-\bar{Y})^2}}$$

其中，X_i 和 Y_i 是两个变量的观察值，$\bar{X}$ 和 $\bar{Y}$ 是它们的均值，相关系数 r 的取值范围在–1 到 1 之间。

当 r 为 1 时，表示两个变量完全正相关，即一个变量增加时另一个变量也增加，且变化是完全线性的；当 r 为–1 时，表示两个变量完全负相关，即一个变量增加时另一个变量减少，且变化是完全线性的；当 r 接近 0 时，表示两个变量之间几乎没有线性关系，如表 7-1 所示。

表 7-1　系数 r 的取值和相关含义

$\|r\|$值大小	变量关系强弱
≥0.95	显著性相关
≥0.8	高度相关
[0.5,0.8)	中度相关
[0.3,0.5)	低度相关
<0.3	弱相关

要解释相关系数的意义，需要注意的是：相关系数不代表因果关系，仅表示变量之间的关联；相关系数只能反映线性关系，如果关系是非线性的，相关系数可能会低估关联程度。

在完成相关系数的计算后，我们结合第 6 章假设检验的知识对相关性进行讨论。以 t 检验为例，当我们提出假设 H_0：$r=0$，即变量之间不存在相关性，构造统计量 $t=|r|\sqrt{\dfrac{n-2}{1-r^2}}$，则该统计量服从自由度为 $n-2$ 的 t 分布，此时通过查表，我们可以判断在给定显著性水平 α 的情况下，原假设是否成立。

在商业数据分析中，相关分析可以帮助我们了解不同变量之间的关系，从而指导决策和策略制定。

7.2 线性回归分析

7.2.1 一元回归

1. 一元回归的基本概念

在数据分析中，线性回归分析是一种用于研究两个或多个变量之间线性关系的方法。一元回归分析是其中的一种情况，其常用于探索两个连续型变量之间的关系，其中一个变量被视为自变量（独立变量），而另一个变量被视为因变量（依赖变量），回归分析的目标是找到一个最佳拟合的线性模型，该模型可以通过自变量的值来预测因变量的值。

通常情况下，当我们想要探究一个因素 X 对另一因素 Y 的影响时，常以线性模型来描述 X 与 Y 的相互作用。线性模型可简化为一次函数形式：$Y=aX+b$。其中，斜率 a 表达 Y 随 X 变化的速率。这一线性模型蕴含两假设：首先，X 与 Y 的关系为线性，即 X 每增加一个单位，Y 就增加 a 个单位；其次，Y 的变化源自 X 的变化，而非 X 的变化源自 Y 的变化，且两者非同步。在建立单变量回归时，须综合考虑上述两假设的合理性。而一旦确立 X 与 Y 之间的研究关系，我们便采用下述回归模型来刻画 X 与 Y 之间的联系：

$$Y=\beta_0+\beta_1 X+\varepsilon$$

在此情境中，X 被称为自变量，即从逻辑层面引发 Y 变化的因素；而 Y 则被称为因变量，其变化与 X 的变动呈现关联。β_0 则是截距，可理解为当 $X=0$ 时，因变量 Y 所对应的值；β_1 表示系数，描述 Y 对 X 变化的响应强度；ε 为随机误差。

同时，在构建模型的过程中，需要尽量避免出现因果倒置的情况，若因果倒置，自变量和因变量可能出现混淆，这将对分析结果产生一定的影响。

2. 一元回归的基本统计量

在介绍一元回归的基本统计量前，需要对一元回归的基本原理作出说明，在一元回归中，将使用最小二乘法（OLS）来评估自变量对因变量的影响程度，而回归模型也被称为最小线性二乘回归模型。最小二乘估计法又称最小平方法，其核心思想是基于现有的数据点找到一条直线，使得所有观测到因变量的值与这条线的差距的平方和最小。为了方便表达，我们将第 i 个数据点记为(x_i,y_i)，此时需要找到 $\widehat{\beta_1}$ ，$\widehat{\beta_0}$ 使得 $\sum(y_i-\beta_0-\beta_1x_i)^2$ 最小。

需要关注的是，β_1 和 β_0 是在理想状态下真实描述 X 与 Y 的关系的值，而此处回归模型估计的 $\widehat{\beta_1}$ 和 $\widehat{\beta_0}$ 则是通过现有数据估计的描述 X 与 Y 的关系的值。为了更好地描述数据点和回归模型预估值的差距，计量学家引入残差这一概念，此时最小二乘法的目标则是找到 $\widehat{\beta_1}$ ，$\widehat{\beta_0}$ 使得残差项平方和 $\sum\varepsilon_i^2=\sum(y_i-\beta_0-\beta_1x_i)^2$ 最小。在给定已有数据点(x_i,y_i)情况下，通过分析我们得知，当：

$$\widehat{\beta_1}=\frac{\sum x_iy_i-n\overline{x}\ \overline{y}}{\sum x_i^2-n(\overline{x})^2}$$

$$\widehat{\beta_0}=\overline{y}-\frac{\sum x_iy_i-n\overline{x}\ \overline{y}}{\sum x_i^2-n(\overline{x})^2}\overline{x}$$

此时，残差项平方和 $\sum\varepsilon_i^2$ 最小，我们找到了依据现有数据点发现的自变量与因变量一般性关系 $Y=\beta_0+\beta_1X$ 。在得到一般线性关系后，仍需要对该线性关系的可靠性进行评估，在这时需要借助一元回归中的基本统计量来对线性回归模型进行评估，基本统计量的情况如下。

第一个基本统计量为标准误差，在回归模型中，残差标准差表示观测值（实际值）与预计值（回归估计值）之间的差距，具体计算公式为

$$\text{se}=\sqrt{\frac{\sum(y_i-\widehat{\beta_1}x_i-\widehat{\beta_0})^2}{n-2}}$$

其中，$\widehat{\beta_1}$ ，$\widehat{\beta_0}$ 是根据现有样本数据估计得到的系数，而 $n-2$ 为自由度。残差标准差可用于表示回归模型的拟合程度，回归模型的拟合程度越高，残差标准差的值越小。系数标准误用于衡量被估计的系数 $\widehat{\beta_1}$ ，$\widehat{\beta_0}$ 的准确程度，通常情况下，我们认为系数标准误的值越小，系数估计越准确。在一元回归中，

$$\text{se}(\widehat{\beta_0})=\sqrt{\frac{\sum x_i^2\sum(y_i-\widehat{\beta_1}x_i-\widehat{\beta_0})^2}{n(n-2)\sum(x_i-\overline{x})^2}}$$

$$\text{se}(\widehat{\beta_1})=\sqrt{\frac{\sum(y_i-\widehat{\beta_1}x_i-\widehat{\beta_0})^2}{(n-2)\sum(x_i-\overline{x})^2}}$$

标准误差在回归模型中衡量了因变量观测值与模型预测值之间平均误差的尺度。其反映了因变量实际观测值与回归方程预测值之间的离散度。较小的标准误差表示模型的预测值更接近实际观测值，表示较为良好的拟合程度。

第二个基本统计量为决定系数，即 R-square，一般用 R^2 来表示，常用于刻画回归模型对因果关系的解释程度，具体的数学计算方式为 $R^2=1-\frac{\text{SSE}}{\text{SST}}$ ，其中 SSE =

$\sum(y_i-\widehat{\beta_1}x_i-\widehat{\beta_0})^2$ 为标准误差，$\text{SST}=\sum(y_i-\overline{y})^2$。从计量学的意义来讲，$R^2$ 表示的是回归模型估计值波动 $\text{Var}(y_i-\widehat{\beta_1}x_i-\widehat{\beta_0})$ 占因变量波动 $\text{Var}(y_i)$的比重，也可以被看作因变量 y 变化中能够被自变量 x 的变化解释的部分。R^2 的值在 0 到 1 之间，R^2 越大（越接近 1），说明回归模型的解释能力越强。例如，$R^2=0.9812$，该数据说明因变量 y 的变化中有 98.12%的部分可以被 x 的变化解释。

需要注意的是，过高的 R^2 并不一定意味着模型更优，模型过拟合可能导致过高的 R^2 值。因此，在一元回归中，通常综合考虑标准误差和 R^2，来全面评估回归模型的拟合程度和解释能力，以保证模型的质量和准确的分析结果。

7.2.2 多元回归

1. 多元回归的基本概念

由于社会经济现象的变化往往受到多个因素的影响，一元线性回归模型很难清晰刻画出一组因果关系，为了更好地研究因变量 Y 的影响，我们需要加入多个自变量，此时回归模型可以写成 $Y=\beta_0+\beta_1X_1+\beta_2X_2+\cdots+\beta_kX_k+\varepsilon$，其中 X_1、X_2 到 X_k 为自变量。我们把包括两个或两个以上自变量的回归称为多元线性回归。

多元回归分析是一种统计方法，用于建立多个自变量与一个因变量之间的关系模型。我们试图建立一个线性方程，将多个自变量的组合与因变量建立关联，这样的模型可以用来预测因变量的值，同时也可以用来分析不同自变量对因变量的独立和共同影响。与一元回归不同，多元回归考虑了多个自变量对因变量的影响，从而更全面地解释变量之间的复杂关系，同时还可以将控制变量考虑在内，使得模型的解释效果更好。

2. 多元回归的基本统计量

与一元回归的情况类似，我们在多元回归模型中也使用最小二乘法来对回归模型系数进行估计。在多元回归中，通过最小化残差项的平方和 $\sum\varepsilon_1^2=\sum(y_i-\beta_1x_{i1}-\beta_2x_{i2}-\beta_3x_{i3}-\cdots-\beta_kx_{ik})^2$，得到第 j 个变量所对应的系数 $\widehat{\beta_j}=\dfrac{\sum x_{ij}y_i-n\overline{x}_j\overline{y}}{\sum x_{ij}^2-n(\overline{x}_j)^2}$。从几何意义上讲，我们此时在多维空间中找到一条“多维空间内直线”使得这条“直线”与所有观察到的数据点之间距离的平方和最小。

对于多元回归模型的有效性，首先可以使用高斯-马尔可夫定理中的五个要求来进行评估，分别是线性、随机性、无完全共线性、零均值条件和同方差性。计量经济学家用这五个要求对回归模型进行评估，满足该条件的 OLS 模型被认为是有效的模型。

（1）线性，即模型中自变量和因变量的关系可以被表述成线性的形式，即 $Y=\beta_0+\beta_1X_1+\beta_2X_2+\cdots+\beta_kX_k+\varepsilon$。

（2）随机性，即选取的样本之间是不存在关联的，用计量方法表示为其残差项之积期望为 0，$E[\varepsilon_i\ \ \varepsilon_j]=0$。

（3）无完全共线性，共线性是指某一组变量可以被其他一组或者多组变量用线性组合的方式表达。如果我们将所有的自变量表达成一个矩阵 $\boldsymbol{X}$ 的形式，那么无完全共线性则可以看成是矩阵 $\boldsymbol{X}^{\mathrm{T}}\boldsymbol{X}$ 满秩。

（4）零均值条件，指给定解释变量，其回归误差的期望值为零，用计量经济学的方式表达即为 $E[\varepsilon \mid x_i]=0$，若不满足这个条件，我们认为回归模型具有内生性，此时估计的系数 $\widehat{\beta_i}$ 存在偏差。自变量不全是导致内生性的主要原因之一，残差 ε 中包含某个未被纳入考虑的自变量，但该变量可能会影响某个自变量 x_i，此时零均值条件 $E[\varepsilon \mid x_i]$ 就不再被满足。

（5）同方差性，该性质是指给定任何的解释变量，其误差值的方差不变，即 $\mathrm{Var}(\varepsilon \mid x_1,x_2,\cdots,x_k)=\delta^2$。这个条件表示模型中不可度量的因素（残差 ε）对样本中所有数据点的影响（方差）是相同的。

这五个要求是检验回归模型有效性的主要手段，满足上述五个要求的回归模型被认为是“最优的”，此时得到的估计系数 $\widehat{\beta_i}$ 也被称为最优线性无偏估计量。在保证回归模型满足上述条件后，可以对多元回归中的基本统计量进行计算。

接下来，可以对满足上述条件的回归模型的性质进行分析。第一个基本统计量为残差标准差 se，和一元回归模型的情况类似，我们用残差标准差 se 来刻画回归模型的拟合优度，se 越小，回归模型对现有样本数据的线性关系拟合程度越高。se 的表达式如下：

$$\mathrm{se}=\sqrt{\frac{\sum(y_i-\widehat{\beta_1}x_{i1}-\widehat{\beta_2}x_{i2}-\cdots-\widehat{\beta_k}x_{ik}-\widehat{\beta_0})^2}{n-k-1}}$$

回归系数标准误和一元回归模型中对标准误的定义类似，我们用参数标准误这个参数来描述被估计系数的准确性。第 j 个系数的标准差 $\mathrm{se}(\widehat{\beta_j})$ 的表达式如下：

$$\mathrm{se}(\widehat{\beta_j})=\frac{\sqrt{\dfrac{\sum(y_i-\widehat{\beta_j}x_{ij}-\widehat{\beta_0})^2}{n-2}}}{\left(\sum(x_{ij}-\overline{x}_j)\right)^{\frac{1}{2}}}$$

$\mathrm{se}(\widehat{\beta_j})$ 值越大，我们认为这个估计系数 $\widehat{\beta_j}$ 出现波动的可能性越大，此时根据数据样本得到的系数 $\widehat{\beta_j}$ 越不准确。

第二个基本统计量为多重判定系数 R^2，和一元回归中的 R^2 的意义类似，计量学家用回归模型估计值波动 $\mathrm{Var}(y_i-\widehat{\beta_0}-\widehat{\beta_1}x_1-\widehat{\beta_2}x_2-\cdots-\widehat{\beta_k}x_k)$ 占因变量波动 $\mathrm{Var}(y_i)$ 的比重来刻画回归模型中自变量对因变量的解释程度，R^2 值越大，回归模型对线性因果关系的解释能力越强。R^2 的计算和一元回归的计算相似，$R^2=1-\dfrac{\mathrm{SSE}}{\mathrm{SST}}$，其中 $\mathrm{SSE}=\Sigma(y_i-\widehat{\beta_0}-\widehat{\beta_1}x_1-\widehat{\beta_2}x_2-\cdots-\widehat{\beta_k}x_k)^2$，$\mathrm{SST}=\sum(y_i-\overline{y})^2$。

在实际应用中，我们经常使用的是调整后的 R^2（adjusted R-squared）。这是回归分析中用来衡量模型对样本数据的拟合程度的一个统计指标。与普通的 R^2 类似，调整后的 R^2 也表示因变量的变异程度能被模型所解释的比例。但是，调整后的 R^2 相比普通的 R^2

更具有稳健性。在模型中引入自变量较多时，普通的 R^2 有可能会因为过拟合而增加，即使这些额外的自变量对解释因变量的能力很小。调整后的 R^2 通过考虑模型中自变量的数量来纠正这种情况，防止过拟合造成的干扰。

Adjusted R^2 的公式如下：

$$\text{Adjusted } R^2 = 1 - \frac{(1-R^2)(n-1)}{n-k-1}$$

其中，R^2 是普通的 R^2，表示模型解释的变异占总变异的比例，n 是样本数量，k 是模型中自变量的数量（包括常数项和其他自变量）。

调整后的 R^2 的值介于 0 和 1 之间。与普通的 R^2 一样，值越接近 1，表示模型对数据的拟合越好，解释能力越强。然而，相较于普通的 R^2，调整后的 R^2 更倾向于对模型复杂性进行惩罚，以避免过拟合问题。

7.2.3 显著性检验

在回归分析中，有两个常用于回归模型的假设检验方法，分别是 t 检验和 F 检验，这两个假设检验方法都在回归模型的分析中具有广泛的应用。

1. t 检验

t 检验是一种用于比较两组均值是否有显著性差异的统计方法，其基于样本数据计算 t 值，然后与 t 分布进行比较，从而判断两组均值是否有统计显著性差异，如图 7-1 所示。为了解释某个自变量对于因变量的实际情况，计量学家构造了统计量 $t = \dfrac{\widehat{\beta_j} - \beta_j}{\mathrm{se}(\widehat{\beta_j})}$。

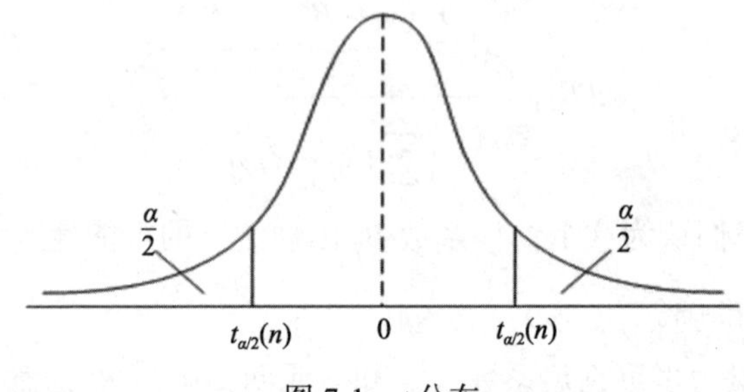

图 7-1　t 分布

此时如果我们假定某一个自变量 X_j 对于因变量没有影响，我们就可以作出假设 $H_0: \beta_j = 0$，此时构造的统计量 $t = \dfrac{\widehat{\beta_j}}{\mathrm{se}(\widehat{\beta_j})} \sim t_{\alpha/2}(n-k-1)$ 。

通常，当 $|t| > |t_{\alpha/2}(n-k-1)|$，我们推断原假设不成立，这表明自变量 x_j 对因变量 y 产生显著影响。例如，如果我们选择的显著性水平为 5%，$|t| > |t_{\alpha/2}(n-k-1)|$ 的概率为 5%，那么我们称自变量 x_j 在显著水平为 5%的情况下具有显著性。

2. F 检验

F 检验是一种用于评估两个或多个组之间均值是否存在显著差异的统计方法。通过计算 F 统计量，我们比较实际观察到的组间方差与期望的均方差之比，从而判断组间均值是否具备统计显著性差异。为了应对同时对多个约束条件进行假设检验的情况，如 $H_0:\beta_1=\beta_2=\beta_3=0$，研究者引入新的统计量——$F$ 统计量，用于探究这种新型多重假设检验。

在回归模型 $y=\beta_0+\beta_1x_1+\beta_2x_2+\cdots+\beta_kx_k+\varepsilon$ 中，当我们需要检验假设 H_0：$\beta_1=\beta_2=\cdots=\beta_k=0$，通过构造 F 统计量 $F=\dfrac{\text{SSR}(n-k-1)}{k\,\text{SSE}}$，其中 n 为样本大小，k 为原有模型中自变量个数。通过推导，计量学家发现 F 统计量服从 Fisher 分布，如图 7-2 所示。

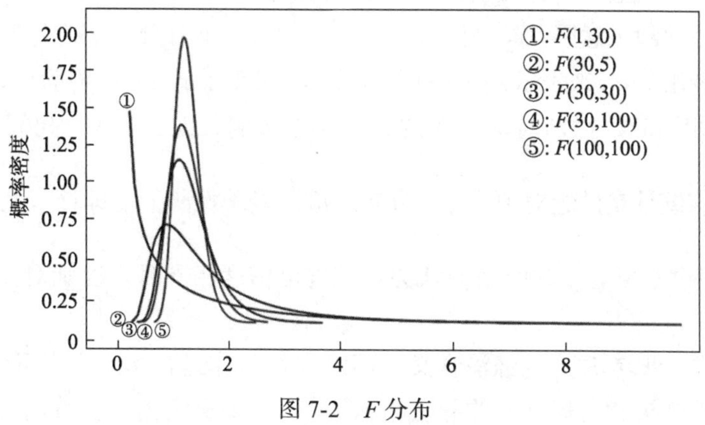

图 7-2　F 分布

与 t 检验相似，$F=\dfrac{\text{SSR}(n-k-1)}{k\,\text{SSE}}\sim F_\alpha(k,n-k-1)$。$F_\alpha(k,n-k-1)$ 可通过查询 F 分布表得到，当 $F>F_\alpha(k,n-k-1)$ 时，我们认为可以以 $1-\alpha$ 的概率拒绝原假设。

总结下来，回归分析关注的关键要点主要有三个方面，即系数正负、大小程度以及显著性水平，这三个方面对于深入理解回归模型的影响和效果至关重要。

（1）系数正负。系数的正负号表明了自变量对因变量的影响方向。正系数表示正相关关系，即自变量增加时因变量也增加；负系数表示负相关关系，即自变量增加时因变量减少。

（2）大小程度。系数的大小表示了自变量对因变量的影响幅度。较大的系数意味着自变量的影响更为显著，而较小的系数则表示较弱的影响。

（3）显著性水平。显著性水平用于检验回归系数是否在统计上显著不同于零。通常使用的显著性水平有 1%、5%和 10%。若 p 值小于选择的显著性水平，可以拒绝零假设，认为回归系数是显著的。

这三个关键要点在回归分析中帮助我们深入理解模型的复杂性，指导我们对变量关系的解释和预测。通过仔细研究系数的正负、大小和显著性水平，我们能够更全面地把握回归模型的实际意义。

7.2.4 虚拟变量

在回归分析中，虚拟变量（dummy variable）是一种用于表示分类变量的方法，将分类变量转化为二进制的数值变量，以便在回归模型中进行分析。通常情况下，回归模型中数据或者说是变量都有其所代表的定量含义，例如商品的价格、受教育年数、广告时长等，这些变量的特征是数字大小的本身就可以描述变量所代表的信息，然而，部分数据是难以用变量的大小来进行具体刻画的，例如消费者的性别（男性与女性）、消费者的购买行为（买或者不买）等。在回归模型中我们会使用0–1来表示这类变量所表达的信息，这类变量通常被称为二值变量（binary variable）或者是虚拟变量。

以性别作为自变量的情况为例，假设建立以下模型：$y=\beta_0+\beta_1x_1+\beta_2x_2+\varepsilon$，其中$y$是消费者所填写的购买意愿，$x_2$是消费者对广告的可信度打分，$x_1$则代表消费者的性别，其中男性消费者用$x_1=1$来表示，而女性则用$x_1=0$来表示。在假设检验中，原假设为$H_0$：在广告可信度相同时，性别对消费者购买意愿无影响，即$\beta_1=0$，我们构造t统计量$t=\dfrac{\widehat{\beta_1}}{\mathrm{se}(\widehat{\beta_1})}$，当该统计量的绝对值大于$t$分布对应的显著性阈值点即$|t|>\left|t_{\frac{\alpha}{2}}(n-k-1)\right|$时，我们认为$H_0$假设不成立。此时我们认为在广告可信度相同时，性别对消费者购买意愿有影响。

此时我们进一步考虑β_1的经济含义，可以将β_1看作是在相同广告可信度的情况下，男性相对于女性购买意向程度的差异。当$\beta_1>0$，模型显示当广告可信度相同时，男性相对于女性购买的意愿更强；相反，$\beta_1<0$，模型显示当广告可信度相同时，男性相对于女性购买的意愿更弱。

7.3 逻辑回归分析

7.3.1 逻辑回归的概念

1. 逻辑回归的定义

在商业数据分析中，我们经常遇到各种类型的因变量。线性回归模型的一个主要限制是它要求因变量是定量变量，如定距变量或定比变量。然而，当因变量为定性变量，如定序变量或定类变量时，逻辑回归成为更合适的方法。逻辑回归是一种专门用于处理分类问题的统计分析工具，尤其适用于二元分类问题（如“是/否”“成功/失败”等）。它也可以应用于多分类问题和定序分类问题。

逻辑回归模型通过建立一个数学模型来描述输入变量（自变量）与分类结果（因变量）之间的关系。这个模型通常使用逻辑函数，比如Sigmoid函数，来实现这一点。Sigmoid函数能够将任意实数映射到(0, 1)区间。

逻辑回归的目标是估计用于描述模型中变量系数的参数，以便模型最好地反映数据中的模式，确保其拟合优度和预测准确性。而参数估计通常通过最大似然估计（MLE）来完成，这是一种寻找参数的方法，可以使观测到的数据在这些参数下出现的概率最大。通过这种方法，我们可以找到一组参数，使得模型的拟合度最高。

2. 逻辑回归的作用

逻辑回归的核心应用主要体现在两个方面。首先，它被广泛用于分析各种影响因素，作为一种强大的回归模型，它深入探究了自变量对因变量的影响程度。其次，逻辑回归在预测方面也发挥了关键作用。一旦构建了回归模型，我们便可以根据模型预测在不同自变量的情境下特定事件发生的可能性，例如预测新营销策略成功实施的概率。

相较于线性回归模型，逻辑回归模型的优势在于它有更宽松的假设条件。这一特点使得逻辑回归在更广泛的领域内具有普遍的适用性，从而突破了线性方程在统计假设方面的局限。然而，无论是逻辑回归模型还是线性回归模型，都面临着一个共同的挑战，那就是解决多重共线性问题。以逻辑回归分析中的变量选择和参数估计为例，要求各变量之间保持相互独立。但在实际应用中，各自变量并非总是完全独立，而是存在一定的线性依赖关系，即多重共线性。多重共线性的存在可能导致估计参数的均方误差和标准误差增大，有时甚至会导致回归系数的方向发生逆转，从而引发模型的不稳定性，进而影响逻辑回归模型的拟合效果和结果的合理性。

7.3.2 二分变量逻辑回归

1. 概念与定义

二分变量逻辑回归，也称二元逻辑回归，是一种统计分析方法，用于处理具有两个可能分类标签的二元分类问题。在这种分析中，我们关注的是一个因变量（也称为响应变量），它只有两种可能的取值，通常用 0 和 1 表示不同的类别，即只有“是、否”或“有、无”等两个取值，对这种值为 0 或 1 的二值品质型变量，我们称其为二分类变量。

这种方法基于线性回归模型与逻辑函数的组合，旨在估计事件发生的概率，从而进行分类预测。二元逻辑回归分析具有广泛的应用，如分析消费者的购物体验，因变量是购物体验是否满意，即“是”或“否”，为二分类变量；又如消费者对于搜索广告的响应情况，可以将点击与否分为“是”和“否”，也是二分类变量。

2. 二元 Logit 模型介绍

当因变量为二分类变量时，我们采用二元 Logit 模型进行分析。在上述的消费者对于搜索广告的响应情况中，假设消费者的选择分为两种，即点击搜索广告（$y=1$）和不点击搜索广告（$y=0$），而消费者是否点击搜索广告取决于消费者的搜索广告经验水平、生活满意度、收入水平以及感知收益与感知损失等自变量，假设这些自变量都包括在变量 x 中，我们考虑采用线性回归模型来预测消费者 i 是否点击搜索广告：

$$y_i = x_i'\beta + \varepsilon_i (i = 1,2,3,\cdots,n)$$

由于我们并没有对自变量 x 的取值范围加以限定，也没有对回归系数 β 和误差项 ε_i 施加限制，这将导致线性回归模型的预测值可以在$[-\infty,+\infty]$内取值，但我们的因变量 y 是一个 0－1 变量，即取值只能为 0 或者 1，故线性拟合出的结果是与现实不符的，因而线性模型不适用于对二元离散变量进行回归。在这种情况下，可以将二元因变量转化为对数的形式进行 Logit 回归，其形式为

$$\text{Logit}(P)=\ln\left(\frac{P_i}{1-P_i}\right)=x_i\beta+\varepsilon_i(i=1,2,3,\cdots,n)$$

其中，P_i 为 $y_i=0$ 或1的概率，$\frac{P_i}{1-P_i}$ 称为概率比。

在进行二分变量逻辑回归时，在将自变量输入构建好的 Logit 模型中后，其会将自变量对因变量的影响映射到 0－1 的范围内，因此在输入数据进行预测前，需要保证二分变量逻辑回归模型的质量。可以通过最大似然估计等方法，估算模型的系数，从而使逻辑回归模型最好地拟合数据。

二分变量逻辑回归广泛应用于分类问题，如客户流失预测等商业数据分析的实际场景，其主要优点在于对于具有线性可分性的数据，可以较好地进行分类，而且模型也相对简单，易于理解和解释。

7.3.3 多分变量逻辑回归

1. 多分变量逻辑回归的定义

多分类逻辑回归，也被称为多类别逻辑回归，是一种用于解决多分类问题的统计方法。其核心思想是通过估计每个类别的参数，来预测样本属于各个类别的概率。其中，每个类别都有一组参数（权重向量和偏置项），这些参数通过最大似然估计来确定。

多个因变量的取值有时无大小顺序，如因变量为手机品牌（苹果、三星、小米、华为等）或者营销方案（A、B、C 等），这样的变量类型称为多项无序分类变量，又称名义变量，名义变量与自变量之间建立的回归模型被称为多分变量逻辑回归模型。

2. 多分变量逻辑回归模型介绍

多分变量逻辑回归模型的基本思路类似于二分变量逻辑回归模型，其研究目的是分析被解释变量各类别与参照类别的对比情况，即

$$\ln\frac{p_j}{p_J}=\beta_0+\sum_{i=1}^{P}\beta_iX_i$$

式中，p_j 为被解释变量为第 j 类的概率，p_J 为被解释变量为第 J（$j\neq J$）类的概率，且第 J 类为参照类。$\ln\frac{p_j}{p_J}$ 称为广义 Logit P，是两概率比的自然对数。该模型称为广义逻辑模型。如果被解释变量有 k 个类别，则需建立 $k-1$ 个模型。

例如，如果被解释变量有 A、B、C 三个类别，且以 C 类别作为参照类别，则应建立以下两个广义逻辑模型：

$$\text{logit}(P_A)=\ln\left(\frac{P(y=A|X)}{P(y=C|X)}\right)=\beta_0^A+\sum_{i=1}^{P}\beta_i^AX_i$$

$$\text{logit}(P_B)=\ln\left(\frac{P(y=B|X)}{P(y=C|X)}\right)=\beta_0^B+\sum_{i=1}^{P}\beta_i^B X_i$$

7.3.4　定序变量逻辑回归

1. 定序变量的定义

定序变量逻辑回归（ordinal logistic regression）是一种统计方法，用于分析定序（有序）类别目标变量与预测变量之间的关系。在许多情况下，我们的数据可能包含有序类别，这些类别之间存在特定的顺序或等级关系，例如，收入水平可以被分为“1 000 以下”“1 000～3 000”“3 000～5 000”“5 000 以上”等有序类别。由于这种顺序性，我们在进行定序因变量的回归分析时需要特别注意其顺序性，否则可能导致数据分析结果失效。

定序变量与定类变量的最大区别在于定序变量有顺序意义而非数值意义。如果对定类变量采用定序回归，就会错误地对不同类别赋予不合适的顺序，导致统计结果产生偏误或无意义的估计值。另外，如果使用多分类逻辑回归模型对定序变量进行分析，则会忽略数据内在的排序，导致遗漏排序信息而降低统计信息的利用率。

针对定序变量的这些问题，可以使用定序变量逻辑回归来解决。定序变量逻辑回归可用于研究定序类别目标变量如何受一个或多个预测变量的影响。它是多分类逻辑回归模型的一种扩展，利用逻辑函数来建模预测变量与定序类别目标变量之间的关系。在定序变量逻辑回归中，我们关注的是目标变量中各个类别的顺序关系，而不仅仅是是否属于某个类别。该模型会估计每个类别之间的概率差异，从而预测在给定预测变量情况下，样本属于不同定序类别的可能性。

2. 定序逻辑模型介绍

由于上述原因的存在，研究者们发展出了一种专门处理定序类型因变量的逻辑回归方法，我们将之称为定序逻辑模型（Ordinal Logit Model，OLM）。

当因变量是一个定序变量时，我们需采用针对定序变量的逻辑回归方法。在商业数据分析中，在分析定序变量时，一般采用如下的方式对定序变量进行处理。首先需要对定序变量进行深入理解，例如在评价某个产品时，消费者的满意度是一个连续变量，记为 Z，在商业数据分析中，一般采用打分的方式来让消费者表达其对于产品的满意程度。我们假设在人们的心理活动中有一定的判断标准，或者称之为阈值，当满意度落在某两个相邻的阈值之间时，我们就会给出一定的消费者打分，具体如下：

$$\text{scores}=\begin{cases}1, Z<C_1\\2, C_1\leqslant Z<C_2\\3, C_2\leqslant Z<C_3\\4, C_3\leqslant Z<C_4\\5, C_4\leqslant Z\end{cases}$$

此时，假设解释性变量是通过影响满意度来影响消费者打分的，Z 是一个取任意值的连续型变量，我们用普通线性回归模型来刻画 Z 与解释性变量 W 之间的关系。其中设

β_0为回归模型的截距项，β为回归模型的系数值，它的正负能反映解释变量W与因变量Z之间的影响关系，ε为随机扰动项，可得回归模型如下：

$$Z = \beta_0 + \beta * W + \varepsilon$$

然后，可以通过上述线性模型对Z进行转化，然后根据转化后的模型去判断消费者的打分情况，转化后可知消费者打分不超过k的概率为

$$\begin{aligned} P(\text{scores} \leqslant k) &= P(Z < c_k) = P(\beta_0 + \beta W + \varepsilon < c_k) \\ &= P(\varepsilon \leqslant c_k - \beta_0 - \beta W) = F_\varepsilon(a_k - \beta W) \end{aligned}$$

其中，c_k就是前面所提到的阈值，$a_k = c_k - \beta_0$，而$F(t) = P(\varepsilon < t)$是$\varepsilon$的分布函数。如果我们对$F_\varepsilon(t)$的具体形式予以合理的假设，那么我们就能获得一个关于定序变量的回归模型，即

$$P(\text{scores} \leqslant k) = F_\varepsilon(a_k - \beta * W)$$

此时，可以利用该定序模型进行数据的估计，在分析时，若我们假设随机扰动项ε服从指数分布，那我们把这时所利用的模型称为定序逻辑模型，用此模型进行的回归分析就称为定序逻辑回归。

进行定序变量逻辑回归时，可以通过数据分析软件对数据进行分析获得相应的结果。首先，我们可以进行简单的描述性统计分析，以获得有关数据的基本信息；然后进行参数估计，检验模型整体的显著性以及各变量对因变量影响的显著性（通过P值大小来判断）；接下来，我们需要利用形成的回归模型预测新的观测值，以判断回归模型的拟合效果，并选择预测能力更好的模型，具体评估拟合效果的好坏，我们通常通过 AIC 值或 BIC 值来进行判断，AIC 值或 BIC 值都是越小越好（全模型优于空模型）；最后，可以形成所需的数据分析报告。

7.4 中介与调节效应

7.4.1 中介效应

1. 中介效应的定义

中介效应（mediation effect）是指一个变量（中介变量）在解释一个自变量与因变量之间关系时所扮演的中间角色。中介效应涉及以下几个主要概念：自变量（X），这是影响因变量的原始变量，也叫预测变量；因变量（Y），这是我们想要解释或预测的变量；中介变量（M），这是在X影响Y的过程中的中间变量。具体地说，如果M是X的函数，Y是M的函数，即$X \to M \to Y$。在这个过程中M就是在X与Y的关系中起着中介作用的中间变量，其传递了自变量对因变量的影响，可能解释了两者之间的关联。

如果X对Y的作用全部通过M来实现，我们就称M所起的作用为完全中介效应(full mediation effect)，可以由此构建出完全中介模型；如果X对Y的作用部分通过M影响Y，则我们称M所起的作用为部分中介效应（partial mediation effect），可以由此构建出部分中介模型。

在统计学和社会科学研究中，中介效应的概念非常重要，中介效应的作用在于帮助

我们深入了解自变量与因变量之间的机制。它通过探究中介变量的作用，揭示出自变量对因变量的影响是否通过中介变量间接发生。中介效应的检验可以用来确认中介变量是否在解释自变量与因变量之间的关系中起到了重要作用。

2. 中介效应的分析过程

中介效应的分析步骤与分析过程如图 7-3、图 7-4 所示。

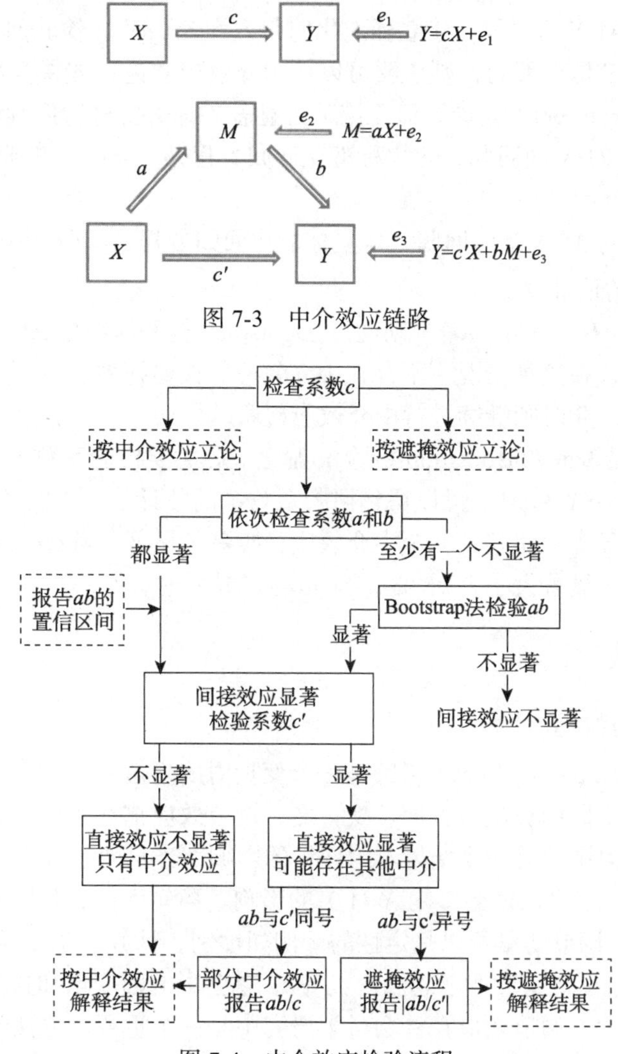

图 7-3 中介效应链路

图 7-4 中介效应检验流程

这里，常数 c 代表自变量 X 对因变量 Y 的整体影响，也即总效应；参数 a 表示自变量 X 对中介变量 M 的影响；参数 b 表示在考虑自变量 X 影响的情况下，中介变量 M 对因变量 Y 的影响；参数 c' 表示在考虑中介变量 M 影响的情况下，自变量 X 对因变量 Y 的直接影响；e_1、e_2、e_3 表示回归模型中的残差项，即回归残差。

在这简单的中介模型中，中介效应等同于间接效应（indirect effect），即由参数 a 和 b

的乘积 ab 所代表。它与总效应和直接效应之间存在如下关系：$c = c' + ab$。中介效应的检验通常采用逐步检验回归系数的方法，即逐步法。

（1）检验参数 c 的显著性（即检验 $H_0: c = 0$）。

（2）依次检验参数 a 的显著性（即检验 $H_0: a = 0$）和参数 b 的显著性（即检验 $H_0: b = 0$）。若参数 c 显著，同时参数 a 和 b 也显著，那么中介效应被认为是显著的。若是在完全中介的情况下，还需要满足另一个条件：参数 c' 不显著。

第一步：做 Y 对 X 的回归，建立标准化回归方程 $Y = cX$，检验回归系数 c 的估计值 $\hat{c}$ 是否显著。如果 c' 是显著的，则说明可以按中介效应立论；如果不显著，则说明是按照遮掩效应（hidden effect）立论。但无论是否显著，都需要进行后续的检验。

第二步：做 M 对 X 的回归，建立标准化回归方程 $M = aX$，得到回归系数 a 的估计值 $\hat{a}$，并检验其显著性。

第三步：做 Y 对 M 和 X 的回归，建立标准化回归方程 $Y = c'X + bM$，得到回归系数 b 的估计值 $\hat{b}$ 和 c' 的估计值。

如果 a 与 b 至少有一个不显著，则通过 Bootstrap 检验法检验 ab。如果 ab 不显著，则间接效应不显著，在这种情况下不存在中介效应，按遮掩效应进行报告。如果结果显著则存在间接效应，此时则继续进行中介效应检验。

如果 a 与 b 都显著或者 Bootstrap 检验 ab 显著，此时要检验系数 c'，通过第三步中的标准化回归方程 $Y = c'X + bM$，可以得到回归系数 c' 的估计值。如果 c' 不显著，则说明 X 对 Y 的直接效应不显著，M 起到完全中介效应；如果 c' 显著，当 ab 与 c' 同号时，则存在部分中介效应，效应显著大小为 ab / c；当 ab 与 c' 异号时，则不存在中介效应。

7.4.2 调节效应

1. 调节效应的概念

调节效应（interaction effect）指的是一个变量对因变量的影响在另一个变量存在的不同水平下表现出不同的程度或方向。换言之，调节效应描述了两个变量之间的交互作用，即一个变量如何影响另一个变量对因变量的影响。当自变量 X 影响因变量 Y 时，受到调节变量 M 的干扰，即 M 会影响 X 对 Y 的影响。换句话说，Y 与 X 的关系受到第三个变量 M 的影响。调节变量可以是定性的（例如性别、种族、学校类型等），也可以是定量的（例如年龄、受教育年限、刺激次数等），它会影响因变量和自变量之间关系的方向（正或负）和强度。调节效应在社会科学研究中是一个重要的方法学概念，可以帮助研究者探索多个变量之间的关系。具体来说，调节效应涉及以下几个概念：自变量，这是我们想要探究其对因变量的影响的变量；因变量，这是我们想要解释或预测的变量。调节变量，这是影响一个变量对另一个变量影响程度或方向的变量。它可以改变自变量与因变量之间的关系；调节效应的存在意味着调节变量不仅仅影响因变量，而且会改变自变量对因变量的影响，调节效应可以使自变量与因变量之间的关系在不同的调节变量水平下发生变化，从而呈现出交互作用。

在商业数据分析实践中，了解调节效应非常重要。例如，我们可能研究广告投资（自变量）对销售额（因变量）的影响，而市场竞争水平（调节变量）可能会影响广告投资的效果。了解调节效应可以帮助我们更好地理解变量之间的关系，考虑调节变量有助于我们更精确地预测和解释因变量的变化。

2. 调节效应的分析过程

调节效应可以通过图 7-5 进行理解。

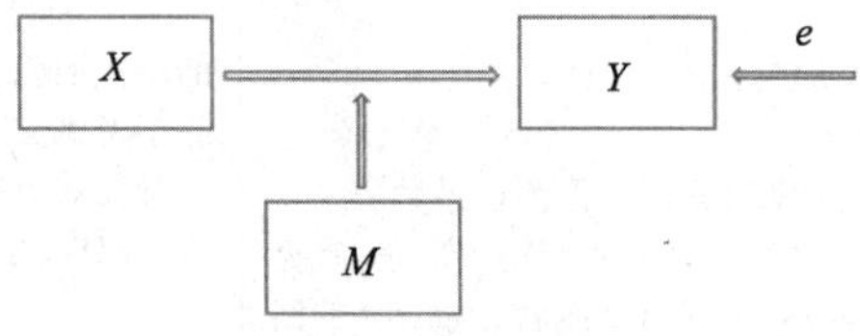

图 7-5　调节效应概念

可以根据概念图列出表示变量间关系的方程式：

$$Y = f(X, M) + e$$

为了更方便地解释各变量之间的关系，我们将概念图转化为更加直观的路径图来进行分析，如图 7-6 所示。

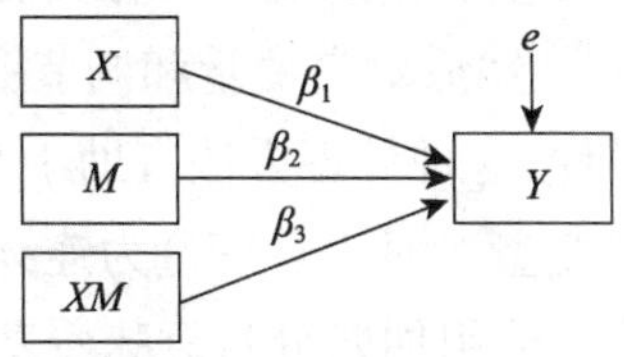

图 7-6　调节效应路径

以最简单的回归方程为例，图 7-6 所示调节效应用数学表达式可以表示为

$$Y = \beta_1 X + \beta_2 M + \beta_3 XM + e$$

在该方程中，系数 β_1 为自变量 X 对因变量 Y 的效应；系数 β_2 为调节变量 M 对因变量 Y 的效应；自变量和调节变量相乘的项（交互项）XM 代表调节效应；系数 β_3 是调节变量偏回归系数，反映了调节效应的大小，若 β_3 显著则说明调节效应显著，其中 e 是回归残差。由调节效应的数学表达式可以看出，对调节效应的分析主要是估计和检验 β_3。

这里对调节效应的分析分两大类进行讨论：一类是所涉及的变量（因变量、自变量和调节变量）都是可以直接观测到的显变量（observed variable），另一类是所涉及的变量中至少有一个是潜变量，此处我们主要介绍显变量的调节效应分析方法。

对于显变量又可以分为两大类：一类是分类变量（categorical variable），包括定类变量和定序变量，另一类是连续变量（continuous variable），包括定距变量和定比变量。定序变量的取值较多且间隔较为均匀时，也可以近似作为连续变量处理。表 7-2 分类列出了显变量调节效应分析方法。

表 7-2 调节效应情形分类

<table>
<tr><th rowspan="2">调节变量（M）</th><th colspan="2">自变量（X）</th></tr>
<tr><th>分类</th><th>连续</th></tr>
<tr><td>分类</td><td>两因素有交互效应的方差分析，交互效应即调节效应</td><td>分组回归：按 M 的取值分组，做 Y 对 X 的回归，若回归系数的差异显著，则调节效应显著</td></tr>
<tr><td>连续</td><td>自变量使用伪变量，将自变量和调节变量中心化，做
$Y = aX + bM + cXM + e$
的层次回归分析：
（1）做 Y 对 X 和 M 的回归，得测定系数 R_1^2；
（2）做 Y 对 X、M 和 XM 的回归得 R_2^2，若 R_2^2 显著高于 R_1^2，则调节效应显著。或者，做 XM 的回归系数检验，若显著，则调节效应显著</td><td>将自变量和调节变量中心化，做
$Y = aX + bM + cXM + e$
的层次回归分析（同左）。
除了考虑交互效应项 XM 外，还可以考虑高阶交互效应项（如 XM^2，表示非线性调节效应；MX^2 表示曲线回归的调节）</td></tr>
</table>

（1）分类自变量与分类调节变量。当自变量和调节变量都属于分类变量时，调节效应即为交互效应。在这种情况下，可采用两因素方差分析的方法来探究。需要关注自变量和调节变量的交互作用，观察交互作用项的偏回归系数是否具有显著性。若偏回归系数显著，表明存在调节效应；若不显著，则表示无调节效应。

（2）分类自变量与连续调节变量。当自变量是分类变量而调节变量是连续变量时，需要将分类自变量转化为哑变量[①]，然后对自变量和调节变量进行中心化处理（计算变量离均差），最后进行层次回归分析。这种处理方法有助于有效地捕捉调节效应。

（3）连续自变量与分类调节变量。对于自变量为连续变量、调节变量为分类变量的类型，需运用分组回归分析方法。分组回归分析意味着基于调节变量的分类水平，构建分组回归方程以进行探究。回归方程具体形式为 $Y = a + bX$ 。当然，也可采纳将分类调节变量转化为虚拟变量，然后进行层次回归分析。但将分类调节变量转为虚拟变量并运用层次回归分析后，需对调节效应的观测方程决定系数 R^2 显著性进行整体评估。

（4）连续自变量与连续调节变量。这类调节效应分析在操作上较为简便。只需对自变量和调节变量进行中心化处理后，进行层次回归分析，接着观察偏回归系数的显著性，或者检验 R^2 的变化是否显著。若结果呈现显著性，便表明存在着显著的调节效应。有一要点需强调，除非我们确认自变量 X 和调节变量 M 之间完全无关（即相关系数为零），否则调节效应模型变量的系数不能按照标准化后的系数来解读，这是因为即便自变量 X 和调节变量 M 的均值都为零，其乘积 XM 的均值一般来说也不会为零。

7.4.3 中介效应与调节效应的比较

在实际的商业数据分析中，需要了解中介变量和调节变量的区别，两类变量之间的

① 哑变量称伪变量，指不是真的数值变量，而是通过某种方法所定的伪数值变量。哑变量取值为数值，没有单位。

比较情况如表 7-3 所示。

表 7-3　模型对比表

对比方面	变量类别	
	调节变量 M	中介变量 M
研究目的	X 何时影响 Y 或何时影响较大	X 如何影响 Y
关联概念	调节效应、交互效应	中介效应、间接效应
什么情况下考虑	X 对 Y 的影响时强时弱	X 对 Y 的影响较强且稳定
典型模型	$Y = aX + bM + cXM + e$	$M = aX + e_2$ $Y = C'X + bM + e_2$
模型中 M 的位置	X、M 在 Y 前面，M 可以在 X 前面	M 在 X 之后、Y 之前
M 的功能	影响 Y 和 X 之间关系的方向（正或负）和强弱	代表一种机制，X 通过它影响 Y
M 与 X、Y 的关系	M 与 X、Y 的相关可以显著或不显著（后者较理想）	M 与 X、Y 的相关都显著
效应	回归系数 c	回归系数乘积 ab
效应估计	$\hat{c}$	$\hat{a}\hat{b}$
效应检验	c 是否等于零	ab 是否等于零
检验策略	做层次回归分析，检验偏回归系数 c 的显著性（t 检验）；或者检验测定系数的变化（F 检验）	做依次检验，必要时做 Sobel 检验

商业实训

基于回归分析探索广告特性对购买意愿的影响

读者可轻轻刮开封底的刮刮卡，扫码获取该实训项目及数据。教师如有需要，可登录教学实训平台（edu.credamo.com），在课程库中搜索课程“商业数据分析与实训”，根据需要选择相应的课程后，按照第三章介绍的方法，导入到“我的课程”教师端并组织班级学生加课学习。此处使用手机广告案例，分别介绍线性回归模型、逻辑回归模型、中介效应和调节效应的实践内容。

1. 线性回归模型

以手机广告案例为数据来源，构建多元回归模型，该案例使用的变量为广告趣味性（X_1）、信息性（X_2）、说服力（X_3）以及消费者购买意愿（Y）。

（1）分析。利用商业数据分析实训的建模工具，在回归分析中因变量选中购买意愿，自变量选中趣味性、信息性和说服力，系统即可自动生成回归分析模型。

其具体操作步骤如下：先添加分析，在分析方法中选择回归分析，然后对此次分析进行命名，在这里我们将之命名为“回归分析 1”。接下来在因变量选择框中选择购买意愿，自变量选择框中选择趣味性、信息性和说服力，具体操作过程如图 7-7、图 7-8 所示。

图 7-7　线性回归模型因变量添加分析

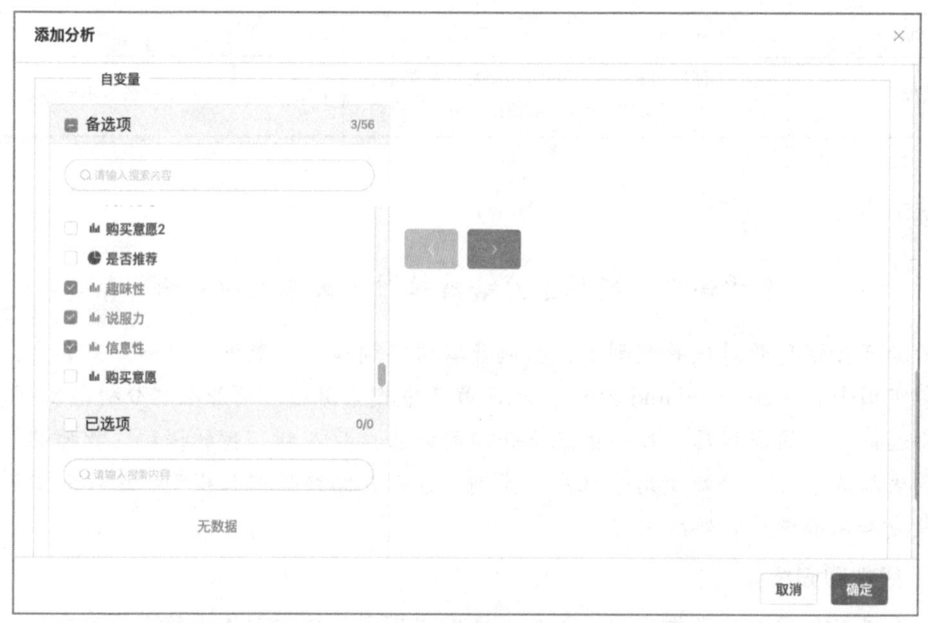

图 7-8　线性回归模型自变量添加分析

（2）结果解释。在添加因变量和自变量后，单击“确定”按钮，系统会自动生成分析结果。我们依然从两方面进行分析，整体解读和系数解读。

整体解读：根据图 7-9 的数据描述，可以看出，该多元回归模型的拟合度是较好的。首先，$R^2=0.644\ 9$，表明该模型可以解释因变量变异的 64%。其次，$F=124.727\ 4$，表明自变量中至少存在一项会对因变量产生影响。最后，AIC = 523.380 4，BIC = 536.768 9，表明该模型具有良好的拟合度。

回归分析结果

数据描述

样本数	R方	调整后的R方	F值	AIC值	BIC值
210	0.6449	0.6398	124.7274	523.3804	536.7689

图 7-9 线性回归模型分析结果一

系数解读：根据图 7-10、图 7-11 数据描述，可以看出趣味性（$\beta=0.287\,8$，$p<0.05$）和说服力（$\beta=0.687\,5$，$p<0.05$）对消费者购买意愿具有正向、显著的影响。其中，相比趣味性，说服力对消费者购买意愿的影响作用更大，说服力每增加 1 单位，购买意愿平均增加 0.687 5 单位。

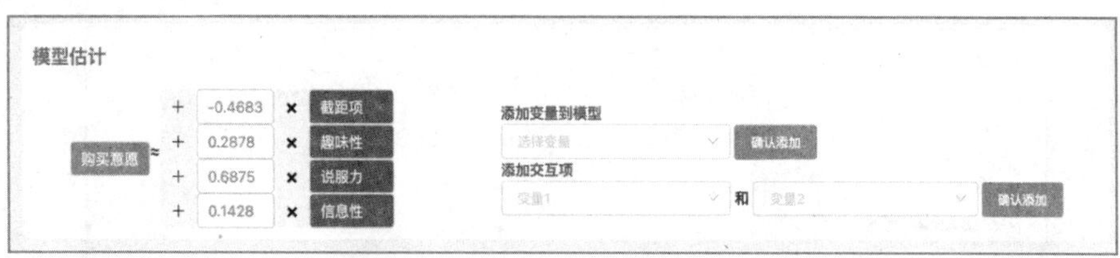

图 7-10 线性回归模型分析结果二

参数摘要

参数名称	系数	标准误	t值	P值	[0.025	0.975]
截距项	-0.4683	0.3586	-1.3058	0.1931	-1.1752	0.2387
趣味性	0.2878	0.0568	5.0659	0.0000	0.1758	0.3998
说服力	0.6875	0.0869	7.9092	0.0000	0.5162	0.8589
信息性	0.1428	0.0837	1.7068	0.0894	-0.0221	0.3077

图 7-11 线性回归模型分析结果三

此外，商业数据分析实训平台能够自动生成整体模型的解读和系数的解读，如图 7-12 所示。

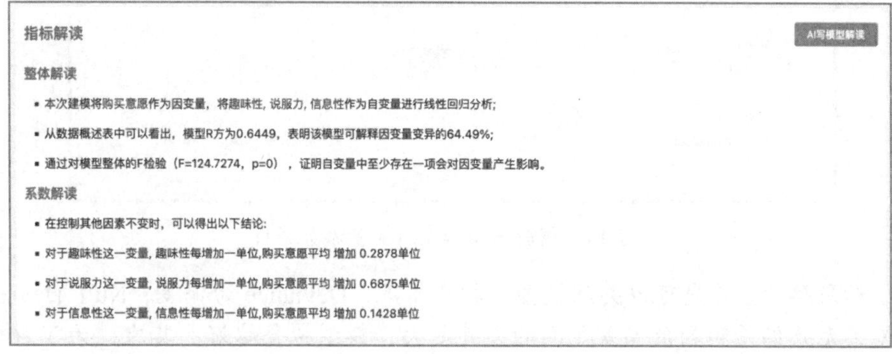

图 7-12 线性回归模型解读报告

2. 逻辑回归模型

接下来构建逻辑回归模型，预测在手机广告中，广告的信息性、趣味性和说服力对推荐与否的影响。

（1）方法。利用实训平台建模工具，在逻辑回归中因变量选中推荐与否，自变量选中信息性、趣味性和说服力，系统即可自动生成逻辑回归模型。

（2）具体操作步骤。如图 7-13 所示，首先添加分析，在分析方法中选择逻辑回归，然后自主对此次的分析名称进行命名，在这里我们将之命名为“逻辑回归 2”。此处进行的是一个二分类的逻辑回归，将备选项中的推荐意愿设置为因变量，推荐意愿是一个二分类变量（推荐与否），如图 7-14 所示，我们将广告的信息性、趣味性和说服力设置为自变量。系统根据变量的特征，生成相应的回归模型，接下来根据数据的相关指标，进行数据结果的分析。

图 7-13 逻辑回归模型因变量添加分析

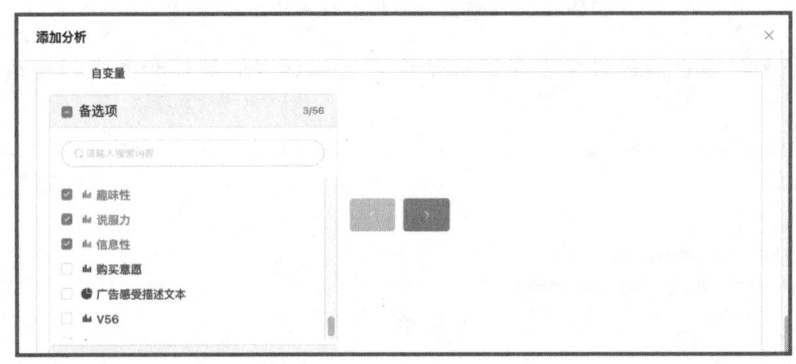

图 7-14 逻辑回归模型自变量添加分析

（3）结果解读。首先可以关注模型的拟合情况，Deviance 为偏差，Null_Deviance 为无效偏差，无效偏差和剩余偏差之间的差异越大，模型拟合越好。其次，为了避免模型过度拟合，可以关注模型的 AIC 值与 BIC 值两个指标。建构回归模型时往往需要多次回归分析，选取拥有更低的 AIC 值与 BIC 值的模型，有助于防止模型复杂度过高、缺乏普适性。相应的拟合数据如图 7-15 所示。

逻辑回归结果

数据描述　　下载数据

样本数	Deviance	Null_Deviance	Log-Likelihood	AIC值	BIC值
210	153.4033	228.1746	-76.7017	161.4033	-948.1008

图 7-15　逻辑回归模型拟合情况

对于模型中变量间的关系影响，可以关注参数 p 值与参数系数，p 值说明变量关系的解释力度，系数正负解释了变量关系的正负影响，数值解释了影响的大小；p 值小于 0.05 即可认为关系显著。具体参数摘要如图 7-16 所示。

参数名称	系数	Exp(B)	标准误	z值	P值	[0.025	0.975]
截距项	-5.2837	0.005	1.2253	-4.3121	0.0000	-7.6852	-2.8821
趣味性	0.6421	1.900	0.2060	3.1168	0.0018	0.2383	1.0459
说服力	1.2928	3.643	0.3000	4.3091	0.0000	0.7048	1.8808
信息性	-0.4114	0.663	0.2637	-1.5600	0.1188	-0.9282	0.1055

图 7-16　逻辑回归模型数据结果分析

在实训平台上进行的建模分析可以自动生成模型结果分析。由图 7-17 可知，手机广告的趣味性和说服力正向影响消费者的推荐意愿，而广告的信息性负向影响消费者的推荐意愿。

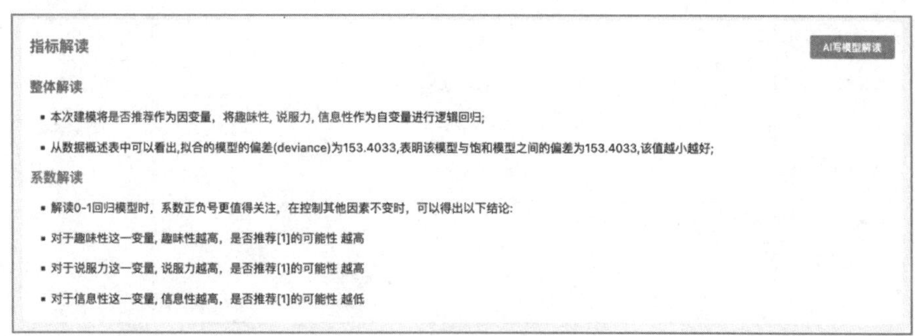
指标解读　　AI写模型解读

整体解读

- 本次建模将是否推荐作为因变量，将趣味性, 说服力, 信息性作为自变量进行逻辑回归;
- 从数据概述表中可以看出,拟合的模型的偏差(deviance)为153.4033,表明该模型与饱和模型之间的偏差为153.4033,该值越小越好;

系数解读

- 解读0-1回归模型时，系数正负号更值得关注，在控制其他因素不变时，可以得出以下结论:
- 对于趣味性这一变量, 趣味性越高，是否推荐[1]的可能性 越高
- 对于说服力这一变量, 说服力越高，是否推荐[1]的可能性 越高
- 对于信息性这一变量, 信息性越高，是否推荐[1]的可能性 越低

图 7-17　逻辑回归模型解读报告

3. 中介效应

中介效应的实践案例使用变量广告信息性、消费者购买意愿以及广告说服力，探究广告的信息性对消费者的购买意愿产生了某种影响，并且这种信息性的影响是通过广告本身的说服力产生的，过程如下。

（1）分析。案例中只有三个变量，我们可以轻易为此建构一个简单中介模型，*X*—*M*—*Y*，其中 *X*= 广告信息性、*Y*= 消费者的购买意愿、*M*= 广告说服力，也即广告信息性为自变量，消费者购买意愿为因变量，广告说服力为中介变量。在商业数据分析实训平台中，我们只需在中介分析中因变量选中购买意愿，自变量选中信息性，中介变量选中说服力，系统即可自动生成中介效应分析模型，如图 7-18、图 7-19 所示，这为我们省去了很多步骤。

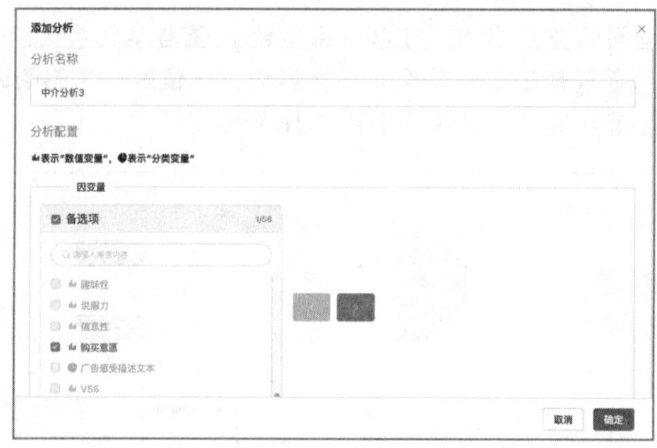

图 7-18　中介效应分析步骤一

图 7-19　中介效应分析步骤二

系统生成分析结果如图 7-20、图 7-21 所示。

自变量对因变量回归结果　　下载数据

参数名称	系数	标准误	t值	P值	[0.025	0.975]
Intercept	0.2752	0.4797	0.5738	0.5667	-0.6704	1.2209
信息性	0.8474	0.0818	10.3555	0.0000	0.6861	1.0088

自变量对因变量模型估计

购买意愿 ≈ + 0.2752 × Intercept + 0.8474 × 信息性

自变量对中介变量回归结果　　下载数据

参数名称	系数	标准误	t值	P值	[0.025	0.975]	LLCI	ULCI
截距项	0.8041	0.3294	2.4414	0.0155	0.1548	1.4535	0.2061	1.4022
信息性	0.7785	0.0562	13.8533	0.0000	0.6677	0.8893	0.6787	0.8783

自变量对中介变量模型估计

说服力 ≈ + 0.8041 × 截距项 + 0.7785 × 信息性

图 7-20　中介效应分析结果一

自变量、中介变量对因变量回归结果　　下载数据

参数名称	系数	标准误	t值	P值	[0.025	0.975]	LLCI	ULCI
截距项	-0.4606	0.3794	-1.2141	0.2261	-1.2085	0.2873	-1.2638	0.3426
信息性	0.1351	0.0885	1.5265	0.1284	-0.0394	0.3095	-0.0749	0.3451
说服力	0.9151	0.0787	11.6216	0.0000	0.7598	1.0703	0.7299	1.1002

自变量、中介变量对因变量模型估计

购买意愿 ≈ + -0.4606 × 截距项 + 0.1351 × 信息性 + 0.9151 × 说服力

图 7-21　中介效应分析结果二

（2）结果解释。在分析模型中，考虑关注参数的 p 值和系数。p 值说明了变量关系的解释力度，系数则表示了变量关系的正负影响。通常情况下，p 值小于 0.05 可以认为变量关系显著。

从图 7-20 中，自变量信息性对因变量购买意愿的回归结果来看，p 值小于 0.05，该

中介效应中的总效应是显著的。而在自变量对中介变量的结果中，自变量信息性的 p 值明显小于 0.05，且参数系数为 0.778 5，因此可以认为信息性正向显著影响广告说服力。在图 7-21 中，中介变量说服力的 p 值也明显小于 0.05，且参数系数为 0.915 1，因此可以认为说服力正向显著影响购买意愿。在控制了说服力后，信息性的 P 值为 0.128 4，不显著，因此可以认为说服力起到正向的完全中介效应。

也可以使用 Bootstrap 法进行检验，具体结果如图 7-22 所示。

间接效应Bootstrap检验结果　　下载数据

参数名称	间接效应	Bootstrap标准误	LLCI	ULCI
信息性	0.7124	0.0829	0.5604	0.8849

图 7-22　Bootstrap 检验结果

参照 Preacher 和 Hayes 提出的 Bootstrap 方法，样本量选择 5 000，在 95%置信区间下，中介检验的结果不包含 0（LLCI=0.560 4，ULCI=0.884 9），表明在信息性对购买意愿的影响中，说服力的中介效应显著，且中介效应大小为 0.712 4。

此外，在控制了中介变量说服力后，自变量信息性对因变量购买意愿影响不显著，区间（LLCI=–0.074 9，ULCI=0.345 1）包含 0，因此说服力在信息性对购买意愿的影响中发挥着中介的作用，且是唯一中介。

4. 调节效应

此处，延续手机广告案例，构建一个简单的调节模型。其中自变量 X 为信息性，因变量 Y 为手机标价，调节变量 M 为购买者性别。在商业数据分析实训平台进行模型分析，选择调节效应分析方法。在因变量选择框中选择手机标价，在自变量选择框中选择信息性，在调节变量选择框中选择性别，具体操作过程如图 7-23、图 7-24 所示。

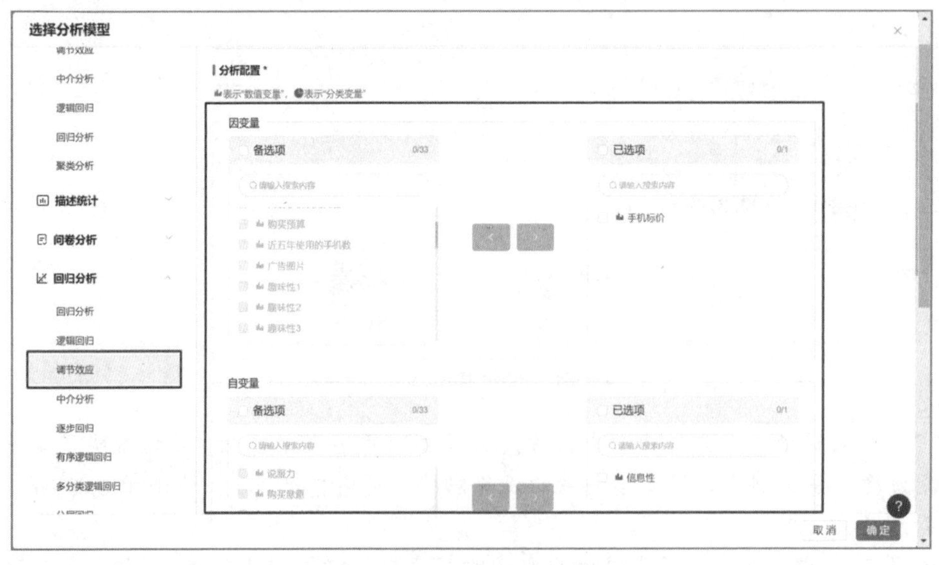

图 7-23　调节效应操作步骤一

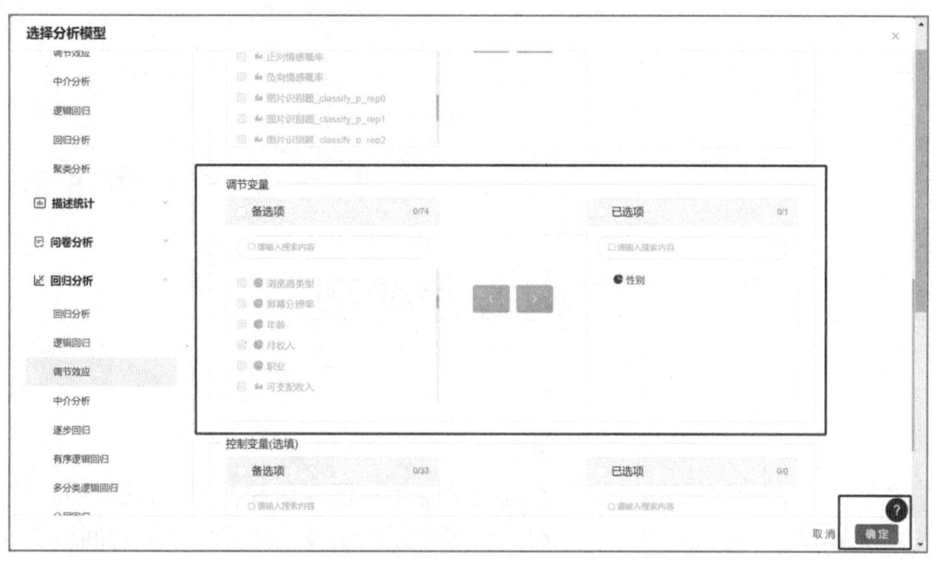

图 7-24　调节效应操作步骤二

经过操作之后，由实训平台生成的分析结果如图 7-25 所示。可以发现信息性与性别的交互项对消费者手机标价有着显著影响（$\beta = 226.23$，$p < 0.05$），即性别的调节作用是显著的。因为交互项的系数为正，说明与女性消费者相比，在男性消费者群体中，手机广告所含的信息越多，男性消费者对手机标价的估计就越高。在图中也可以看到信息性对消费者手机标价有着显著影响（$\beta = 353.619\,2$，$p < 0.001$），并且性别的影响也显著（$\beta = -233.719\,7$，$p<0.05$）。

调节效应分析结果　　下载数据

	模型1				模型2				模型3			
	B	标准误	t	p	B	标准误	t	p	B	标准误	t	p
截距项	625.8025	330.4850	1.8936	0.0597	692.4193	328.9749	2.1048	0.0365	1276.1679	435.4788	2.9305	0.0038
信息性	353.6192	56.3833	6.2717	0.0000	360.1899	55.9640	6.4361	0.0000	258.4396	74.8860	3.4511	0.0007
性别[男]					-233.7197	107.3047	-2.1781	0.0305	-1544.4907	655.6771	-2.3556	0.0194
信息性 * 性别[男]									226.2314	111.6630	2.0260	0.0441
R²				0.1590				0.1779				0.1939
调整R²				0.1550				0.1699				0.1822
F	F(1, 208)=39.3342, p=0.0000				F(2, 207)=22.3932, p=0.0000				F(3, 206)=16.5209, p=0.0000			
ΔR²								0.0188				0.0161
ΔF					F(1, 207)=4.7441, p=0.0305				F(1, 206)=4.1048, p=0.0441			

因变量 (Y): 手机标价

图 7-25　调节效应分析结果

第 8 章

结构方程模型

在前文的回归分析的研究中，我们通常处理单一因变量和若干个自变量的情况，然而，在实际应用中，我们常常面临同时研究多个因变量以及这些因变量之间可能存在相互影响的复杂情形。在这种情况下，传统的回归分析可能变得不够适用，因此需要引入结构方程模型（Structural Equation Modeling，SEM）来有效解决这类问题。此外，在回归分析中，当我们面对多个指标测量同一个变量的情况时，通常会采用这些指标的平均值作为变量的测量值。然而，这种做法存在一些缺陷，其中最显著的是未考虑到潜在的测量误差，并且默认所有指标的重要性是相等的，这可能导致模型结果不准确。结构方程模型为解决这些问题提供了一种更为灵活和准确的方法，结构方程能够有效地考虑到多个因变量和自变量之间的复杂关系，同时能够充分处理多指标测量同一变量的情形，更为准确地反映变量间的潜在结构。

8.1 结构方程模型基本定义及概念

8.1.1 基本定义

结构方程模型是一种验证性多元统计分析技术，是应用线性方程表示观测变量与潜变量之间，以及潜变量之间关系的一种多元统计方法，其实质是一种广义的一般线性模型。它结合了因子分析和路径分析的思想，提供了一种综合的框架，用于检验和建模观测数据与理论模型之间的一致性。SEM 假定一组潜变量之间存在因果关系，潜变量可以分别用一组显变量表示，是某几个显变量中的线性组合。通过验证显变量之间的协方差，可以估计出线性回归模型的系数，从而在统计上检验所假设的模型对所研究的过程是否合适，如果证实所假设的模型合适，就可以说假设潜变量之间的关系是合理的。

结构方程模型在社会科学、心理学、教育学、管理学等多个领域得到了广泛应用，为研究者提供了一个强大的工具，以更深入地理解复杂的变量之间的关系。

8.1.2 基本概念

结构方程模型作为一种多变量统计方法，其数学基础涵盖了多个关键概念和方法，使其能够有效地分析和解释变量之间的复杂关系。以下列举 SEM 数学几个基础概念。

（1）方程模型：SEM 的核心是建立数学方程模型，这些方程模型描述了变量之间的关系。通常，这些关系包括观测变量和潜在变量之间的直接和间接关系。方程模型可以用代数方程表示，其中包括变量、路径系数以及误差项。

（2）变量：我们通常使用变量来表示研究的特征或属性。这些变量可以是观测变量（直接测量得到）或潜在变量（无法直接观测到，通过多个观测变量间接表示）。

（3）路径分析：路径是连接两个变量的线，代表了它们之间的关系。在路径分析中，我们需要关注路径的方向、强度和统计显著性。正路径表明两个变量是正相关的，而负路径则表示负相关。路径的强度通过路径系数表示，这个系数反映了一个变量单位变动对另一个变量的影响程度。在解释路径时，我们应该考虑到可能存在的多重路径效应，即一个变量通过不同的路径影响另一个变量。

（4）协方差矩阵：协方差矩阵提供了变量之间关系的观测数据基础。在 SEM 中，我们需要通过协方差矩阵来估计路径系数，进而验证理论模型的拟合度。理解协方差矩阵的结构有助于我们更深入地认识变量之间的关系。在数据准备和处理阶段，由于涉及缺失数据的处理和对数据的合适转换，研究者需要确保协方差矩阵的可靠性。

（5）外生变量和内生变量：外生变量是模型中的独立变量，其值不受其他变量的影响，这些变量通常被认为是由模型之外的条件式研究者控制的因素。而内生变量则是受模型中其他变量影响的变量，它们是我们主要关注的研究对象。在建立模型时，我们需要仔细定义外生变量和内生变量，并理解它们之间的因果关系。这有助于我们更清晰地识别潜在变量的影响机制和研究对象之间的相互关系。

（6）模型拟合指标：为了评估 SEM 对实际数据的拟合程度，需要使用模型拟合指标。这些指标包括但不限于卡方统计量、均方根误差（Root Mean Squared Error，RMSE）、比较拟合指数（CFI）等。每个指标都提供了不同角度的拟合度评估，使研究者能够全面了解模型的适配程度。

（7）参数估计：路径分析通过估计路径系数来量化不同路径的影响。常用的估计方法包括最小二乘法和最大似然估计。

8.1.3　与其他统计方法的比较

结构方程模型与其他统计方法相比具有一些显著的特点和优势。以下是 SEM 与常见统计方法的对比，如表 8-1 所示。

表 8-1　结构方程模型与其他统计方法的比较

统 计 方 法	方 法 介 绍	SEM 优 势
回归分析	回归分析旨在研究因变量与一个或多个自变量之间的线性关系	灵活地处理多个因变量和自变量，同时还能纳入测量误差和潜在变量的考虑
因子分析	因子分析是一种常用于识别观测变量背后的共性因素的统计方法	将因子分析嵌入一个更广泛的框架中，还允许考虑多个因子之间的关系
路径分析	路径分析是一种用于研究变量之间直接和间接线性关系的统计方法	SEM 不仅能够处理线性关系，还扩展到处理非线性关系

续表

统计方法	方法介绍	SEM 优势
多元方差分析	多元方差分析（MANOVA）是一种用于比较两个或多个组别平均值的统计方法	能够同时考虑组间均值差异和组内变量之间的关系
贝叶斯统计	贝叶斯统计以贝叶斯定理为基础，强调先验知识与观测数据相结合，从而得到参数的后验分布	SEM 与贝叶斯统计的结合为贝叶斯 SEM 提供了一个更为全面的概率建模框架

1. 回归分析

（1）区别：回归分析在研究因变量与一个或多个自变量之间的线性关系时发挥着关键作用。该方法主要关注变量之间的直接线性联系，通常是利用直线拟合来量化这种关系。

（2）SEM 优势：SEM 不仅能够考虑变量之间的直接关系，更能灵活地处理多个因变量和自变量，同时还能纳入测量误差和潜在变量的考虑。这种综合性使得 SEM 在处理更为复杂的理论结构时更为优越，能够更全面地捕捉数据中的多变关系。

2. 因子分析

（1）区别：因子分析是一种常用于识别观测变量背后的共性因素的统计方法，主要应用于降维和探索性分析。其试图发现在观测数据中潜在的、无法直接测量的因子，从而解释变量之间的相关性并简化数据结构。

（2）SEM 优势：结构方程模型在因子分析的基础上进行了更为全面的发展。SEM 不仅将因子分析嵌入一个更广泛的框架中，还允许考虑多个因子之间的关系，以及观测变量和潜在变量之间的复杂关系。这种拓展使 SEM 能够更全面地理解数据背后的结构，并更精确地捕捉潜在因子之间的相互作用。SEM 的优势还在于其支持验证性因子分析（confirmatory factor analysis，CFA）。验证性因子分析允许研究者验证先前提出的因子结构是否符合观测数据，从而提高模型的可信度。这种验证性的过程使得 SEM 不仅仅局限于对数据的探索性分析，更能够通过理论先验知识的验证来构建更加准确的模型。

3. 路径分析

（1）区别：路径分析是一种用于研究变量之间直接和间接关系的统计方法，通常假设这些关系是线性的。该方法通过分析变量之间的路径系数来量化它们之间的关联，侧重于直接和间接的因果关系。

（2）SEM 优势：结构方程模型作为路径分析的扩展，更为全面和灵活。SEM 不仅能够处理线性关系，还扩展到处理非线性关系，从而更贴近真实世界中更为复杂的变量关系。此外，SEM 考虑了测量误差，进一步提高了模型的准确性。

4. 多元方差分析

（1）区别：MANOVA 是一种用于比较两个或多个组别平均值的统计方法，旨在检测组别之间在多个相关变量上是否存在显著差异。

（2）SEM 优势：SEM 不仅局限于对组别均值的比较。它的优势在于能够同时考虑组间均值差异和组内变量之间的关系。这意味着 SEM 不仅能揭示不同组别之间的差异，还能够深入研究组内变量之间的交互作用和关联，提供了更为全面的数据分析视角。此外，SEM 能够处理更多的变量关系。相对于 MANOVA，SEM 不仅可以分析多个因变量和自变量之间的关系，还能够包括潜在变量和测量误差，从而更全面地捕捉数据背后的结构和模式。这使得 SEM 在处理更为复杂的数据结构时更为强大。

5. 贝叶斯统计

（1）区别：贝叶斯统计以贝叶斯定理为基础，强调先验知识与观测数据相结合，从而得到参数的后验分布。这与频率统计（包括 SEM）的方法有着根本的区别，因为贝叶斯统计不仅仅依赖于样本数据，还考虑了研究者对参数的先验认识。

（2）SEM 优势：SEM 与贝叶斯统计的结合为贝叶斯 SEM 提供了一个更为全面的概率建模框架。通过将 SEM 的结构建模优势与贝叶斯统计的灵活性相结合，贝叶斯 SEM 不仅可以处理结构方程模型中的潜在结构和变量关系，还能够以概率的形式表达参数的不确定性，为研究者提供更翔实的信息。

8.2　测量模型与结构模型

8.2.1　潜变量与显变量

在结构方程模型的构建中，我们将研究的变量划分为两大类型：潜在变量和观测变量。潜在变量，在心理学领域也可称为构念（construct），代表了那些无法直接观测到的抽象性质，如人的性格、态度或者满意度指标等。在 SEM 的模型图中，潜在变量通常以椭圆形式呈现，如图 8-1 所示，以突显它们与观测变量的区别。潜在变量之所以称为“潜在”是因为它们不能够直接通过测量工具来获取。相反，为了间接获得潜在变量的信息，我们依赖于一系列问题或观测变量（也被称为显变量）的测量。以顾客满意度为例，这个潜在变量无法直接测量，但我们可以设计一系列与满意度相关的问题，通过对这些问题的测量来综合反映顾客的整体满意程度。

图 8-1　各类图标在 SEM 中的含义

在 SEM 的设定中，需要区分外生潜在变量和内生潜在变量。外生潜在变量在影响关系中扮演“原因”变量的角色，而内生潜在变量则作为“结果”变量的一部分。例如，在说服力对购买意愿的影响中，说服力作为原因变量是外生潜在变量，因为它是影响其他变量的起始点，即起到“导致”的作用。而购买意愿则是结果变量，是内生潜在变量，因为它受到说服力的影响，是“被导致”的一方。通过这种设定，SEM 能够更准确地反映变量之间的因果关系，并提供了对影响路径的清晰理解。

显变量是那些可以直接进行测量的变量，主要用于衡量潜在变量。在结构方程模型中，通常通过长方形来表示显变量。为了更具体说明，我们将潜在变量“说服力”对应的测度项以及“购买意愿”对应的测度项都视为模型中的显变量，而这些可以通过问卷问题直接测得。

关联于外生潜在变量的显变量被称为外生显变量，比如说服力所对应的显变量；而关联于内生潜在变量的显变量则被称为内生显变量，比如购买意愿对应的显变量。通常而言，为了对一个潜在变量进行准确估计与测量，需要三个或更多的显变量。这样的设计有助于提高模型的稳健性和可靠性。

显变量在 SEM 中具有重要作用，充当了直接观察到的数据与潜在结构之间的纽带。通过对显变量的仔细测量，我们能够更深入地理解潜在变量与其相关性，进而提高对复杂结构的理解和解释水平。

此外，由于变量的测量总会存在一定程度的偏差，我们一般将显变量的测量偏差称为误差项，将潜在变量的测量偏差称为残差项，在 SEM 的模型图中一般用圆形表示。

8.2.2 验证性因子分析

验证性因子分析作为结构方程模型的特殊应用，主要功能确认显变量与潜在变量之间的测量关系，以确保构建的测量模型（measurement model）具有合理性和有效性。与探索性因子分析的不同之处在于，CFA 中因子与测度项（潜在变量与观测变量）之间的关系是在分析之前基于理论模型事先明确定义的。这也意味着我们在开始分析前已经有了对潜在变量之间关系的先验假设，这些假设可能来自先前的研究、领域知识或理论框架。

在实际应用中，研究者通常利用 CFA 来验证其研究假设，确保所用的测量工具准确捕捉研究概念。这使 CFA 成为一种强大的分析工具，有助于在研究中建立更为可靠和有效的测量模型。通过 CFA，研究者能够深入理解测量结构，为后续的结构方程模型提供可靠的基础。

在验证性因子分析中，我们将潜在变量设定为“原因”变量，显变量设定为“结果”变量，这构建了一个关系框架，强调潜在变量是显变量的潜在根源。在上文的例子中，潜在变量说服力由三个显变量进行测量，而购买意愿也由三个显变量测量。

在 CFA 中，同一潜在变量的显变量之间被期望具有较高的相关性。例如，在说服力潜在变量中，说服力的三个显变量之间应该表现出显著的相互关联，以反映潜在变量的内在一致性。潜在变量之间的关系也需要得到验证。在 CFA 的设定中，每一对潜在变量都需要建立关联，以评估整体模型的适应度并理解变量间的相互关系。这有助于保证我们的理论模型在数据中得到了充分的支持。

此外，为了确保模型的可估计性，需要设置一个显变量的因子载荷为 1。这项设置确保了模型的合理性和稳定性，使其更容易通过统计方法进行估计和解释。这一步骤是 CFA 中确保模型可行性的关键组成部分。

综合而言，CFA 不仅关注于显变量与潜在变量之间的测量关系，还注重潜在变量之间的关联，为建立可靠的测量模型提供了全面的依据。CFA 的模型估计原理、参数检验方法等基本与一般的结构方程模型相同，将在后续小节中详细讨论。

8.2.3 测量模型与结构模型的表示

在结构方程模型中，我们区分两个关键的构建模块：测量模型和结构模型。这两者相辅相成，构成了整体模型的骨架。

1. 测量模型

测量模型关注显变量与潜变量之间的关系，即通过显变量如何测度潜在的概念或构念。以图 8-2 的虚线框（a）与（b）为例，通过 6 个显变量（xx_1、xx_2、xx_3，yy_1、yy_2、yy_3）①，测量了信息性与购买意愿这两个潜在变量。显变量的问题项通常基于理论和前期研究的问卷问题构建，结合当前研究情境。确保显变量准确、全面地反映潜变量的内涵是构建测量模型的关键。这一过程的详细方法可参考前述章节，以确保测量模型的可靠性和有效性。

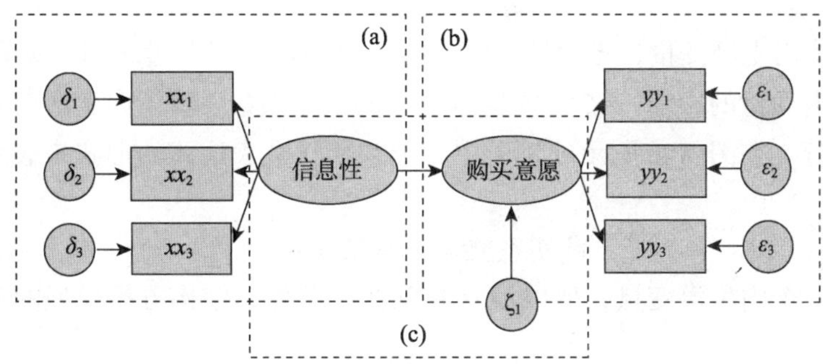

图 8-2 一个简单的结构方程模型示例

如果以代数表达式表示测量模型，其关系可以表示为

$$\boldsymbol{x} = \Lambda_x \xi + \delta$$

$$\boldsymbol{y} = \Lambda_y \eta + \varepsilon$$

其中，$\boldsymbol{x}$ 为外生显变量所组成的向量，$\boldsymbol{y}$ 为内生显变量所组成的向量，Λ_x 指外生潜变量与外生显变量之间的关系，Λ_y 指内生潜变量与内生显变量之间的关系，δ 与 ε 分别为外生显变量与内生显变量的测量误差项。在图 8-2 所示的例子中，如果用代数表达式的形式来表示测量模型，其形式应为

$xx_1 = \lambda_1$ ② 信息性 $+ \delta_1$ $\qquad$ $yy_1 = \lambda_4$ 购买意愿 $+ \varepsilon_1$

$xx_2 = \lambda_2$ 信息性 $+ \delta_2$ $\qquad$ $yy_2 = \lambda_5$ 购买意愿 $+ \varepsilon_2$

$xx_3 = \lambda_3$ 信息性 $+ \delta_3$ $\qquad$ $yy_3 = \lambda_6$ 购买意愿 $+ \varepsilon_3$

在这里，左侧代表了信息性的测量模型，右侧则代表购买意愿的测量模型。需要注意的是，如果不对上述方程中的参数进行适当限定，模型将难以进行估计，因此需要采

① xx_1、xx_2、xx_3，yy_1、yy_2、yy_3 分别表示信息性和购买意愿的三个显变量。

② λ_i 为 Λ_i 的字母小写形式，本章中的大写字母表示向量组，小写表示单独的元素。

用相应的限定方法。通常有两种常见的方法：一是固定系数法，即将因子载荷中的一个载荷固定为 1（例如将 λ_1 与 λ_4 分别固定为 1）；二是固定方差法，即将因子的方差设定为 1。常用的分析软件通常默认采用第一种方法。限定方法的选择需谨慎，不同的限定方法可能对模型估计结果产生影响。

2. 结构模型

结构模型揭示了潜在变量之间的关系，通过路径系数来表示潜在因果关系。这部分模型如同图 8-2 的中间虚线框，它表达了潜变量之间的理论联系。在结构模型的建立中，研究者需要根据理论构建假设，并明确定义潜在的因果关系。路径系数的大小和方向反映了变量之间的影响强度和方向。通过结构模型，我们可以深入理解潜在变量之间的关系，从而验证或推翻研究假设。

如果用代数表达式表示结构模型，其形式可以表示为

$$\eta=B\eta+\Gamma\xi+\zeta$$

其中，η 为内生潜变量，ξ 为外生潜变量，B 为内生潜变量之间的关系，Γ 为内生潜变量对外生潜变量的影响，ζ 为内生潜变量的残差项，反映了内生潜变量未能被结构方程解释的部分。在图 8-2 所示的例子中，如果用代数表达式的形式来表示结构模型，其形式应为

$$\text{购买意愿}=\gamma\ \text{信息性}+\zeta_1$$

这里只有一个内生潜变量，所以没有 B 项式。此外，结构方程模型的基本假定包括以下几个。

（1）测量方程误差项 δ 与 ε 均值为零。

（2）结构方程残差项 ζ 的均值为零。

（3）误差项不相关。δ、ε 与潜变量 η、ξ 不相关，δ 与 ε 之间不相关。

（4）残差项 ζ 与 δ、ε、ξ 这些假定在模型修正时要特别注意，我们将在后面的部分做具体说明。

8.3 结构方程模型的基础设定

8.3.1 模型的理论基础

结构方程模型建立在统计学与数学的坚实理论基础之上，以深入研究观测到的变量之间的潜在结构。这一理论基础的核心包括以下两点。

1. 多元统计理论的应用

SEM 继承了多元统计学的框架，强调在同一研究中考察和分析多个变量之间的关系。多元统计理论强调在同一研究中考察多个变量的重要性，而 SEM 通过引入观测变量和潜在变量，整合了多个变量的关系，使研究者能够更全面地理解和解释复杂的多变量系统。

2. 协方差结构分析的演进

协方差结构分析最初关注变量之间的相关性，着眼于揭示多个变量之间的线性关系。随着研究者对多变量关系更深层次理解的需求增加，SEM 引入了路径模型的概念，允许研究者通过设定潜在变量和观测变量之间的路径，来建模变量之间的因果关系。这一引入为 SEM 赋予了更强大的建模能力，使其能够更全面地揭示潜在结构中的模式。

SEM 的演进不仅延续了协方差结构分析的优势，更在理论和方法上进行了创新和拓展，为研究者提供了一套更为全面、灵活的工具，以更深入地理解和解释多变量关系。这一发展过程体现了 SEM 作为一种强大的统计方法有着非常强大的活力。

8.3.2　模型的参数设定

在搭建和解释结构方程模型时，以下几个关键方面的参数设定重要意义。

1. 区分内生变量和外生变量

（1）明确因果关系：SEM 的有效性依赖于对内生变量（受模型影响的变量）和外生变量（不受模型影响的变量）的准确区分。研究者需要在模型中清晰定义和界定这两类变量，以建立准确的因果关系。

（2）反映实际场景：外生变量可以作为模型的外部输入，增强模型的可解释性和适应性。内生变量通常是研究者关注的主要目标，对其进行合理的设定能更好地反映研究领域的实际情境。

2. 设定路径系数（B）

（1）直接影响与间接影响：路径系数反映了变量之间的直接和间接关系。它们决定了模型中信息的传递和流动路径，需要合理设定这些系数。对路径系数的解释应当符合经济学原理，确保揭示了变量之间的实质性关系。

对路径系数进行显著性检验，确保其估计值在统计上是可靠的。显著性水平通过 Z 检验或 t 检验以及相应的 P 值进行测度。通常，P 值小于 0.05 表示显著，反之不显著。

（2）探索因果关系：设定路径系数时，要关注变量之间的因果关系。这不仅有助于理论的验证，还能提供对研究问题更深层次的解释。在设定路径系数时，考虑到理论假设和先前的实证研究结果，以确保建立的模型具有理论和实际基础。

3. 因子载荷（λ）的设定

（1）测量准确性：因子载荷 λ_i 衡量每个显变量对相应潜变量的解释程度，是测量工具的准确性和贡献度的重要指标。较高的因子载荷表示显变量更准确地反映潜在变量，从而增强了模型的可信度。研究者应关注各因子载荷的大小，以确保测量工具有效地捕捉潜在变量的方面。

（2）单一因子载荷约束：其中，对于同一潜在因子的多个观测变量，将其中一个因子载荷设定为 1，以设定测量标尺，确保潜在因子的度量单位一致。这一步骤有助于理解观测变量在测量模型中的作用，为模型的拟合提供了重要信息。

（3）共同方法偏差：注意因子载荷是否过高或过低，以防止共同方法偏差对模型的影响。共同方法偏差可能导致测量工具与其他变量之间存在非因果关系的关联。通过审查因子载荷，特别是当某个显变量的因子载荷异常高时，可以评估共同方法偏差的潜在存在。适当的因子载荷有助于确保测量模型的结构是稳健的，反映了潜在变量与观察变量之间真实的关系。

4. 测量误差

（1）误差来源：分析每个显变量的测量误差项 ε_i，确定误差的来源和性质。这有助于识别潜在的测量问题，例如问卷设计不当、主观评价的不一致性或测量工具的不准确性。

（2）修改指数（modification indices）：根据修改指数评估是否需要调整模型，以减小测量误差。修改指数反映了在当前模型中，通过自由估计测量误差项之间的相关性或添加新参数，能够显著提高模型拟合度的程度。然而，在使用修改指数进行调整时，需谨慎权衡，确保调整在理论上合理，而非仅仅是为了在统计上获得更好的拟合。

5. 残差项

（1）残差的解释: 解释每个内生潜变量的残差项 ζ_i，了解模型未能解释的变异。残差项代表了模型未能捕捉到的观测数据的部分，通过对残差的解释，可以深入解释模型在特定潜在变量方面的不足之处。

（2）异常值检查：检查残差项中是否存在异常值，以确保模型对数据的拟合不受异常值干扰。异常值可能表明模型在某些情境下表现不佳，或者反映了未考虑到的影响因素。通过检查残差项中是否存在异常值，可以及早发现潜在问题并采取相应的调整措施。

在结构方程的参数设定过程中，精准而合理的设定能够确保模型更好地反映研究领域的实质性关系，进而为研究者提供有力的理论支持和实证解释。

8.4 结构方程模型的拟合和评估

8.4.1 拟合指标的深入解读

拟合指标是用来评估结构方程模型与观察数据之间的拟合程度的统计指标，这些指标提供了关于模型贴合度的信息。模型的拟合指标分为绝对适配度和增值适配度两部分。绝对适配度指标是分析模型本身的统计量指标以估计其适配度或拟合度的。增值适配度指标是通过比较基准模型以判断模型的拟合度的。

1. 绝对适配度指标

卡方值（χ^2）：P 值大于 0.05（不常用）。

卡方自由度比（χ^2/df）：小于 3。

残差均方和平方根（RMR）：小于 0.05。

标准化残差均方和平方根（SRMR）：小于 0.08。

渐进残差均方和平方根（RMSEA）：小于 0.05（适配良好），小于 0.08（适配合理）。

2. 增值适配度指标

比较适配指数（CFI）、规范适配指数（NFI）、相对适配指数（RFI）、增值适配指数（IFI）：大于 0.9。

常用的适配度指标及检验标准如表 8-2 所示。

表 8-2　常用的适配度指标及检验标准

类　别	指　标	检验标准
绝对适配度指标	χ^2	P 值大于 0.05（不常用）
	χ^2 / df	小于 3
	GFI/AGFI	大于 0.9
	RMR	小于 0.05
	RMSEA	小于 0.05（适配良好） 小于 0.08（适配合理）
增值适配度指标	CFI/NFI/RFI/IFI	大于 0.9

8.4.2 模型的修正与改进

当结构方程模型的适配度指标未达到标准时，修正模型成为必要的步骤。一些教材提倡使用修正指数（Modification Index，M.I.值）进行修正，即连接具有较大修正指数的变量，通过自由估计相关变量间的参数，降低模型的 Chi-square 值，从而提高整体拟合度。然而，这种修正方法存在一系列问题。修正指数关注于提高拟合度，但却忽略了连接的合理性，可能导致一些连接方式与结构方程模型的基本假设相悖，甚至涉及不符合实际情况的连接，例如将误差与潜变量相连接。

此外，这种修正方式有时显得“数据驱动”，仅考虑在数据上满足适配度指标，而忽略了模型的理论合理性。因此，在进行修正时，不建议将此方法作为主要的模型改进手段，而是将其作为辅助手段，并在修正过程中审慎考虑连接的合理性。同时，应充分报告修正的详细过程与结果，以确保模型的改进不仅在统计上可行，还在理论上是有合理解释的。以下是一些常见的修正方法。

1. 简化结构模型

采用简化结构模型的策略被证明是一种有效的方法。该策略始于一个相对简单的模型，其中可能包含较少的潜在变量关系路径，这有助于建立一个基准。随后，通过逐步增加潜在变量之间的关系路径，并在每一步进行适配度测试，可以更全面地了解模型的复杂性。每次增加的关系路径应基于研究问题的理论框架，以确保改进是有合理解释的。这一策略通过保持模型的可解释性和理论基础，有助于防止过度拟合，使 SEM 更符合实际情况，提高了模型的解释力和泛化能力。

2. 删除因子载荷较低的潜变量或显变量

可以考虑删除因子载荷较低的潜变量或显变量，以提高模型的适配度。低因子载荷可能表明该变量对潜在特征的解释较弱，删除这些变量有助于简化模型结构。删除变量时要谨慎，确保删除的变量在理论上是合理的。

3. 基于修正指数的路径调整

根据修正指数 M.I.值进行修正是一项关键策略。通过寻找最大的 M.I.值，即大于 10 的潜在优化潜力，可以确定最有可能的改进路径。随后，针对具有最大 M.I.值的变量关系，考虑连接这些变量，即对它们之间的参数进行自由估计，以增强模型的灵活性和适配度。然而，在进行连接时，必须谨慎遵循 SEM 的基本假定，确保变量关系在理论上是合理的，且不违背模型结构。最终，这一策略有助于 SEM 更好地适应实际数据，提升模型的解释力和适用性。

4. 整体模型的合理性分析

若修正后仍未达到适配度标准，需全面考虑整体模型的合理性。检查模型的基本假设是否符合实际情况，关注问卷质量和样本数据的有效性。不要仅仅为了提高适配度而强行修正，而是要全面评估理论假设、问卷设计、样本数据等多个方面。

通过以上策略，可以更全面地应对结构方程模型适配度不足的情况，确保模型的修正是合理且理论基础充分的。

8.5 其他注意事项

数据预处理在结构方程模型的实证研究中扮演着至关重要的角色，直接关系到模型的有效性和解释性。数据预处理包括以下几个方面。

（1）样本量。在 SEM 分析中，样本量的大小对于模型的稳健性和可靠性至关重要。通常建议采用较大的样本量，一般要求样本个数是显变量个数的 10～20 倍，以确保分析结果的可信度和模型的泛化能力。

（2）数据审核与一致性检查。在 SEM 的应用中，数据审核着重于检查数据的一致性、完整性和逻辑性。这包括核实数据录入的准确性，检查变量间是否存在不合理的关系或矛盾，以及确保所有变量在不同数据记录间与预期逻辑一致。通过数据审核，可以早期识别并修正数据录入错误或理解偏差。同时，一致性检查确保跨时间点或跨来源的数据在整合时保持内在一致性，避免因数据不匹配导致读取错误。

（3）变量操作与选择。在建模前，需要进行适当的变量操作，如标准化、转换等，以确保不同度量尺度的变量在同一尺度上进行比较。同时，选择合适的变量也是必要的，以确保模型涵盖了关键因素。

（4）数据分布与正态性检验。数据分布对于结构方程模型的假设是重要的。检验数据的正态性有助于验证是否满足模型的基本假设，为后续的分析提供可靠的数据基础。如果数据不符合正态分布，可以考虑采用转换方法或非参数方法来调整数据的分布。

商业实训

广告效果的结构方程模型分析

读者可轻轻刮开封底的刮刮卡，扫码获取该实训项目及数据。教师如有需要，可登录教学实训平台（edu.credamo.com），在课程库中搜索课程“商业数据分析与实训”，根据需要选择相应的课程后，按照第三章介绍的方法，导入到“我的课程”教师端并组织班级学生加课学习。

本章的案例仍然沿用前面章节中的广告案例，具体操作步骤如下。

1. 构建理论模型

根据研究问题与理论基础构建假设模型，提出潜变量之间的假设关系，并编制问卷对相应的潜变量进行测量，在问卷前测的基础上收集样本数据，并对样本数据的正态性等问题进行检验。

2. 创建并绘制模型图

在 Credamo 见数平台的结构方程模型分析功能中，选择“新建项目”并设置模型信息，包括标题和简介，然后关联相应的问卷数据并单击“确定创建”，即可继续进行模型分析，具体见图 8-3。

图 8-3　创建结构方程模型

进入平台结构方程模型分析页面后，可以单击左上角的椭圆形，将其拖放到图形界面的相应位置，然后双击椭圆形进行命名，以表示结构方程模型中的潜在变量，例如说服力、信息性、趣味性和购买意愿。接着，根据假设关系，使用单向箭头将潜在变量连接起来，从而完成结构模型的构建。对于与潜在变量相关的显性变量，可以在操作界面的左侧栏中找到它们，这些显性变量都是直接从问卷数据中导入的。

首先，单击左侧栏中的显性变量，然后单击操作界面上对应的潜在变量，即可建立显性变量与潜在变量之间的关联。重复此操作，直至根据理论模型完成对结构方程模型的构建，如图 8-4 所示。细心的读者可能会注意到购买意愿只有两个测度项，这种情况也是允许的，只要确保模型中至少有一个潜在变量的测度项有三个或三个以上即可。这里需要说明的是，关于结构方程模型中的一些基本设定，例如显变量误差项、内生潜变量的残差项、潜变量的一个因子载荷设定为 1、外生潜变量需要两两进行关联等，在

图 8-4 的模型中都没有设置，因为这些设定在 Credamo 见数平台中是默认的，所以不需要再进行设定。在检查模型无误后，单击右上角的计算图标，即完成对模型的检验与估计。

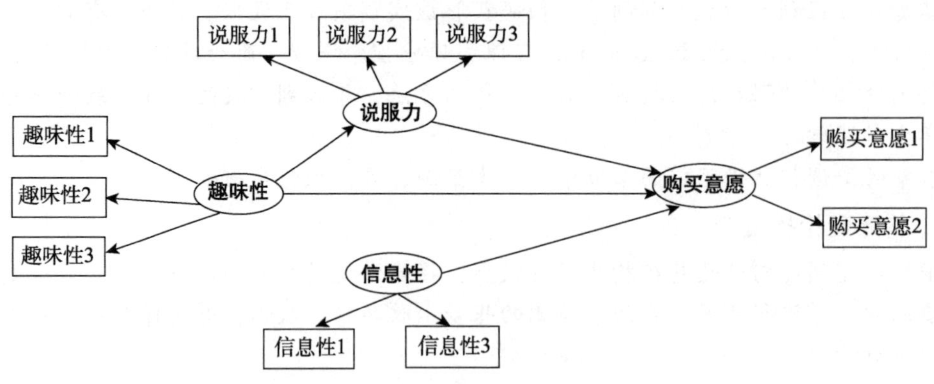

图 8-4　模型绘制结果

3. 模型的估计与检验

当结构方程模型设定好后，平台会估计出模型的相应参数，包括模型整体的适配度、因子载荷、路径系数、显著性水平等，如图 8-5 所示。图中有的路径系数大于 1，是因为显示的是为标准化的系数。具体参数指标以及显著性水平等，可以通过图标下载 Excel 表格得到。

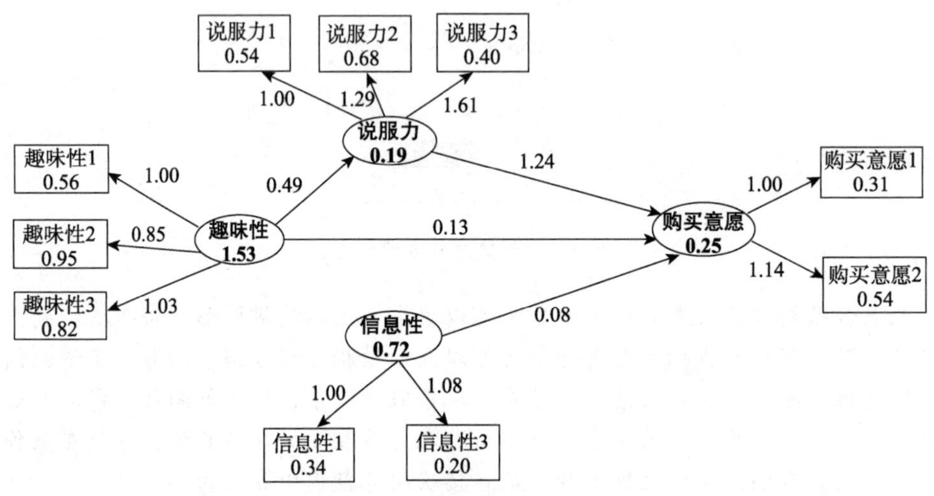

图 8-5　模型分析结果可视化

如表 8-3 所示，Value 表示的是路径系数的非标准化估计值，SE 是标准差，*Z*-score 是 *Z* 检验的值，以及最后的 *p* 值（0 表示 *P* 值远小于 0.001）。由表 8-3 可知，在假设模型中，有两个路径系数是显著的，包括趣味性对说服力的影响，以及说服力对购买意愿的影响。

表 8-3 结构方程模型分析结果（部分）

lval		rval	Value	SE	*Z*-score	*p*-value
说服力	←	趣味性	0.494	0.0519	9.506	0.000
购买意愿	←	信息性	0.081	0.089	0.906	0.365
购买意愿	←	说服力	1.239	0.192	6.455	0.000
购买意愿	←	趣味性	0.130	0.115	1.128	0.259

其他方面的模型分析，包括验证性因子分析、模型的修正等，感兴趣的读者可以根据案例数据自己尝试完成。

第 9 章

非结构化数据分析

在当今数字化时代，企业面临着海量的非结构化数据，这些数据蕴含着丰富的信息和内涵，对商业决策产生着重要影响。本章将引领我们进入非结构化数据分析的领域，探索如何从文本、图像、音频和视频等多维度数据中提取关键内容。无论是通过文本情感分析来捕捉用户对产品的真实反应，还是以图像识别技术来识别潜在的市场机会，非结构化数据分析都将成为塑造企业成功的重要工具之一。我们将通过深入研究非结构化数据类型，挖掘隐藏在数据背后的故事，了解客户需求、市场趋势和产品创新的方向，学习如何应用适当的工具和技术来处理这些多样化的数据类型，从而使我们以更全面的视角来理解商业世界，作出更明智的决策。

9.1 非结构化数据

非结构化数据是指不具有固定格式和结构的数据，其内容不适合传统的关系型数据库表格存储。相对于结构化数据，非结构化数据更加自由，能够包含各种类型的信息，如文本、图像、音频和视频等。这种数据形式在今天的商业环境中日益重要，因为它能够提供更丰富、多样化的信息，从而为企业决策带来更全面的视角。

9.1.1 非结构化数据概念与类型

非结构化数据的多样性为企业带来了宝贵的洞察力，使我们能够从多个视角深入了解用户行为、市场趋势以及潜在商业机会。不同类型的非结构化数据各具特点，为我们提供了丰富的信息资源，下面将更详细地介绍这些数据类型及其特点。

1. 文本数据

文本数据是最常见的非结构化数据类型，涵盖了各种形式的文字信息。这些数据呈现了用户在不同情境下的表达方式，从个人观点到专业见解，涵盖了各行各业的交流内容。可以通过自然语言处理技术对文本数据进行情感分析，洞察用户在文字中所表达的情感状态，如积极、消极或中性。此外，文本分类技术能够将文本数据归类到不同的主题或类别中，帮助企业更好地理解用户兴趣和关注点。关键词提取方法则有助于抽取出文本中的关键词，揭示出用户讨论的热门话题，进而捕捉市场的动态变化。随着自然语言处理技术的不断发展，企业能够更深入地理解用户的观点和市场的动向，从而更精准地调整产品、服务和营销策略，文本数据的分析带来了深入见解，能够为商业决策提供更全面、准确的支持。

2. 图像数据

图像数据涵盖了静态图像、照片、图表和图标等多种形式。作为一种直观的信息传达方式，图像具有无须语言解释即可传递的能力，能够传达丰富的视觉信息。随着图像识别技术的不断进步，计算机能够理解和解释图像中的内容，从而赋予图像数据更大分析和应用的可能性。图像识别技术能够识别图像中的物体、场景、人物等要素，为企业提供了从图像中获取信息的新途径。通过分析产品或品牌在社交媒体上的图像传播，可以了解其知名度、受欢迎程度和用户情感反应。在电子商务中，分析产品照片中的特点和风格，可以帮助企业了解用户的审美趋势和偏好，从而优化产品设计和推销策略。图像数据是一种具有广泛应用潜力的非结构化数据类型，在多个领域为企业提供了直观和有力的信息，图像数据的分析不仅能够揭示用户对视觉内容的喜好和反应，还有助于指导创新、市场营销和客户体验的策略制定。

3. 音频数据

音频数据是一类包括语音、音乐等多种声音形式的非结构化数据。声音作为一种情感表达工具，能够携带情感、语气和声音特征，因此音频数据的分析可以揭示出用户的情感状态、情绪变化以及声音背后的含义。在音频数据分析中，语音识别技术发挥着重要作用。通过语音识别技术，声音可以被转化为可分析的文本数据，使我们能够对音频内容进行更深入的研究和洞察。例如，在客户服务领域，语音识别技术能够将电话客服录音转化为文本，帮助企业分析客户的问题和情绪，从而优化客户体验。通过对声音的分析，企业可以更深入了解用户的反应和情感，从而调整产品、服务和策略以满足用户需求。同时，音频数据的分析还能为企业提供更深刻的洞察，帮助企业把握商机，优化运营和提升用户体验。

4. 视频数据

视频数据涵盖了多种形式，包括动画、广告、教学视频等，是一种多模式信息载体。视频数据的分析技术能够帮助我们深入了解用户对内容的观看行为、情感反应和互动方式。在广告领域，视频广告的分析可以揭示出受众对不同广告创意的反应，帮助广告商了解哪些元素能够更吸引用户的注意力。视频数据分析在多个领域中都具有重要价值。通过观察用户在视频中的观看时间、暂停次数、互动行为等，可以了解他们对内容的关注点和兴趣点。情感分析技术可以揭示出用户在不同视频内容下的情感体验，从而指导内容创作和策略调整。视频数据的分析对于了解用户喜好、反应和行为方式具有重要作用，帮助企业更好地满足用户需求，提升用户体验，以及制定更具针对性的营销策略。

9.1.2　非结构化数据的特点

1. 多样性与复杂性

非结构化数据的多样性是其鲜明的特点之一。这些数据可以以多种形式存在，包括但不限于文字、图像、声音和视频。文本数据可能涵盖了从长篇文章、博客帖子到短评、推文等各种内容。图像数据则可以是照片、绘画、图表、图标等。音频数据包括语音记录、音乐片段、广播节目等。视频数据可能涵盖广告、短视频、电影等。随着数据多样性的增强，数据的复杂性也相应提升。不同类型的数据在结构、内容和表达方式上都具有差异，因此需要采用适合特定数据类型的分析方法。文本数据可能包含丰富的语义信息，需要通过自然语言处理技术进行分析。图像数据可能涉及物体检测、图像识别和情感分析等方法。音频数据的分析可能需要应用音频信号处理技术和情感识别技术。这种多样性和复杂性要求分析人员具备广泛的技能和知识，以便从不同类型的数据中提取有用的信息。

2. 格式自由

非结构化数据的另一个关键特点是其缺乏固定的格式或模式。文本数据的格式可以多种多样，从长篇文章到简短的社交媒体评论。图像数据可以是任意尺寸和分辨率的图片。音频数据可能包含不同的语速、音调和背景噪声。多种格式意味着很难采用传统的数据库表格来存储和管理这些数据，而需要采用更灵活的存储方法，如文档数据库或对象存储。在分析过程中，这种自由格式也需要适应性强的分析方法。传统的结构化查询语言（SQL）可能无法直接适用于非结构化数据，因此需要使用文本分析、图像处理、音频处理等特定的技术和工具。同时，数据清洗和预处理步骤也需要针对不同类型的数据格式进行调整，以确保数据的准确性和一致性。

3. 数据源广泛

非结构化数据的多样性不仅体现在数据类型上，还表现在数据源的广泛性上。这些数据可以来自各种渠道和平台，涵盖了多个方面的用户交互和行为。社交媒体平台是重要的数据来源，用户在这些平台上分享文本、图像和视频，揭示了他们的观点、兴趣和情感。网站访问日志和点击流数据提供了关于用户在互联网上的行为信息，如访问频率、停留时间和点击路径。

移动应用产生的数据可以包括位置信息、设备信息和用户行为，帮助了解用户的移动行为和偏好。这些广泛的数据源使非结构化数据能够更全面地反映用户行为和市场趋势。通过综合分析来自不同渠道的数据，企业可以更好地了解用户的全面行为，从而更准确地预测市场需求、改进产品设计和优化营销策略。

4. 信息丰富度高

非结构化数据的信息密度远高于结构化数据，这是其独特之处。一篇文章可能不仅仅包含文本内容，还包括作者情感、读者评论和主题关键词等信息。一张图像可能传达了物体、色彩、情境、情感等信息。音频和视频数据中除了声音和视觉外，还包含了语气、音调和场景等维度的信息。这种信息的丰富性使得非结构化数据分析更有价值。通过从多个维度分析数据，可以揭示出更深层次的见解。例如，通过分析文本数据的情感、主题和关键词，可以了解用户对产品的态度、兴趣点以及热门话题。图像数据的分析可以揭示出用户对不同产品特性的喜好，从而优化产品设计。音频和视频数据的分析可以帮助了解用户对内容的情感反应，进而优化广告和宣传策略。

综上所述，非结构化数据的概念在于它们不受固定格式的限制，具有多样性、复杂性和信息丰富度高等特点。了解这些特点将有助于我们选择适当的分析方法和工具，从中挖掘出有价值的见解，为商业决策提供更加全面的支持。

9.1.3 非结构化数据的作用

（1）支持智能决策制定：非结构化数据分析能够提供更全面、多维度的信息，帮助决策者更准确地了解市场、用户和业务状况。通过分析文本、图像、音频和视频等数据，决策者可以获取深入的市场洞察，从而在制定战略、规划业务方向时作出更明智的决策。这种全面性的信息支持有助于降低决策的风险，并能够更好地适应变化的市场环境。

（2）优化用户体验与满意度：非结构化数据分析可以帮助企业深入了解用户对产品、服务和品牌的反应和期望。通过分析用户在文本、图像和声音中表达的情感、意见和需求，企业可以改进产品设计、提升服务质量，从而增强用户体验和满意度，深度的用户分析有助于建立更紧密的用户关系，促进用户忠诚度和口碑传播。

（3）发掘市场趋势与机会：非结构化数据分析能够帮助企业及时发现市场中的新趋势、机会和变化。通过分析社交媒体、新闻、评论等数据，企业可以洞察到用户的兴趣演变、行为模式变化，从而在市场中抓住新兴需求和未来趋势。这种敏锐的市场洞察能够为企业的创新和战略规划提供宝贵的参考。

（4）提升营销效果与推广策略：非结构化数据分析可以揭示用户对广告、营销活动和品牌传播的反应。通过分析用户在各种数据类型中的互动和情感，企业可以优化广告投放策略，提高推广效果和品牌影响力。此外，对用户喜好和口碑的深入了解，还可以帮助企业精准定位目标受众，制定更具吸引力的营销策略。

综上所述，非结构化数据分析在支持智能决策制定，优化用户体验与满意度，发掘市场趋势与机会，提升营销效果与推广策略方面发挥着关键作用。通过充分挖掘和利用非结构化数据的潜力，企业可以更加敏捷地应对市场变化，创造价值，保持竞争优势。

9.2 文本数据分析

9.2.1 文本数据介绍

商业领域中的文本数据来源广泛，涵盖了多个场景，这些文本数据包含了丰富的信息，具有重要的商业价值。以下是商业领域中文本数据的一些典型场景和来源，以及它们所具有的商业价值。

（1）客户反馈和评论方面，用户在产品评论、客户服务交流、社交媒体上发布的文本评论和反馈是一种常见的文本数据来源。商业价值体现在了解客户满意度、产品改进、提升客户体验、快速响应投诉等方面。

（2）社交媒体数据也是一种典型的文本数据，社交媒体平台上的文本数据包括用户发表的帖子、评论、分享等，这些数据可以用于了解品牌声誉、社交趋势、市场反应，帮助企业进行社交媒体营销和声誉管理。

（3）市场调研和报告是商业信息的重要来源，市场研究公司生成的报告、行业分析和市场趋势预测等文本数据对企业的市场战略和竞争情报至关重要。它们有助于企业了解市场机会、风险和竞争格局。

（4）商业数据分析中文本数据的重要来源是通过调查和问卷所获得的数据，企业通常会进行用户调查和问卷调研，以收集用户对产品、服务和品牌的意见和需求。这些调查收集的文本数据包括用户评论、建议、反馈和评价，可以用于产品改进、市场定位和用户体验优化。商业价值在于更好地满足客户需求，提高产品和服务的质量。

9.2.2 文本数据分析方法

当进行商业数据分析中的文本数据分析时，通常需要经历以下一系列步骤，以有效地从文本数据中提取有用的信息并进行处理。

1. 数据收集

文本数据分析的第一步是确定并获取合适的数据源。这些数据可以包括客户评论、社交媒体帖子、新闻文章、调查问卷等。数据的质量和多样性对分析的有效性至关重要。一旦数据源确定，就需要使用合适的方法来收集数据，这可能涉及网络爬虫、API（应用程序编程接口）等技术。在数据收集过程中，还需要对数据进行清理和预处理，去除噪声、处理缺失值以及转换文本格式，以确保数据质量。

2. 文本预处理

获取文本数据后，下一步是对数据进行预处理。这包括分词，将文本分解为单词或短语的序列，以便进一步分析。然后，通常需要移除停用词，这些是在文本分析中没有实际意义的常见词汇。另外，进行词干提取或词形还原，将单词还原为其原始词根形式，以降低词汇的多样性。清理和规范化文本也是重要的一步，包括去除特殊字符、标点符号，并确保一致性。

3. 特征提取

文本数据通常不能直接用于分析，因此需要将其转化为数值特征。这一步叫作特征提取。常用的特征提取方法包括词袋模型（Bag of Words Model）、TF-IDF（term frequency-inverse document frequency，词频-逆文档频率）以及词嵌入（word embeddings）。特征提取是文本数据分析过程中的关键步骤，经过特征提取才能够有效进行下一步的文本分析。

4. 文本分析技术

文本数据准备好，就可以应用各种文本分析技术来挖掘信息。

（1）情感分析，用于确定文本中的情感极性，例如正面、负面或中性情感。主题建模可以帮助发现文本数据中的主题或话题。

（2）文本分类，可以将文本分为不同的类别或标签，如垃圾邮件过滤或新闻分类。此外，关键词提取有助于确定文本中最重要的关键词或短语。

（3）实体识别，用于识别文本中的命名实体，如人名、地名和组织名称。

5. 文本数据可视化

分析后的结果通常需要以可视化的方式呈现，以帮助更好地理解和传达见解。这可以包括使用词云、条形图、热图等数据可视化工具。同时，解释分析结果也非常重要，以提供关于文本数据中发现的模式和趋势的解释。

6. 结果应用和反馈

最终的分析结果应用于业务决策，如产品改进、市场战略制定、客户支持优化等。同时，需要持续监测文本数据并反馈结果，以确保分析的有效性和实时性。这个过程有助于企业更好地适应市场变化，提高竞争力，实现持续增长。

9.2.3　文本数据分析的应用

文本数据分析在商业领域中展现了广泛而深刻的应用，其重要性日益凸显。文本分析的多样化应用成为企业智能决策、市场洞察和业务提升的重要组成部分。这种分析方法不仅可以帮助企业更好地了解市场和客户，还可以改善产品和服务，提高客户满意度，以及增强竞争力。因此，文本数据分析已经成为现代商业决策的重要驱动力，为企业创造了更多机遇和更大成功的可能性。具体而言，文本数据分析的应用可以体现在如下方面。

1. 词云图

词云图是文本数据分析中的一项强大工具，它以视觉方式呈现文本中的关键词汇或短语，因而在商业领域中有广泛应用。生成词云图的步骤包括数据准备、词频计算、词汇筛选和词云生成。词云图的视觉吸引力使其在传达信息时非常有效。通过使用不同的颜色和字体大小来突出显示高频词汇，词云图强调了文本中的关键信息，帮助用户迅速识别文本的主题和重要词汇，如图 9-1 所示。

图 9-1　词云图示例

对于词云图的生成，一般需要以下步骤。

（1）准备文本数据集，这可以是客户评论、社交媒体帖子、新闻文章等。文本数据应该经过预处理，包括分词、去除停用词、词干提取或词形还原等，以确保数据的质量和一致性。

（2）对词频进行计算，即对每个词汇或短语在文本数据中的出现频率进行计数。这可以通过简单地统计每个词汇在文本中出现的次数来实现；接下来进行词汇筛选，为了生成词云，通常需要选择一定数量的关键词汇或短语，以便在可视化中呈现。通常，选择词频最高的前 N 个词汇，这可以根据具体需求进行调整。

（3）进行词云生成，一旦确定了要呈现的关键词汇，就可以在商业数据分析实训平台中生成词云图。词云图会根据词频和重要性将关键词汇布局在图像中，使频率高的词汇更大、更显眼，频率低的词汇较小或隐藏。

2. 文本相似度分析

文本数据分析中的相似度分析是一项关键任务，它在商业领域有广泛的应用。这项技术的主要目标是测量文本数据之间的相似程度，以便帮助用户发现相关文本、建立关联或进行更深入的分析。

文本相似度计算常见的原理是利用词向量之间的余弦值来确定两个文本之间的相似程度。在进行文本相似度计算时，首先需要将完整的文章或句子使用分词算法划分为独立的词汇集合。然后，使用TF-IDF方法对分词结果进行计算，为每个分词分配一个TF-IDF值，将文本转化为分词向量。最后，将这些分词向量代入相似度计算模型，通过计算它们之间的余弦值来确定文本的相似度。这种方法允许我们量化文本之间的相似性，并在信息检索、推荐系统和自然语言处理等领域中广泛应用。

常见的文本相似度计算方法涵盖了多种技术，其中包括最小编辑距离、欧氏距离（Euclidean distance）以及余弦相似度等。这些方法在不同的应用场景中都发挥着重要的作用，帮助我们度量文本数据之间的相似性，从而支持各种文本分析任务。

最小编辑距离是一种用于计算两个文本字符串之间的相似度的方法。它衡量了将一个字符串转换为另一个字符串所需的最小编辑操作数量，包括插入、删除和替换字符。这个距离可以用于拼写纠正、字符串匹配和文本相似性比较等任务。通过计算最小编辑距离，可以确定两个字符串之间的相似性程度。

欧氏距离是一种用于计算两个文本数据点之间的距离的方法。在文本分析中，通常将文本表示为向量，每个分量对应于一个特定的特征或词汇。欧氏距离衡量了两个文本向量之间的几何空间距离，可以用于文本聚类、分类和检索等任务。较小的欧氏距离表示两个文本在特征空间中更接近，从而表明它们更相似。

余弦相似度是一种用于比较两个文本向量之间的相似度的方法。它基于向量的夹角余弦值，衡量了两个文本向量之间的方向相似性。余弦相似度广泛用于文本分类、信息检索和推荐系统中。较高的余弦相似度表示两个文本向量之间的夹角更接近于 0 度，从而表明它们更相似。

假设我们有两个 N 维向量 $\boldsymbol{A}$ 和 $\boldsymbol{B}$，表示两个实例在欧几里得空间中的位置为

$$A = (a_1, a_2, \cdots, a_N)$$
$$B = (b_1, b_2, \cdots, b_N)$$

则 $\boldsymbol{A}$ 与 $\boldsymbol{B}$ 的欧氏距离为

$$\text{distance} = \sqrt{(\boldsymbol{A}-\boldsymbol{B})*(\boldsymbol{A}-\boldsymbol{B})^{\mathrm{T}}} = \sqrt{\sum_{i=1}^{N}(a_i - b_i)^2}$$

上述 N 维向量 $\boldsymbol{A}$ 和 $\boldsymbol{B}$ 的余弦相似度为

$$\text{similarity} = \cos(\theta) = \frac{\boldsymbol{AB}}{\|\boldsymbol{A}\|\|\boldsymbol{B}\|} = \frac{\sum_{i=1}^{n} A_i B_i}{\sqrt{\sum_{i=1}^{n}(\boldsymbol{A}_i)^2} \cdot \sqrt{\sum_{i=1}^{n}(\boldsymbol{B}_i)^2}}$$

3. 情感分析

文本情感分析，也被称为情感检测，指的是利用自然语言处理、文本挖掘和计算机语言学等技术，对充满情感和主观性的文本进行系统分析、处理、总结和推断的过程。随着移动互联网的广泛普及，人们习惯于在网络上表达自己的观点和情感，如在电商网站上对产品的评价、在社交媒体上对品牌和产品的评价等。这些文本评论和观点中蕴含着巨大的商业价值。例如，一家品牌公司可以分析社交媒体上广泛用户对其品牌的评价，如果出现负面评价急剧增加的情况，便可迅速采取相应的行动。因此，文本情感分析的主要应用场景之一就是对评论和观点的正面、负面或中性情感进行分类，如图 9-2 所示。

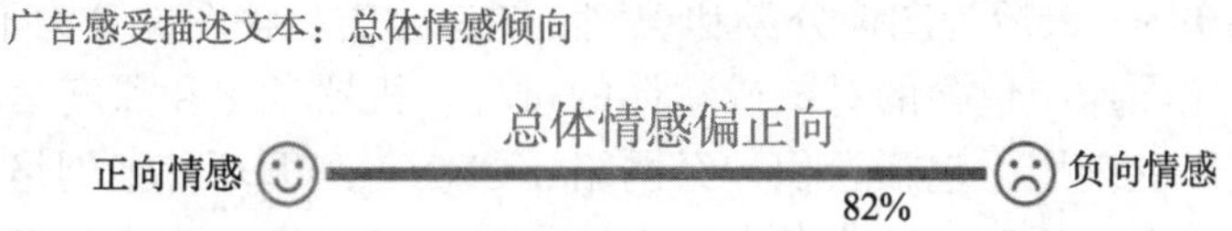

广告感受描述文本：总体情感倾向

总体情感偏正向

正向情感 负向情感

82%

图 9-2 文本数据情感分析

在常见的文本情感分析中，主要任务是对文本的情感极性进行分类，即判断文本表达的观点是积极的、消极的，还是中性的。更高级的情感分析方法还可以深入挖掘文本中的复杂情感状态，如识别出文本中的“快乐”“悲伤”“生气”等情感维度。这种情感分析技术在市场营销、品牌管理、用户体验改进等领域具有广泛的应用，帮助企业更好地理解消费者情感和需求，及时作出反应并改进业务策略。

9.3 图像数据分析

9.3.1 图像数据

在商业数据分析中，图像数据分析是一种重要的技术，旨在利用图像数据的信息来获得洞察力，帮助企业作出决策、改进产品和服务、提高效率以及优化客户体验。这一分析方法基于计算机视觉、图像处理和机器学习等技术，对图像进行处理和解释，以提取其中的有用信息和模式。

商业数据分析中的图像数据分析出现的场景多种多样，包括但不限于产品质量控制，通过监测制造过程中的图像检测任何潜在的缺陷，以提高产品质量。在零售领域，图像数据分析用于识别和跟踪产品，从而改善库存管理和客户购物体验。在市场营销方面，图像分析可评估广告效果和品牌知名度，指导市场策略。这些应用场景反映了图像数据分析在商业决策和运营中的重要性，其不仅提高了效率，还为企业提供了更大的洞察力和竞争优势。

9.3.2 图像数据分析方法

图像分析是一种过程，它旨在从数字图像中提取有意义的信息。这一过程主要依赖于数字图像处理技术，通过这些技术从数字图像中提取信息。所提取的信息可以包括图像的描述性数据，如颜色和亮度的分布，以及图像中不同区域或窗口的统计数据，如强度、矩（均值、方差）和积分图像等。这些信息的提取有助于识别图像中更复杂的结构和特征。提取的信息可以作为输入用于各种图像处理技术，如图像锐化、阈值化、平滑和边缘/轮廓增强等，以进一步提高图像的质量和可用性。

在商业数据分析中，图像分析方法体现在如下方面：首先是图像处理，其是图像分析的基础，涉及对图像进行预处理、增强和降噪等操作，以提高图像的质量和可用性。常见的图像处理技术包括滤波、直方图均衡化、边缘检测等。其次为图像特征提取，这是图像分析的关键步骤，它涉及从图像中提取信息的关键特征。这些特征可以是颜色、纹理、形状、边缘等。常见的特征提取方法包括灰度共生矩阵、局部二值模式、方向梯度直方图（HOG）等；最后为图像分类和识别，图像分类是将图像分为不同类别的过程，而图像识别是确定图像中包含的对象或物体的过程。机器学习和深度学习技术在图像分类和识别中得到广泛应用，包括卷积神经网络（CNN）和循环神经网络（RNN）。

在进行图像数据分析时，需要考虑技术、内容、可视化、情境和来源等多个层次。

在技术层次，其涉及选择适当的图像处理和分析技术，确保数据准确性和可靠性。它包括了算法的选择、参数调整和性能评估。

在内容层次，考虑的是从图像中提取出的信息，如物体识别、场景理解、情感分析等。这一层次关注图像分析的实际应用和结果。

在可视化层次，图像数据的可视化是将分析结果以可理解的方式呈现给决策者和利益相关者的过程。这包括图表、图形、热图等可视化工具的使用。

在情境层次，需要考虑到图像数据的使用情境，包括应用环境、用户需求和业务目标。不同的情境可能需要不同的分析方法和结果呈现方式。

在来源层次，图像数据的来源多种多样，可以来自摄像头、传感器、卫星、社交媒体等。在这一层次，需要考虑数据的来源和获取方式，以确保数据的可用性和准确性。

9.3.3 图像分析的应用

商业数据分析中的图像分析具有广泛的应用，视觉内容在多个阶段影响消费者的信念、偏好和决策。下面以一个品牌管理中的图像分析的示例，介绍图像分析的过程及作用。

一家国际知名的公司希望更好地管理其品牌声誉和社交媒体上的形象。它想要监测用户在社交媒体上发布的图像和与其品牌相关的内容，以了解用户对公司产品的反应和看法。为了实现这一目标，该公司采用了图像分析技术，建立了一个自动化的社交媒体监测系统，该系统定期收集来自不同社交媒体平台的图像和相关文本。

首先，通过对社交媒体上发布的图像进行深度分析，公司可以自动识别并确认图像中是否包含与它的品牌、产品或商标相关的元素。这项技术的关键在于其能够高效地识别图像中的特定特征或模式，从而帮助公司监测和管理其在社交媒体上的品牌形象。无论是在品牌管理、市场营销还是消费者反馈方面，图像识别都具有重要的应用潜力，有助于企业更好地理解其在数字时代的存在和影响。

其次，通过分析社交媒体上的图像和相关文本，公司可以监测市场趋势的变化和演变，可以识别出消费者对特定产品或服务的兴趣，了解新兴趋势，以及跟踪季节性和地区性市场波动。这有助于公司及时调整其战略、满足市场需求。

最后，通过分析用户在社交媒体上发布的图像和相关文本，公司可以更深入地了解消费者的需求和偏好。它可以发现用户在实际使用产品或服务时的体验，识别用户对产品的好评和抱怨，以及捕捉到用户的情感反应。这些信息有助于公司改进产品设计、提升客户体验，并定制更符合市场需求的营销活动。

综上所述，通过图像分析，这家公司能够及时了解用户的情感反应和反馈，可以迅速采取行动来解决问题或改进产品，并且可以准确识别品牌标识的滥用情况，维护了品牌声誉和知识产权。同时，通过分析市场趋势，公司能够更好地规划营销策略和产品开发，提高了社交媒体上与客户的互动，增强了品牌的知名度和忠诚度。

9.4　音频数据分析

9.4.1　音频数据

音频数据分析是商业数据分析中的一个重要的领域，它涉及对声音和音频文件的处理、理解和提取有价值信息的过程。音频数据是指声波信号的数字表示，通常以数字音频文件的形式存在，这些文件包含了声音的振幅和频率信息，可以包括语音、音乐、广播、录音、音效等。音频数据具有时间序列的特性，其声音信号随着时间的推移而变化。

在商业领域，音频数据分析具有较为广泛的应用。首先，企业可以分析电话录音或客服呼叫中的音频数据，以监测客户与客服的交互，了解客户满意度，并自动检测客户情感，以此评估服务质量。其次，在广告和市场营销方面，音频数据分析可用于监测广播广告和数字媒体广告的效果，企业可以分析广告中的声音元素，了解受众反应，评估广告效果，优化广告内容和投放策略。最后，可以进行音频挖掘和大数据分析，企业可以分析大量音频数据以发现模式、趋势、市场洞察和新机会，这将会在市场调研和业务决策中发挥作用。

9.4.2 音频数据分析方法

在目前的商业数据分析中，音频数据分析的过程需要使用语音识别技术，语音识别技术主要包括语音数据预处理、特征参数提取技术、模式匹配及模型训练技术。语音识别技术旨在通过计算机算法和模型，将说话者的语音信号转化为文字文本。这项技术不仅可以识别语音中的单词和短语，还可以理解语法、语气和口音等方面的信息，如图 9-3 所示。

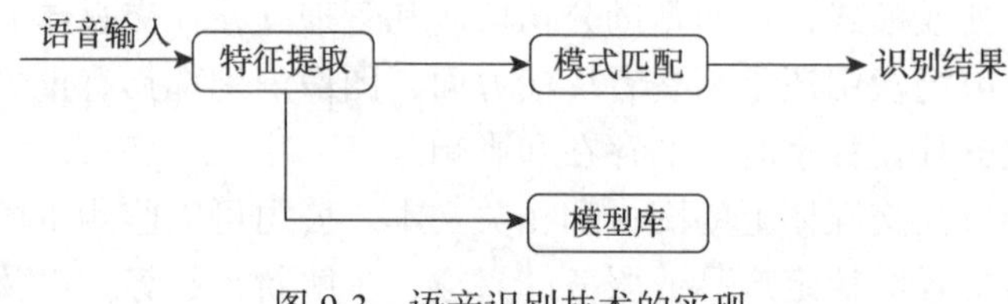

图 9-3 语音识别技术的实现

1. 语音数据预处理

选择识别单元是语音识别研究的第一步。语音识别单元有单词（句）、音节和音素三种，具体选择哪一种由实际研究任务决定。音素是语音的最小单位，通常是发音中的音节或声音的基本构建块。语音识别系统会尝试将语音信号分割成连续的音素序列，以识别所说的单词和短语。对于词单元提取，在一些应用中，识别的单位可以是整个单词或短语。这要求识别系统识别并区分不同的词汇。然后对语音进行预处理，检查首尾端是否存在静音部分，如有，将静音切除，以降低对后续步骤造成的干扰。接下来进行声音分帧，即把声音分割成一小段（每一小段称为一帧，毫秒级），使用移动窗函数来实现。

2. 特征参数提取技术

语音信号中含有丰富的信息，特征参数提取是对语音信号进行分析处理，去除对语音识别无关紧要的冗余信息，而获得影响语音识别的重要信息。

梅尔频率倒谱系数（MFCC）是最常用的语音特征提取方法之一。它首先将语音信号分成短时间窗口，然后计算每个窗口的频谱特征，接着将频谱特征映射到梅尔频率刻度上，并最终计算出每个窗口的 MFCC 特征，这些特征用于语音识别模型的输入。除此之外，需要关注声道参数与基频。声道参数包括声道长度、声带张开度和声带张紧度等声学特征，这些参数提供了有关语音信号来源的信息。基频是声音振动的频率，对于语音识别中的音高和语气分析非常重要。

3. 模式匹配及模型训练技术

模型训练是一项过程，其目的是根据特定准则从大量已知的模式中学习并获取模型参数，以便准确地表示模式的本质特征。而模式匹配则是根据一定的规则和标准，将未知的模式与模型库中的某一模型进行匹配，以获得最佳匹配结果。在语音识别领域，一旦语音单元被识别出来，就会生成一组规则，这些规则用于根据语言模型的知识来选择正确的字词或短语，从而形成合理的语句。语言模型基于语言学和语法知识，能够大幅减少识别搜索的计算量、提高识别的准确性。原始音频样本通常以一维时间序列信号的形式存在。虽然音频信号常常会被转换成二维的时频表示形式以便进行处理，但这两个轴（时间轴和频率轴）并不像水平轴和垂直轴那样均匀，它们在特性上是异质的。音频信号的处理通常是按时间顺序依次提取有关声音特征的信息。

9.4.3　音频分析的应用

在市场调研和商业数据分析中，音频分析可以应用于对品牌的访谈过程的录音分析。同样在前述过的例子中，该国际知名的公司想要了解其在全球市场中的品牌声誉如何，以及消费者对其产品和服务的看法。公司可以通过实地访谈和焦点小组讨论来收集音频数据，以此获得相关产品与服务的信息。

通过音频数据分析，该公司可以获得许多需要的信息，如情感分析：通过分析受访者的语音和语调，可以确定他们在讨论品牌时的情感状态，包括满意、不满意、兴奋、担忧等。这有助于评估品牌在不同市场中的情感声誉。

还可以将音频转换成文本，并提取出讨论中提到的关键词和短语，这些关键词可以帮助公司了解受访者最关心的品牌特性和议题。同时可以进行口碑分析：分析访谈中提到的具体产品、特性或服务，以了解哪些方面得到了积极的评价，哪些方面需要改进。

通过这些音频分析方法，公司可以获得有关品牌声誉、市场反馈和消费者需求的深入见解。这有助于指导品牌管理决策，改进产品和服务，提高市场竞争力。音频分析为市场调研和商业数据分析提供了一种强大的工具，以更好地理解和满足不同市场的需求。

9.5　视频数据分析

9.5.1　视频数据

商业数据分析中的视频分析是指利用计算机视觉和相关技术来处理和理解视频数据的过程。这包括从视频中提取信息、检测和跟踪对象、分析动作和情感以及生成有关视频内容的见解。

视频分析通常涉及对视频数据进行处理，包括视频的帧提取、解码和编码等。这些数据处理步骤使得计算机处理视频流并分析其中的内容。通过计算机视觉算法，可以检测视频中的对象并跟踪它们的运动。同时，视频分析还可以识别视频中的动作和行为，如人员的举止、交通流动模式或产品的制造过程。这有助于监控和改进业务流程。通过分析视频中参与者的面部表情、语音音调和语言内容，可以进行情感分析，以了解受众的情感状态。这在广告、市场研究和用户体验方面有广泛应用。

视频数据分析在商业数据分析领域具有广泛的应用，视频分析可以通过跟踪观众的观看行为和互动情况来评估广告的效果。例如，它可以分析广告观看率、观众的观看时长以及观众是否与广告进行互动，如点击链接或分享内容。这些数据有助于企业了解广告的影响力，从而调整广告策略，提高投资回报率。同时，随着社交媒体的兴起，视频内容在在线平台上的传播变得非常重要。视频分析可以追踪社交媒体上的视频内容，通过分析视频的分享率、评论和观众反馈，了解品牌或产品在社交媒体上的表现，这可以帮助企业了解它们的产品或品牌在不同社交媒体渠道上的曝光和影响力。

9.5.2 视频数据分析方法

视频数据分析的研究可以划分为三个核心领域，包括视频分析、视频抽象和视频检索。这些领域共同致力于解读和利用视频数据的各种视觉信息。

（1）视频分析。视频分析的目标是提取视频中的视觉特征，这些特征可以是一般性的，也可以是特定领域的。这些特征可以包括颜色、纹理、形状、人脸识别和人体运动等。通过视频分析，我们可以更深入地理解视频内容，为后续的处理和应用提供基础。

（2）视频抽象。视频抽象旨在生成视频内容的高级表示，类似于文本文档处理中的关键词或摘要提取。关键帧检测、镜头聚类和领域知识提取等任务视频抽象领域的重点，这有助于将视频数据转化为更具信息价值的形式，便于进一步分析和理解。

（3）视频检索。视频检索是一种交互式工具，基于数据库里提取的元数据，实现快速查询、搜索和浏览大规模视频数据库的目的。通过视频检索，用户可以更轻松地找到所需的视频片段或内容，这在各种应用中都具有重要意义。

对于视频数据分析，其使用计算机视觉、机器学习等相关技术来处理和理解视频数据，具体而言体现在如下方面。

1. 视频内容分析

视频内容分析是视频分析的核心部分。它涵盖了对象检测和跟踪、行为分析、目标识别和分类等任务。这些任务通过分析视频中的图像帧，识别和理解视频中的对象和动作。计算机视觉技术，如卷积神经网络和循环神经网络，在这个领域起着关键作用。

2. 封面选取

封面选取是指从视频中选择最具代表性或吸引人的图像帧，用于视频的预览或展示。这可以通过分析帧的内容和质量来实现，确保选取的封面有效地吸引观众的注意力。

3. 对比检索

对比检索是一种视频检索技术，它允许用户通过提供查询图像或视频来搜索包含相似内容的视频。这种技术可以在广告、版权保护、媒体库管理等领域有广泛的应用。它通常依赖于图像或视频特征的提取和相似性计算。

4. 运动分析与情感分析

运动分析涉及识别和跟踪视频中的运动对象，这对于监控、体育分析和虚拟现实等应用至关重要。运动分析可以通过比较连续帧之间的像素变化来实现，从而捕捉对象的运动轨迹和速度。

在视频中识别情感状态是一项有趣的技术，它涉及分析视频中的音频、面部表情和语言内容，以了解演员或观众的情感反应。这对于电影评价、广告评估和用户体验研究非常有用。

9.5.3 视频分析的应用

当涉及市场调研和商业数据分析时，视频分析在国际公司的市场活动中发挥了关键作用，以前述国际知名的公司作为示例，其依靠视频分析完成品牌监测活动：想要了解它在全球市场上的品牌形象如何，以便更好地调整其市场策略。公司收集了来自不同国家的社交媒体和在线视频平台上与其品牌相关的视频内容。随后，使用视频分析技术进行以下操作。

1. 内容分类与关联分析

通过先进的视频分析工具，公司能够对大量的视频内容进行有效分类，以区分与其产品、广告或品牌相关的视频。这种分类不仅帮助公司迅速定位与自身业务相关的内容，还能进行关联分析，了解不同市场或不同类型的视频在关注度和互动性方面的差异。

2. 情感分析与市场反应评估

利用情感分析，公司可以深入了解观众对其品牌的情感反应。通过识别观众表达的积极、中性和负面情感，可以了解不同市场或观众群体的情感趋势。这使公司能够根据市场的情感需求来调整其品牌策略。

3. 品牌可视度评估

视频分析还可以确定视频中是否出现了公司的商标、产品或标志。这项功能有助于公司评估其品牌在不同市场中的可视度水平。通过识别品牌元素的出现频率和方式，公司可以更好地了解其品牌在市场上的影响力和识别度。

4. 竞争对手分析与市场比较

可以使用视频分析来监测竞争对手的品牌活动，并与自身品牌形象进行比较。这种竞争对手分析有助于公司确定竞争对手在市场中的优势和劣势，并从中汲取经验教训，以制定更有效的市场战略。

通过视频分析，这家国际知名的公司能够深入了解不同市场中的品牌形象和市场趋势。这些认知有助于公司调整市场策略，提升品牌知名度，满足消费者需求，以在竞争激烈的全球市场中取得成功。

商业实训9-1

用户评价的词频统计与情感分析

读者可轻轻刮开封底的刮刮卡，扫码获取该实训项目及数据。教师如有需要，可登录教学实训平台（edu.credamo.com），在课程库中搜索课程“商业数据分析与实训”，根据需要选择相应的课程后，按照第三章介绍的方法，导入到“我的课程”教师端并组织班级学生加课学习。我们继续以“手机广告效果研究”问卷为例，以下将展示如何进行语音转文字、词云分析、情感分析等。

在实训平台的音频数据分析中，我们使用手机广告的案例来介绍。手机广告的质量会直接影响消费者的购买意愿和对品牌的推荐意愿。因此，我们尝试分析消费者在观看某手机广告后的感受。在问卷中询问了消费者观看广告后的感受，并通过录音题收集了消费者的语音资料。下面，将通过语音识别来实现将语音转化为文字。其具体操作步骤如下：在应用列表中找到语音识别后单击“立即使用”。接着选择“新建项目”，输入基本设置后，选择已有的包含录音题的问卷项目。在这里，选择“手机广告效果研究 V6.0”问卷。过程如图 9-4、图 9-5 所示。

图 9-4　选择语音识别功能

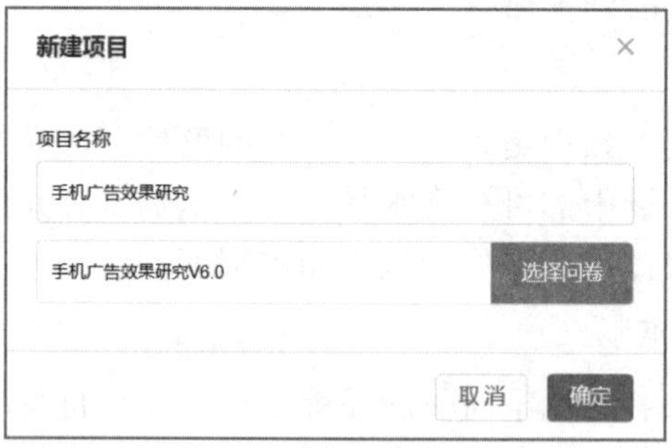

新建项目

项目名称

手机广告效果研究

手机广告效果研究V6.0　选择问卷

取消　确定

图 9-5　选择包含语音题的问卷

单击右上角“查看报告”，进入报告页。单击左上角“添加分析”，在弹出的配置框中，选择需要分析的录音题和目标语言，如图 9-6 所示，并单击“确定”按钮。

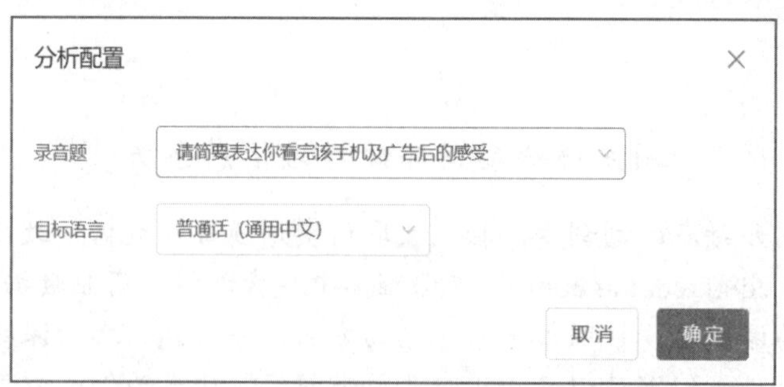

图 9-6　选择需要进行的语音识别的题目

成功添加分析后，状态栏将展示预计耗时，进度条将展示当前分析进度，如图 9-7 所示。如果数据量较大，分析可能耗时较长，请耐心等待。

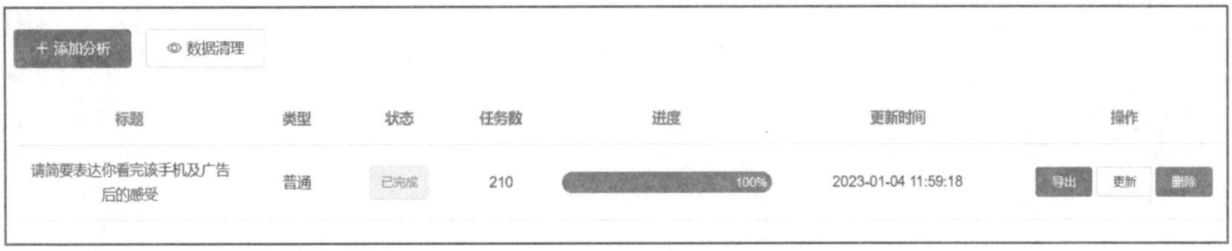

＋添加分析　　数据清理

标题	类型	状态	任务数	进度	更新时间	操作
请简要表达你看完该手机及广告后的感受	普通	已完成	210	100%	2023-01-04 11:59:18	导出 更新 删除

图 9-7　语音识别进度

分析全部完成后，单击右侧“导出”可将分析结果导出到数据清理页。可以单击左上角“数据清理”，回到数据清理页后，语音识别的结果将会自动生成在数据表最后一列中，然后对转化后的文字进行词云和情感分析。

我们在获得消费者看完手机广告后的感受的文本信息后，希望通过分析文本中的一些高频词来得到影响消费者感受的因素，以此来为未来的广告营销策略作出提升与改善。此时可以通过词云图来获得文本中的高频词，以下为具体操作：在建模分析页面中单击“自定义分析”，选择进入分析，在左侧栏新建或选择相应的分析组后，单击“添加分析”，并选择“词云图”，进入词云图分析配置界面并选择需要分析的本文内容。

1. 词云分析

在“建模分析”的界面中，选择“词云图”进行分析，得到词云图，如图 9-8 所示。

词云图

分析简介

以词云图的方式展示文本的不同频次。 了解详情 >

分析名称 *

词云图37

分析配置 *

选择分词变量

☐ 作答ID	☐ 用户ID	☐ 开始时间
☐ 结束时间	☐ 作答渠道	☐ 发布ID
☐ 问卷发布名称	☐ IP	☐ 经度
☐ 纬度	☐ 省份	☐ 城市
☐ 设备类型	☐ 操作系统类型	☐ 浏览器类型
☐ 屏幕分辨率	☐ 月收入	☐ 职业
☐ 手机品牌_其他	☐ 广告感受描述	☐ 图片识别题
☐ 图片标记1	☐ 图片标记2	☐ 是否愿意推荐
☑ 广告感受描述文本	☐ 图片识别题_classify	☐ 广告感受描述_ASR_rep0
☐ 广告感受描述_ASR_rep1		

图 9-8　选择词云分析

此外，在“自定义词语”框中，可以输入类似人名、地名的自定义词语，提升分词的准确率。在“停用词”框中，可以输入一些词语来避免它们出现在分词结果中，如图 9-9 所示。

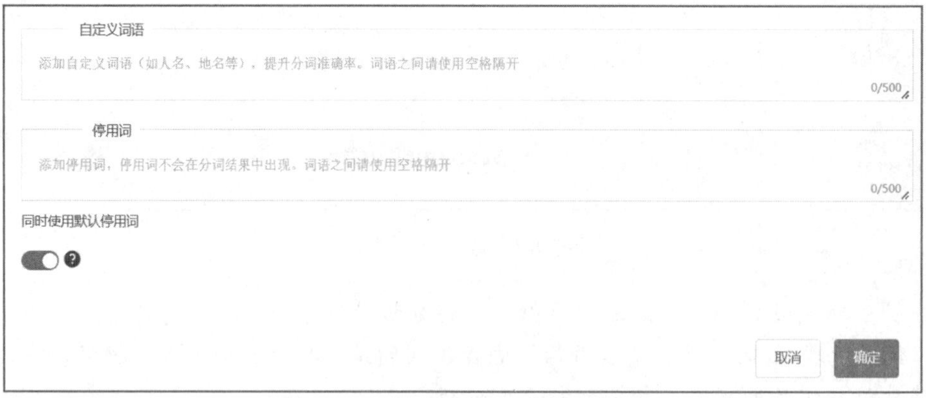

自定义词语
添加自定义词语（如人名、地名等），提升分词准确率。词语之间请使用空格隔开
0/500
停用词
添加停用词，停用词不会在分词结果中出现。词语之间请使用空格隔开
0/500
同时使用默认停用词
取消
确定

图 9-9　配置自定义词语与停用词

设置好后即可单击“确定”按钮，生成分析结果，如图 9-10 和图 9-11 所示。

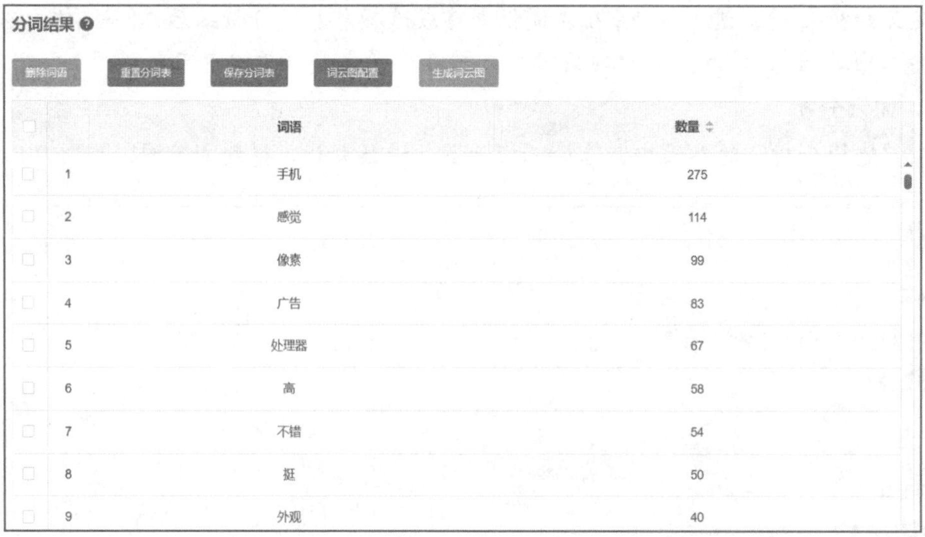

分词结果
删除词语
重置分词表
保存分词表
词云图配置
生成词云图

	词语	数量
1	手机	275
2	感觉	114
3	像素	99
4	广告	83
5	处理器	67
6	高	58
7	不错	54
8	挺	50
9	外观	40

图 9-10　词频列表

照片
不太
那种
很漂亮
六千
容量
电池容量
拍照
简洁
整体
介绍
感觉
外观
电池
配置
值得
清晰
质量
文字
内存
摄像
款式
拍摄
拥有
东西
七十

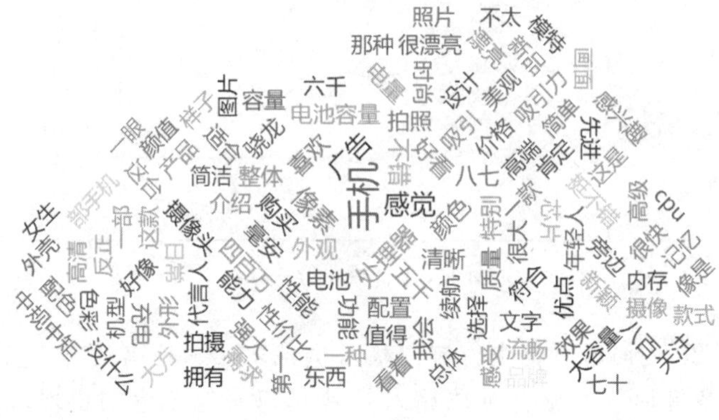

图 9-11　生成词云图

还可以在词频列表中删除一些常用词，或是信息量不大的词，如“手机”“感觉”“挺”等。可以选择列表中的相应分词后，单击左上方的“删除词语”，并单击生成新的词云图。也可以在“词云图配置”中更改词云图的字体范围、旋转角度、模板样式等，如图 9-12 所示。

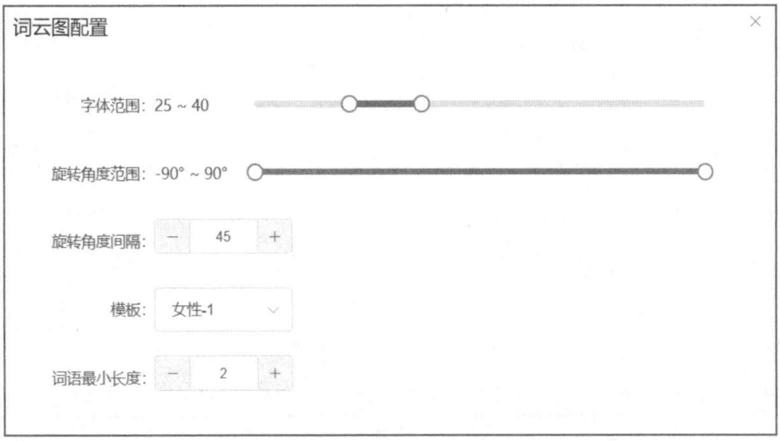

词云图配置

字体范围：25 ~ 40

旋转角度范围：-90° ~ 90°

旋转角度间隔：45

模板：女性-1

词语最小长度：2

图 9-12　词云图配置信息

2. 情感分析

在获得消费者看完手机广告后的感受的文本信息后，我们还可以分析每一位消费者所表达的感受中所包含的情感类型，判断消费者的情感是正向还是负向的，以下为操作步骤。在建模分析找到“情感分析”，并选中待分析的变量“广告感受描述文本”（图 9-13），单击“确定”按钮进行分析。

情感分析

分析简介

计算文本的情感倾向及程度。了解详情 >

分析名称 *

情感分析37

分析配置 *

文本变量

可支配收入　看手机时长　目前手机使用月份

购买预算　近五年使用的手机数　广告感受描述文本

图片识别题_classify　广告感受描述_ASR_rep0　广告感受描述_ASR_rep1

图 9-13　情感分析

在生成的结果报告中（图 9-14），“总体情感倾向”图展示了所有作答者对手机广告评价的整体情感倾向，我们看到消费者对该手机广告的评价整体上是正向的。“情感倾向概率汇总表”中，可以查看各个消费者评价的文本内容和具体的正负向情感的概率。单击表格右上角“导出变量”，还可将分析生成的正、负向情感概率导出到数据清理的表格中，用于进一步分析或下载。

广告感受描述文本：总体情感倾向

总体情感偏正向

正向情感 负向情感

82%

广告感受描述文本：情感倾向概率汇总表

导出变量 下载数据

文本	正向情感概率	负向情感概率
感觉就是特别的简单。画面太简洁了，不是很美观。然后。特点吧介绍的也比较少。就是给人一种不是很想购买的感觉。	0.029	0.971
嗯，这个手机看起来外观比较美观，功能也挺多元化的。然后让我觉得这个手机质量应该是挺不错的。但是因为没有使用，…	0.176	0.824
此款手机颜色啊。漂亮。像素也挺高的，照出来相片儿应该挺清楚的。嗯。处理器。配置也不错。	1.000	0.000
画面设计有点平淡，没有更深的记忆点。模特和手机也没有很好的互动。嗯。整个就是比较平淡，没有记忆点。	0.001	0.999
就感觉还行吧，但是一般人对选择性价比较高的。我会优先选择性价比比较高的。在现在应该多推崇性价比。	0.983	0.017
手机这个颜值挺高的，然后电池五千毫安还是很大容量，很高。但是拍照六千四百万像素，感觉中规中矩，不算很好。然后…	0.968	0.032

图 9-14　情感分析结果报告

商业实训9-2

用户图片数据分析

读者可轻轻刮开封底的刮刮卡，扫码获取该实训项目及数据。教师如有需要，可登录教学实训平台（edu.credamo.com），在课程库中搜索课程“商业数据分析与实训”，根据需要选择相应的课程后，按照第三章介绍的方法，导入到“我的课程”教师端并组织班级学生加课学习。

此处使用手机广告的案例，来完成实训平台图像数据分析的介绍。下面我们以图片物体识别为例介绍。

（1）在“应用”页面中，选择“高级分析模型”中的“图片物体识别”，如图 9-15 所示。

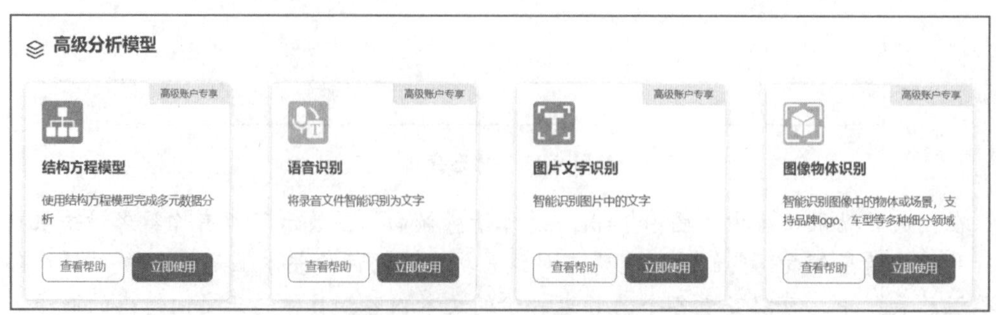

图 9-15　图片物体识别

（2）单击“创建新项目”，为项目命名，并选取“手机广告效果研究 V6.0”问卷，确定创建项目，如图 9-16 所示。

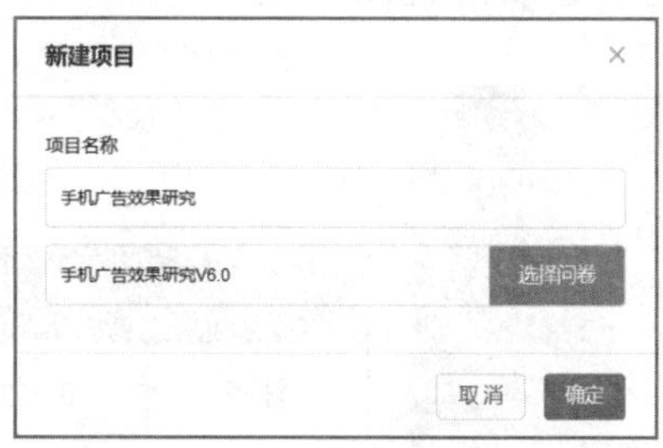

图 9-16 创建分析项目

（3）单击左上角“添加分析”，在弹出的配置框中，选择需要分析的文件上传题和识别领域，单击“确定”按钮，如图 9-17 所示。系统将自动剔除掉不是支持格式的文件，无须进行额外的数据清理。

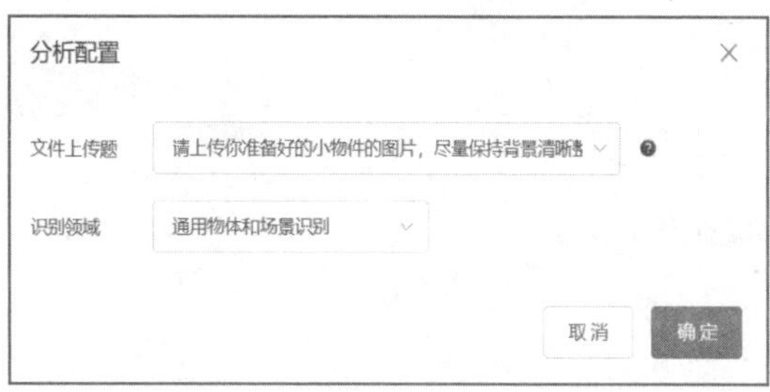

图 9-17 分析配置

目前支持的格式包括：.jpg、.jpeg、.png、.bmg。

目前支持的识别领域包括：通用物体和场景识别（识别动物、植物、商品、建筑、风景、动漫、食材、公众人物等 10 万个常见物体及场景，给出图中物体的名称）；logo 识别（识别超过 2 万类商品 logo，给出图片中品牌 logo 的名称）；车型识别［识别 3 000 款常见车型（小汽车为主），并给出车辆品牌型号］。

（4）添加分析后，状态栏将展示预计耗时，进度条将展示当前分析进度，如图 9-18 所示。数据量大时，分析可能耗时较长，请读者耐心等待。分析全部完成后，单击右侧“导出”按钮可将分析结果导出到数据清理页面。

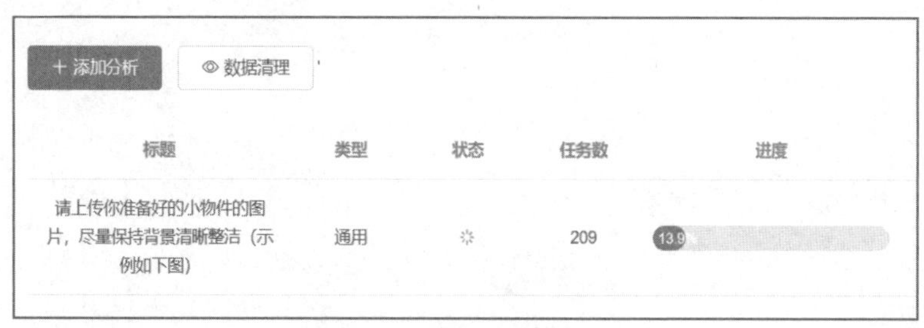

图 9-18 分析结果导出

（5）识别结果展示。发布者可以单击左上角“数据清理”，在新窗口打开的数据清理页确认导出的数据。分析结果包括识别结果和置信度（数值越大表示系统对识别结果越有把握）。待识别的图像及其结果如图 9-19 所示。

识别物体	识别准确率
杯子	0.96234

图 9-19　待识别的图像及其结果

第 10 章

联 合 分 析

联合分析是一种应用广泛的市场研究方法，它能将多个属性和属性水平结合在一起，模拟真实购买决策的情境，从而确定消费者对产品或服务不同属性或特征的偏好和重要性。在商业数据分析领域，联合分析是一种重要的技术，它通过考察消费者对产品特征的偏好来评估这些特征对购买决策的影响。例如，当企业需要确定产品的最佳特性组合时，联合分析能够帮助它们确定市场对不同特征商品的偏好程度，如产品价格、颜色、功能等。通过这种方式，企业可以更好地了解市场需求，并制定更符合消费者期望的产品策略。

本章将深入介绍联合分析的原理、方法和应用，并详细介绍如何设计联合分析实验和结果分析，以帮助读者了解如何运用这一方法来解决实际的市场问题。

10.1 联合分析的原理与类型

10.1.1 联合分析的原理

联合分析方法将多个属性和属性水平结合在一起，以模拟实际购买决策的情境，帮助企业了解消费者在不同属性、特征和价格之间的权衡，从而使企业更好地设计产品或服务，优化定价策略，以满足客户需求并提高市场竞争力。

举例而言，假设你是一家汽车制造商，你正在开发一款新型轿车。要设计的新轿车需要考虑许多属性，如引擎功率、燃油效率、车身颜色、内饰材质等。现在的问题是，你想知道消费者对这些属性的偏好是如何分布的，以便确定最受欢迎的车型配置。

这时，联合分析就派上用场了。通过将消费者置于不同的产品属性组合中，要求他们进行选择，可以揭示他们在多个属性之间的权衡和选择模式。例如，他们可能更愿意接受高马力引擎但牺牲燃油效率，或者他们可能更注重车身颜色而不太在意内饰材质。

总之，联合分析在商业数据分析中的作用在于帮助企业更好地理解市场需求，制定更具吸引力的产品和服务策略，以及提供实际购买决策的有力数据支持。与其他市场研究方法相比，它更全面、更接近实际市场情境，提供更多定量数据，有助于更科学地制定决策。

10.1.2 联合分析的基本类型

当谈到联合分析时，我们可以根据不同的分类标准将其分为不同类型，包括排序型、评分型、选择型，以及全因子设计和部分因子设计。这些类型各自有其独特之处，可以根据具体的研究目标和资源情况选择适当的方法。

1. 按联合分析的具体形式分类

（1）排序型联合分析（ranking conjoint analysis）。在这种类型的联合分析中，受访者被鼓励按照个人偏好，对不同产品或服务属性的属性水平进行排序，以反映其相对重要性。这帮助我们了解消费者对不同属性的偏好顺序，而不提供具体的度量值。如果一家汽车制造商想了解客户对汽车特性的优先级，它可以请客户按照其偏好对价格、燃油效率、安全性等属性进行排序。

（2）评分型联合分析（rating conjoint analysis）。这种联合分析要求受访者对不同属性水平进行评分，以更精确地显示其相对偏好程度。评分型联合分析适用于测量消费者对属性水平的相对重要性，可以突出其重要性差距的具体大小，这有助于产品改进和新产品开发。如果一家餐厅希望了解客户对不同菜品属性的具体偏好，它可以采用评分型联合分析，请客户为口味、价格、分量等属性分配得分。

（3）选择型联合分析（choice-based conjoint analysis）。选择型联合分析模拟实际购买决策，要求受访者从不同的产品或服务选项中进行选择。这有助于在一个更加真实的情境下，了解消费者在不同选项之间的偏好，以及产品的竞争力。举例而言，如果一家手机制造商希望了解客户在购买新手机时的偏好，它可以运用选择型联合分析，请受访者在不同的手机型号之间作出选择。

2. 按是否考虑所有的属性组合分类

（1）全因子设计联合分析（full-factorial design conjoint analysis）。这种联合分析要求考虑所有可能的属性组合，提供全面的洞察。然而，这可能需要更多的受访者和时间，以分析所有组合的数据。如果一家酒店希望了解客户对不同房间属性组合的偏好，包括床的尺寸、房价、视野，它可以进行全因子设计。

（2）部分因子设计联合分析（fractional factorial design conjoint analysis）。这种联合分析选择仅考虑部分可能的属性组合，以降低数据收集和分析的复杂性。这对于资源有限或属性众多的情况非常有用。如果一家食品公司有多种口味的零食，它可以使用部分因子设计来选择最具代表性的口味组合。

每种类型的联合分析都有其应用领域和优势，可以根据具体的研究目标和资源情况选择适合的方法。这有助于企业更好地了解消费者需求，优化产品和服务策略。

10.2 联合分析的流程和应用

10.2.1 联合分析的流程

联合分析是一项复杂而有力的市场研究方法，其成功执行取决于严谨的逻辑和缜密的流程。10.1 节简要介绍了联合分析的定义以及它在商业数据分析中的作用和意义。现在，我们将深入研究联合分析的基本流程，这个流程通常包括设计、执行和分析三个关键阶段。

1. 设计过程

这是联合分析的起点。这个过程包括明确研究目标，选择要研究的属性和属性水平，确定实验设计，以及准备数据收集材料四个环节。设计过程的目的是确保实验的设计有效地揭示消费者的偏好，并以最有效的方式完成。正确的设计为后续的数据收集和分析奠定了坚实的基础。

2. 执行过程

执行过程是实际数据收集的阶段，要求受访者或参与者对不同的产品或服务配置进行选择、评分或排序。这一阶段的根本目标是获得可信赖的数据，以便后续的分析。数据的质量和一致性对整个联合分析的有效性至关重要，因此数据收集后需要进行数据整理和清洗。执行过程由招募受访者、展示选择任务、收集反馈三个环节构成。

3. 分析过程

分析过程也是整个联合分析的精华部分，旨在从数据中提取有关消费者偏好的有用信息，以指导决策和行动，所以精确的分析和清晰的洞察是成功的关键。在这个阶段，我们需要使用适当的统计方法，分析消费者的选择或评分数据，以确定每个属性的相对重要性和不同属性水平的影响，从分析中得到不同属性的受众信息，帮助企业设计产品、制定定价策略和市场推广策略。下面简单介绍分析过程的基本步骤。

（1）数据整理。数据需要经过整理和清理，以确保数据的质量和一致性。这包括处理数据缺失、异常值和标准化数据。

（2）计算相对重要性。利用数学模型和统计分析，计算每个属性水平的相对重要性。这有助于确定哪些属性对受访者来说更为重要。

（3）价格敏感度分析。如果价格是一个关键因素，进行价格敏感度分析以了解价格对购买决策的影响。

（4）生成推荐策略。基于分析结果，生成推荐的产品或服务策略，以满足消费者需求并提高市场竞争力。

（5）结果可视化。将结果以可视化方式呈现，以帮助决策者更好地理解和应用这些信息。

综上，这三个阶段共同构成了联合分析的基本流程。通过合理的设计、有效的执行和深入的分析，企业可以更好地了解消费者的需求，制定更智慧的商业战略。

10.2.2 联合分析的应用

在 10.2.1 节，我们简要介绍了联合分析的定义、不同类型以及基本流程。现在，让我们通过一个实际案例从产品属性分析、Logit 回归分析建模、成分效用分析到市场预测等各个环节，探讨联合分析在商业情境中的应用。

为了更具体地探讨如何应用联合分析，让我们考虑一个实际案例：假设你是一家全球性的手机公司老总，你正在考虑推出一款新型智能手机。市场上已经有许多竞争对手，你面临着相当激烈的市场竞争和多样化的消费者需求，所以需要保证新产品牢牢抓住消费者的眼球。在充满竞争的商业背景下，制造商需要借助联合分析来确定这款手机的关键产品特性，以确保其在市场上脱颖而出。

1. 产品属性分析

在产品设计和优化的决策中，产品属性的选择至关重要。产品属性指的是产品或服务的各种特征或特性，它们直接影响着消费者的购买决策。理解消费者对不同产品属性的需求和偏好是制造商为了成功满足市场需求而必须进行的关键任务之一。图 10-1 所示是一款手机产品在价格、屏幕大小、内存、颜色等不同属性上的水平分布情况。

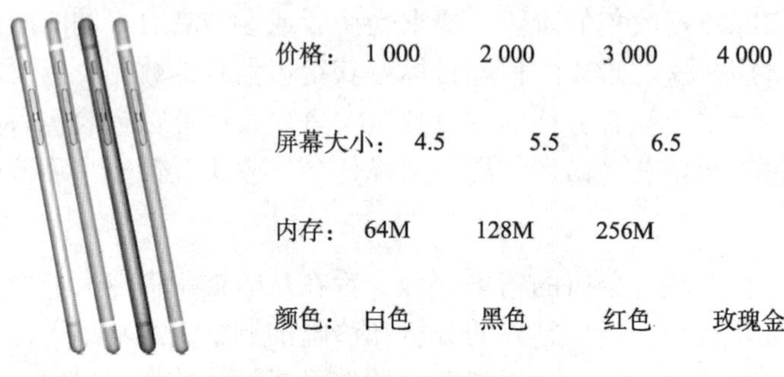

图 10-1　产品属性水平示例图

选择关键产品属性：在手机市场中的产品特性优化案例中，制造商首先需要明智地选择要研究的关键产品属性。这个选择通常涵盖了多个因素，包括产品类别、市场趋势、竞争格局和消费者需求。在本案例中，企业选择一系列关键产品属性进行调研，如屏幕尺寸、处理器性能、摄像头质量、电池续航等，通过联合分析可以得到不同客户群体的喜好。

属性水平的多样性：产品属性通常包括不同的属性水平，这些水平代表了每个属性的变化程度。以屏幕尺寸为例，可能有多种不同尺寸的屏幕，如小尺寸、中尺寸、大尺寸等。这些属性水平代表了制造商可以选择的产品属性的不同水平，以满足不同消费者的需求。

理解消费者需求：通过联合分析，制造商可以深入了解消费者对不同产品属性的需求。受访者被要求在各种属性和属性水平之间进行选择，以反映他们的偏好。例如，他们可能会被问及他们更喜欢大屏幕还是小屏幕，更看重处理器性能还是摄像头质量。

权衡产品特性：不同属性和属性水平的组合可以产生不同的产品，但制造商需要在资源有限的情况下作出权衡。通过联合分析，它们可以了解哪些属性对于消费者而言更为重要，从而指导产品设计方向。例如，它们可能会发现电池续航在消费者选择中的重要性相对较高，这可能会导致更多的投入用于提高电池续航。

产品优化：产品属性的选择和理解是一个不断演进的过程。市场趋势和消费者偏好可能会发生变化，因此制造商需要持续关注并调整它们的产品属性策略。通过定期进行联合分析，它们可以不断优化产品，以满足市场需求，提高产品的竞争力。

2. Logit 回归分析建模

在商业数据分析领域，回归分析是使用频率最高的核心模型之一，Logit 模型也是联合分析里高频使用的方法之一，用于了解和量化不同因素之间的关系。在产品设计和优化中，Logit 模型将进一步帮助联合分析建模，来指导产品设计和市场策略的决策。

计算相对重要性：回归分析通过数学建模，可以帮助制造商计算每个产品属性的相对重要性。这一步骤是理解消费者需求的关键，因为它揭示了哪些属性对购买决策产生了最大影响。在手机市场中的产品特性优化案例中，回归分析可以揭示屏幕尺寸、处理器性能、摄像头质量等属性对于手机选择的相对重要性。

数据处理和模型构建：回归分析的过程通常包括数据处理和模型构建。制造商首先收集消费者的选择数据，然后使用统计工具构建回归模型。这个模型将消费者的选择与产品属性联系起来，以确定各属性对选择倾向的贡献程度。通过数据的整理和建模，制造商可以确保结果的准确性和可解释性。

影响因素的解释：回归分析还可以帮助制造商解释各个因素对产品选择的影响。这有助于深入了解为什么某些属性在购买决策中更为重要。例如，制造商可以发现摄像头质量的提高对于手机选择的影响较大，消费者普遍更看重拍照质量，这可为产品设计提供关键的指导。

定量的决策依据：回归分析提供了定量的决策依据，而不仅仅是主观判断。通过了解不同属性的相对重要性，制造商可以制定更明智的战略决策。例如，制造商可以决定在某款产品的改进中投入更多资源，以提高特定属性的性能，从而更好地满足市场需求。

3. 成分效用分析

成分效用分析是了解消费者需求和产品偏好的强大工具。通过深入了解满意度和偏好，制造商可以完善产品设计和市场策略的决策，提高产品的竞争力，满足不同消费者的多样需求。这一方法不仅在手机市场中，而且在各个领域的产品和服务设计中都具有广泛的应用。

深入了解消费者偏好：成分效用分析的核心目标是深入了解消费者对不同产品属性水平的满意度和偏好。在手机市场中的产品特性优化案例中，这意味着制造商可以确定消费者是否更愿意接受大屏幕，但同时期望更高的处理器性能。通过这一分析，制造商可以量化消费者对每个属性水平的相对喜好程度。

建立消费者偏好模型：成分效用分析通常涉及建立消费者偏好模型，以帮助制造商理解不同属性水平对满意度的影响。这些模型可以显示各种属性水平对于消费者而言的相对重要性。例如，模型可能表明，消费者更看重摄像头质量，因此愿意接受较低的屏幕尺寸，而这种偏好可能对手机选择的购买决策产生重要影响。

产品设计和改进的指导：成分效用分析提供了关键的指导，帮助制造商在产品设计和改进中权衡决策。通过了解消费者满意度和偏好，制造商可以调整产品的属性水平，以更好地满足市场需求。这包括优化特定属性、提高产品质量，或重新定位价格策略等方式。

个性化产品设计：成分效用分析还为制造商提供了机会实现个性化产品设计。通过了解不同消费者群体的偏好，制造商可以推出多种产品变体，以满足多样化的需求。这有助于扩大市场份额，吸引更广泛的客户群体。

市场定位：成分效用分析可以帮助制造商更好地理解市场定位。它们可以识别出哪些属性水平在特定市场细分中更受欢迎，从而制定更有针对性的市场策略。这可以帮助它们在不同市场中更好地满足消费者需求。

4. 市场预测

市场预测是产品设计和市场策略决策的关键环节。通过了解市场需求、估计销售量、产品组合优化、制定市场推广策略和风险管理，制造商可以更明智地满足市场需求，提高产品的竞争力。这一方法不仅适用于手机市场，而且在各个领域的产品和服务设计中都具有广泛的应用。

理解市场需求：市场预测的首要目标是理解市场需求。通过分析消费者对不同产品属性和属性水平的偏好，制造商可以更好地估计市场上不同产品特性的需求程度。这有助于它们预测哪些产品特性将在市场上更受欢迎，从而引导产品设计和生产。

估计销售量：市场预测还包括估计销售量。通过了解消费者偏好和市场需求，制造商可以建立销售模型，预测不同产品特性组合的销售量。这有助于它们规划生产和库存，以确保满足市场需求，同时降低库存成本。

产品组合优化：市场预测为产品组合的优化提供了基础。制造商可以根据市场需求的估计来确定生产不同产品变体的比例。例如，如果市场预测显示消费者更偏好高摄像头质量的手机，制造商可以相应增加此类产品的生产。

制定市场推广策略：市场预测还可以指导市场推广策略。制造商可以根据市场需求的估计来制定广告和市场活动，以强调产品特性的优势。这有助于吸引潜在买家，并提高销售效果。

风险管理：市场预测还可以帮助制造商降低风险。通过了解市场需求和销售趋势，它们可以更好地应对市场波动。例如，如果市场预测显示某个特定属性水平的需求下降，制造商可以及早调整生产计划，以降低库存过剩的风险。

市场细分：市场预测有助于市场细分。制造商可以根据不同市场细分的市场需求估计来制定不同的市场策略。这有助于更好地满足不同市场细分的需求，提高市场份额。

10.3 选择式联合分析

前文介绍了联合分析的基本流程和常规应用，但在之前的章节中我们也提到，联合分析具有许多不同的种类，它们之间也有相当程度的差异，适用场景也不尽相同。在本节，我们将为大家具体介绍营销实战中使用最广泛的联合分析之一——选择性联合分析。

10.3.1 选择式联合分析概述

选择性联合分析是一种高级的联合分析技术，用于研究消费者对产品或服务的偏好和选择行为。它的基本原理是模拟消费者在不同产品属性和属性水平组合之间进行选择，以揭示各组合的优先次序和相对重要性。这种方法帮助制造商更全面地了解消费者的购买决策，指导产品设计和市场策略的制定。

选择式联合分析的基本原理是通过让消费者在各种产品特性和属性之间作出选择，来量化不同属性对其购买决策的影响。选择联合分析通过属性选择模拟、建立概率模型、市场需求预测三个环节进行商业分析，从而更好地贴近消费者的实际需求。

与其他联合分析相比，选择式联合分析更好地模拟了实际市场决策，从而获取消费者偏好信息，而不是简单地要求他们对产品属性进行排名或评分。这使得选择式联合分析更接近实际购买决策，因此更准确地反映了消费者的实际偏好。

CBC通过模拟消费者实际的购买决策过程，提供了更接近实际市场情况的数据；考虑了不同属性水平之间的交互效应，帮助分析者了解属性组合对选择的影响，而不仅仅是单个属性的影响；分析结果可以提供属性水平的相对重要性，使制造商更清晰地了解消费者的偏好结构。

正是得益于选择式联合分析区别于其他联合分析的强大功能，在商业领域中，CBC广泛应用于新产品开发、市场细分、定价策略、竞争分析、品牌管理等多个领域。此外，该方法还可应用于政策与规划，政府和非营利组织也可以使用CBC来评估不同政策和项目的社会影响以及市场接受度。

总之，选择式联合分析是一种有力的工具，用于深入了解消费者的偏好和购买行为。它广泛应用于市场研究、产品开发、定价策略和市场推广等领域，帮助企业作出明智的决策，提高产品竞争力，满足不同市场的需求。

10.3.2 选择式联合分析的流程

仅仅了解选择性联合分析的基本原理是不够的，关键在于实际操作。下面我们将介绍进行选择性联合分析所需的具体流程，包括属性选择、属性水平设计、选择任务创建、数据收集、模型建立、结果分析、报告和决策。接下来的内容将让你深入了解这些流程及其具体步骤，从而更好地运用选择性联合分析来指导产品设计和市场策略的决策。

1. 属性选择

属性选择是进行选择型联合分析的第一步。属性选择的主要目标是确定研究中调查的产品或服务的关键属性。这些属性通常是对消费者的购买决策产生重大影响的特性。通过接下来的步骤，去获知哪些属性最重要，从而更好地满足市场需求，优化产品设计和定价策略。在选择型联合分析中，属性选择是至关重要的一步。属性选择需要细致的规划和经验，以确保研究结果具有实际意义。

首先，我们需要深入了解产品或服务以及市场需求，识别可能的属性。这些属性可能包括外观特性、性能参数、价格和品牌声誉等。接下来，我们需要筛选出最相关的属性。这可以通过市场调研、专家意见、竞争分析和过往研究来实现。

在筛选过程中，我们要确保选定的属性是清晰明了的，避免使用模糊或歧义的术语。我们应该以具体的方式描述属性，以减少参与者的混淆。例如，在汽车市场上进行研究时，应避免使用模糊的属性描述，如“豪华”或“现代”，而应选择明确的参数，如“燃油效率”或“安全性能”。

此外，我们还需要考虑某些属性是否高度相关。如果多个属性涉及相似的特性，我们可以将它们合并为一个更一般的属性，以简化调查过程。

2. 属性水平设计

属性水平设计是选择型联合分析中的另一个关键步骤，在于确定每个属性的不同水平。属性水平设计研究能够准确地展示产品的多样性。属性水平设计的目标是确定每个属性的不同水平，以便在构建选择任务时展示给参与者。这些水平必须全面覆盖属性的各种变化，同时确保它们具有实际操作意义，以便构建有效的选择任务。

为了实现这一目标，可以采用多种方法进行属性水平设计。其中，层次分解法是一种常见的方法，它将每个属性细分为多个水平，包括基准水平和其他相关水平。例如，在汽车市场研究中，“引擎类型”属性可以分解为“汽油引擎”“纯电引擎”和“混合引擎”等多个水平，以便全面了解不同引擎类型的特点。

另一种方法是基于实际市场数据和消费者反馈来确定属性水平。这种方法确保了属性水平与市场的相关性，并能够反映实际市场上的产品特性。通过收集和分析市场数据以及消费者反馈，可以了解消费者对产品特性的偏好和需求，从而确定具有代表性的属性水平。

此外，在属性水平设计中，清晰明了地描述每个属性水平也是至关重要的。避免使用模糊或含糊的术语，以免造成参与者的混淆。每个属性水平都应以具体的方式描述，以便参与者准确理解并作出明智的选择。

3. 选择任务创建

在这一步，需要创建虚拟购买任务，让参与者在不同属性水平的产品之间进行选择，模拟消费者在不同属性水平的产品之间的选择过程。这一步是研究中最具交互性和仿真性质的环节。汽车属性偏好选择示例如图 10-2 所示。

图 10-2　汽车属性偏好选择示例

选择任务创建的主要目标是为参与者模拟购买决策的过程。研究者可以基于问卷，设计一系列选择任务，让参与者在各种不同属性水平的产品之间进行选择，以便了解他们对产品特性的实际偏好。选择任务应基于统计学设计，确保每个属性的每个水平在任务中均衡出现。这种完全平衡设计有助于消除潜在的偏差，使结果更为准确可靠。

研究人员通常会将参与者分成不同的群组，以确保每个群组的选择任务都包含不同属性水平的产品。这种聚类分组方法有助于更好地理解不同市场细分的偏好，从而为企业提供更有针对性的产品设计和市场策略。在实验中，为了避免因顺序效应而引入偏差，选择任务应以随机顺序呈现给参与者。这样，参与者在不同任务之间不会受到明显的顺序影响，确保了结果的客观性。

4. 数据收集

数据收集是进行选择型联合分析的关键步骤之一，通过这一步骤，研究人员将选择任务呈现给参与者，记录他们的选择。数据收集是确保研究结果准确性和可靠性的重要环节。在数据收集过程中，需要确保有足够的样本量。足够的样本量可以提供统计上的显著性，从而使得研究结果更具有说服力和可靠性。通常，需要几百名参与者才能获得可靠的结果。

其次，选择适合的数据收集方法非常重要。根据研究对象的性质和目标受众的不同，可以选择在线的调查或面对面的采访。在线调查通常更加灵活，而面对面的采访可能提供更深入的见解。记录的准确性决定着模型是否可靠，实验过程中，需要记录参与者选择了哪个产品配置以及他们可能展现出的反应，如对价格的敏感度等。只有详细记录这些数据，研究人员才能更全面地了解参与者的偏好和决策过程。

5. 模型建立

模型建立就是帮助研究人员构建概率模型，以估计消费者对不同产品配置的偏好。下文将详细介绍模型的建立。

模型建立的主要目标是创建一个概率模型，该模型可以描述消费者在不同属性水平的产品之间的选择行为。这个模型将用于估计属性水平的效用和相对重要性，以便更好地理解消费者的偏好，帮助指导产品开发和市场策略的决策。

在模型建立过程中，二项 Logit 模型是最常用的选择模型之一。它基于经济学原理，假设消费者会选择能够最大化其效用的产品配置。模型的参数表示每个属性水平的效用和相对重要性，通过估计这些参数，可以深入了解消费者对不同属性水平的偏好程度和它们之间的相对重要性，可以用于估计价格对购买决策的影响，以了解消费者的价格敏感性。此外模型还可以包括属性之间的交互作用，以更好地捕捉消费者的选择行为。这可以帮助揭示不同属性之间的关联性。

6. 结果分析

结果分析和洞察提供了关于选择型联合分析的最终见解，帮助研究人员理解消费者的偏好和购买决策，这一步骤对于指导产品开发和市场策略制定至关重要。

结果分析和洞察的主要目标是解释模型估计的参数，以理解消费者对不同产品属性的偏好和相对重要性。偏好解释是分析中的核心，它通过分析模型参数的符号和大小来深入理解每个属性水平对消费者购买决策的影响。参数的正值表示该属性水平对消费者选择具有正面影响，而负值则表示负面影响。通过比较不同属性的参数大小，企业可以确定哪些属性对消费者最重要，从而明确产品特性的关键驱动因素。

根据不同市场细分或消费者特征分析参数的变化，企业可以更好地了解不同消费者群体的偏好差异，为制定精准的市场策略提供依据。同时，通过分析价格参数，企业可以了解消费者对价格变化的敏感度，从而制定有效的定价策略。最后，利用模型估计的参数进行模拟分析，企业可以预测不同产品配置的市场表现和消费者选择行为，为产品开发和市场策略的决策提供有力支持。

7. 报告和决策

在选择型联合分析的最终阶段，研究人员需汇总结果并制定策略，指导产品开发、市场推广和定价。报告为企业提供了宝贵的决策依据，有助于企业在激烈的市场竞争中取得成功。

一份好的报告需关注以下几点：总结关键洞察，强调重要属性和价格影响；基于研究结果提供产品、市场和品牌策略建议；向决策者提供模拟分析，助其权衡选项；基于价格敏感度分析提出定价策略；使用图形和可视化工具简洁呈现结果。

商业实训

基于联合分析的手机属性组合设计与市场预测

读者可轻轻刮开封底的刮刮卡，扫码获取该实训项目及数据。教师如有需要，可登录教学实训平台（edu.credamo.com），在课程库中搜索课程“商业数据分析与实训”，根据需要选择相应的课程后，按照第三章介绍的方法，导入到“我的课程”教师端并组织班级学生加课学习。

下面我们进行选择式联合分析的案例分析。该案例中，某手机厂商想调研消费者对于手机产品特质的偏好，厂商主要关注三个属性：屏幕大小，外观颜色，价格范围。其中屏幕大小有三种水平，外观颜色有四种水平，价格范围有五种水平，详情见表 10-1。

表 10-1　手机属性联合分析设计

属　性	水　平
屏幕大小	4.7 英寸（小屏）
	5.8 英寸（中屏）
	6.7 英寸（大屏）
外观颜色	黑色
	银色
	金色
	玫瑰金
价格范围	1 000～2 000 元
	2 000～3 000 元
	3 000～4 000 元
	4 000～5 000 元
	5 000 元以上

如果我们采用全因子排序联合分析，那么每个消费者需要对 60 个产品组合进行排序，这样的产品测试太过冗余，消费者也不会有耐心完成这样的测试。为了更好地完成任务，我们采用自适应选择联合分析（adaptive choice-based conjoint analysis）。

首先，在 Credamo 见数平台的“项目”中创建新问卷，并在“问卷设计”页面左侧栏的“高级题型”中选择“联合分析”，弹出界面如图 10-3 所示。

图 10-3　联合分析设置页面

我们首先对手机屏幕的属性进行设置，“属性名”设定为“屏幕大小”，属性水平包括小屏（4.7 英寸）、中屏（5.8 英寸）、大屏（6.7 英寸）三个层次。如果认为消费者对屏幕大小的属性没有特定的偏好顺序（即有的消费者喜欢大屏，有的消费者喜欢小屏），则“级别偏好顺序”设定为“无序”，后面会自动生成题目，让每个作答者定义自己的偏好顺序；如果设定为“从优到差”或“从差到优”，则认为消费者对于不同的属性水平有明显的顺序偏好（如手机价格，在同样性能的情况下，一般消费者会认为越便宜越好），则系统会根据偏好顺序进行组合，无须作答者对该属性进行打分排序。

单击“新增属性”，对手机颜色与价格范围两个属性进行类似的操作。需要注意，价格范围的“级别偏好顺序”可以设定为“从优到差”（图 10-4）。在设定手机颜色属性时，还可以通过插入图片的方式，让产品属性组合显得更加生动形象（图 10-5）。

此外，发布者还可以对联合分析的其他属性进行设置，包括是否允许空选、显示格式、问题设计、禁止项配置等。例如，在问题设计中，可以自定义每个问题概念或属性组合的个数（图 10-6）。如果是电脑端作答，可以设置 3 个；如果是手机端作答，建议设置为 2 个，方便用户浏览、判断与选择。

在“禁止项配置”设置中，我们可以进一步设置不允许同时出现的产品属性组合。例如，在其他性能相同的情况下，手机的最大屏幕与最低价格，或是最小屏幕与最高价格等一般是不应该出现在同一款产品设计中，因为这不符合常识或是实际情况，我们需要进行相应的设置，禁止该类产品属性组合的出现，配置方法如图 10-7 所示。

图 10-4　手机价格的配置

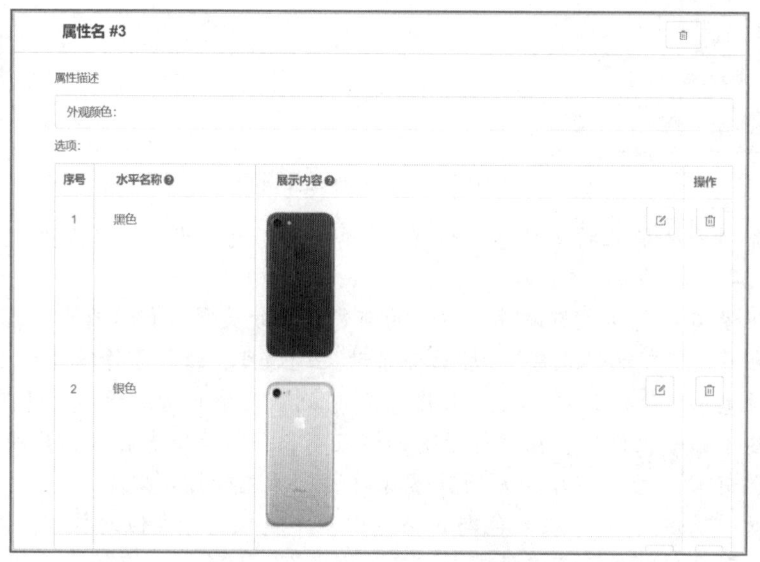

图 10-5　手机颜色的配置

在设定完产品组合的各个属性，以及相关的设置后，单击“保存”按钮，系统会自动完成联合分析的题目配置。例如，CBC 板块的开头，会先让作答者对各个属性的不同水平进行偏好打分，图 10-8 所示是对屏幕大小的偏好打分。这里需要注意，对手机价格不再进行偏好打分，因为我们在属性水平的级别偏好里，已将其设定为“从优到差”。

按照默认设置，系统会自动生成不同的产品组合问题，供作答者进行选择。如图 10-9 所示，此问题展示了两组产品，让消费者进行选择。此类问题共有 11 组，每组中都会展示不同的产品组合，供消费者选择。

联合分析配置

手机配置偏好

属性配置　空选项　格式　问题设计　禁止项配置

CBC问题个数：11

使用推荐个数：11　自定义数

每个问题概念组合个数：2

使用推荐个数：3　自定义数　− 2 +

去除以下属性的偏好打分

属性 #1　属性 #2　属性 #3

最小化以下属性的重叠

属性 #1　属性 #2　属性 #3

图 10-6　组合个数设置

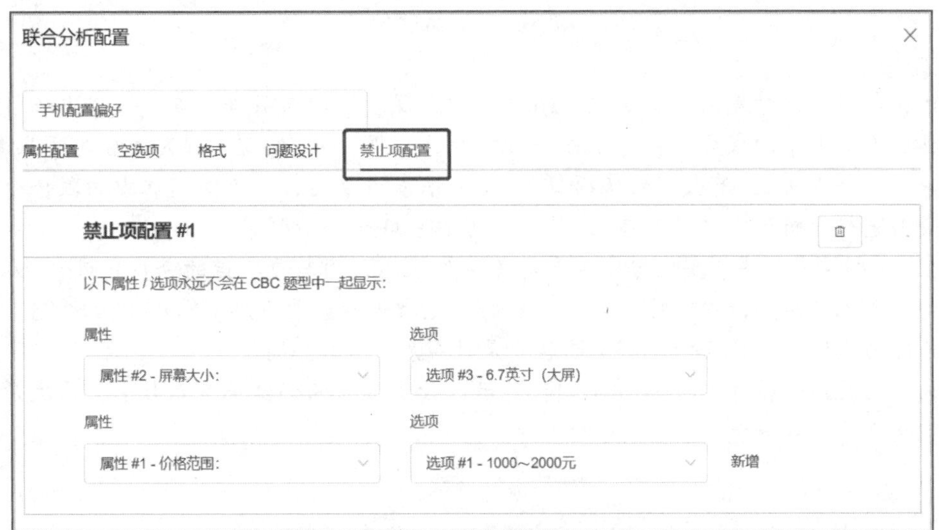

图 10-7　禁止项配置的设置

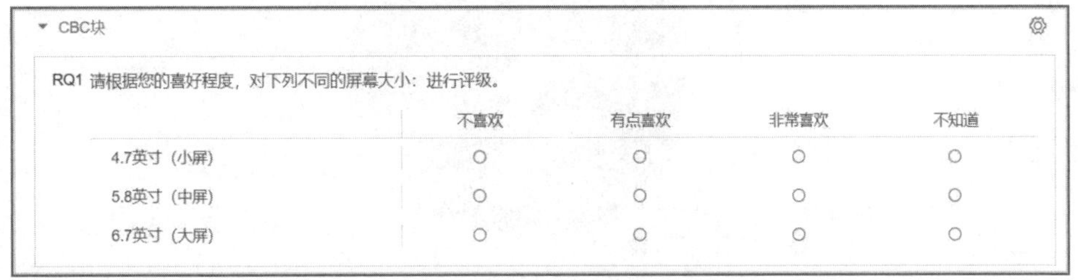

图 10-8　对屏幕大小的偏好打分

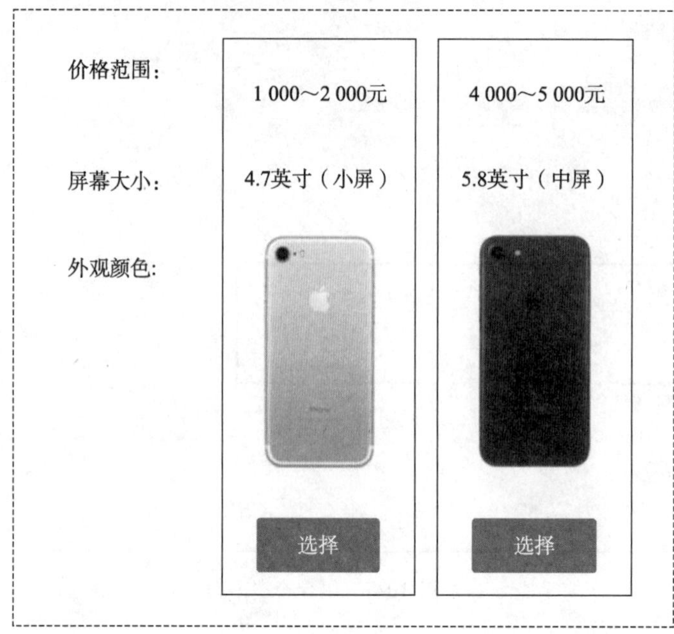

图 10-9 产品组合

在联合问卷设计完成后，通过对消费者的大规模调研与数据收集，可以准确计算出三个属性各个水平的成分效用。单击平台中的“应用”菜单，在“AXM 智能商业调研”中选择“联合分析”，单击“新建项目”，完成基本设置后，就可对问卷中的联合分析模块的数据进行分析。单击“查看报告”，即可查看联合分析结果。

在“属性分析”中，我们可以查看对各个属性的效用与重要性的分析。例如，从“属性重要性占比”的分析中（图 10-10），我们发现消费者最看重屏幕大小（占比 75.11%），其次是价格范围（占比 18.56%），最后才是外观颜色（6.33%）。

在属性效用的排序中，如图 10-11 所示，效用最好的仍然是屏幕大小，其次是价格范围，最后是外观颜色。

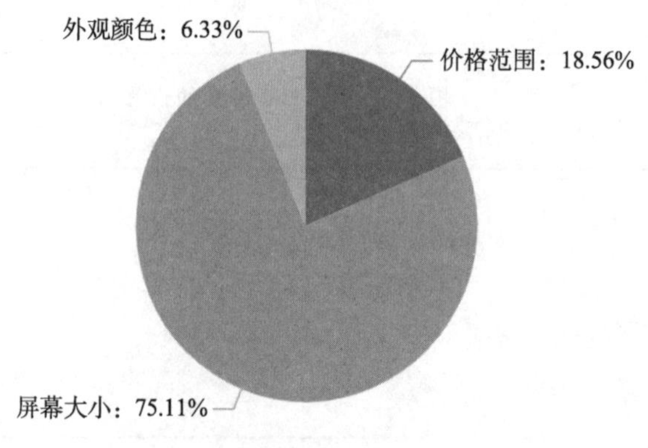

图 10-10 属性重要性占比分析

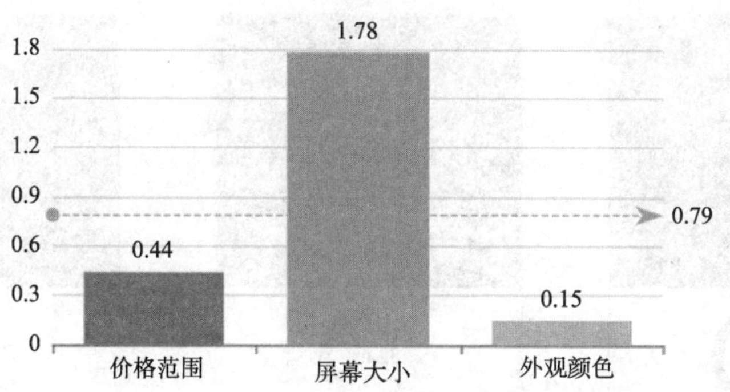

图 10-11　属性效用分析

在“水平分析”中，可以进一步对每个属性下的不同水平的效用进行分析。图 10-12 展示了价格的不同水平的效用情况。将光标移动到相应的水平柱上，会对其含义结果进行解读。例如，对于“2 000～3 000 元”的价格水平，其效用值为 0.44，在其他条件不变的情况下，当价格范围从 5 000 元以上变为 2 000～3 000 元时，被调查者的选择概率将会上升 55%。有意思的是，当价格进一步下降，变为 1 000～2 000 元时，其效用值没有上升，反而下降为 0.42，说明消费者并不信任价格过低的手机。读者也可以对其他属性的水平分析进行查看与解读。

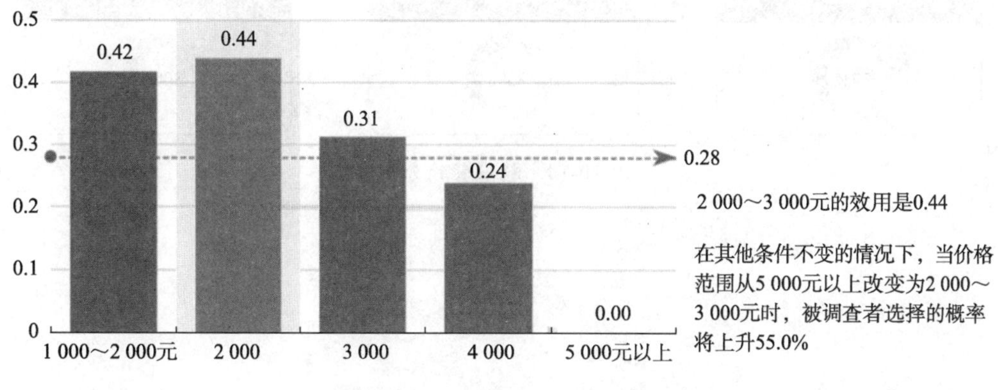

图 10-12 属性水平分析

在“市场模拟”中，系统会根据消费者的反馈，推算出最受消费者青睐的三款产品组合。如图 10-13 所示，联合分析发现，价格在 2 000～3 000 元、屏幕大小为 6.7 英寸、外观为银色的手机，最受消费者欢迎。

最后，在“精准营销”中，我们可以通过“选择市场细分变量”，加入被调查者的性别、年龄、职业、月收入等指标，进一步对细分市场进行模拟与预测。例如，如图 10-14 所示，对于在 31～40 岁的女性消费者而言，最受欢迎的产品组合为 2 000～3 000 元、中等屏幕（5.8 英寸）、玫瑰金的手机。

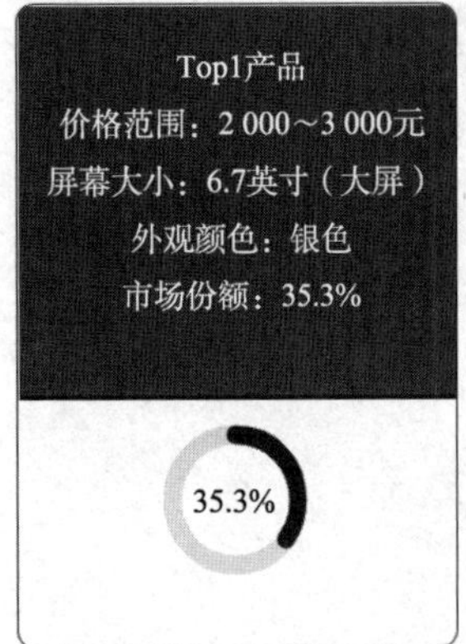

Top3产品
价格范围：2 000~3 000元
屏幕大小：5.8英寸（中屏）
外观颜色：银色
市场份额：32.1%
32.1%

图 10-13　市场模拟结果

细分市场（Q：女，Q：31～40岁）的相对规模为24.0%

TOP3产品
价格范围：3 000~4 000元
屏幕大小：5.8英寸（中屏）
外观颜色：玫瑰金
细分市场份额：30.0%
总体市场份额：7.2%
30%

图 10-14　精准营销分析

第11章

聚 类 分 析

在市场营销活动中，企业面临一个普遍的难题：每一款产品难以同时满足所有消费者的需求。由于不同类型的消费者往往具有差异化的偏好和需求，企业在资源有限的情况下难以设计一款产品能够满足所有人的期望。以购买红酒为例，一些消费者可能注重价格，一些人在乎品质，还有一些人可能关注红酒品牌是否能够提升其社会地位和身份认同感。

在这种情况下，企业通常采用的策略是通过市场细分来应对这一挑战。市场细分的核心理念是将整个市场划分成不同的细分市场，每个细分市场包含具有相似需求和特征的消费者群体。通过深入了解每个细分市场的消费者需求，企业可以更有针对性地制定市场营销策略，以提高特定产品在特定市场的竞争力。

聚类分析是一种常用于市场细分的方法。通过聚类分析，企业可以识别在某一产品类别中具有相似购买偏好和需求的消费者群体，为针对性的市场推广提供有力支持。在接下来的章节中，我们将深入介绍聚类分析的方法，帮助读者理解如何通过这一工具更好地了解目标市场，优化市场策略，提升产品在市场中的满意度和销售效果。

11.1 聚类分析简介

11.1.1 聚类分析概述

聚类分析是一种分类算法，它通过检测和划分数据集中个体（样本或观测值）之间的相似性，将它们的子集分组聚类。这种分析的目标是确保同一聚类内的个体之间具有较高的相似性，而不同聚类之间存在较高的差异性。聚类分析可帮助研究者揭示数据内在的结构和模式，为企业提供了识别潜在客户群体、定制市场策略和优化业务流程的工具。

在商业领域，特别是市场营销和战略规划方面，聚类分析是一项强大的工具，用于处理和理解庞大的数据集，以提取关键信息并制定更有效的业务策略。以下是聚类分析在商业领域的具体应用和背景。

（1）市场细分：企业使用聚类分析来细分市场，识别具有相似购买行为和偏好的消费者群体。这有助于企业更好地了解不同细分市场的需求，从而更精准地定位产品和服务。

（2）客户分析：通过聚类分析，企业可以对其客户群体进行深入理解，识别出有相似需求的客户群，为个性化服务和定制化推广提供基础。

（3）产品定位：聚类分析可帮助企业了解其产品在市场上的定位，识别产品特征对特定消费者群体的吸引力，从而进行差异化和专业化的定位策略。

（4）风险管理：在金融领域，聚类分析有助于识别具有相似风险特征的投资组合或客户群体，从而更好地进行风险评估和管理。

（5）竞争分析：通过聚类分析，企业可以了解市场上的竞争格局，识别竞争对手的优势和弱点，为制定更具竞争力的战略提供支持。

通过在商业领域中运用聚类分析，企业可以更好地理解市场和客户，制定更有效的战略和决策，从而提高竞争力、增加产品销售量和提升客户满意度。

11.1.2 数据预处理

数据的质量对于得到准确而可靠的结果至关重要。本节将深入讨论数据预处理的三个主要方面。

1. 数据清理

处理缺失值：在数据清理过程中，关键且不可忽视的一环是识别和处理数据中的缺失值。这项任务可以通过多种手段如统计方法、模型预测或插值来完成。

处理异常值：检测并处理可能干扰分析的异常值。异常值可能对聚类分析产生负面影响，因此采用统计方法（如 Z 分数或箱线图）或可视化方法（如散点图）来识别异常值，并根据分析需求进行处理。

2. 数据处理

数据转换：针对非正态分布的数据，进行数据变换是提高聚类分析效果的关键步骤。常见的变换方法包括对数变换或其他数学变换，以确保数据满足聚类分析的假设，提高对数据特征的捕捉能力。

归一化或标准化：为确保不同变量的尺度一致，避免某些变量在聚类分析中占据主导地位，数据需要进行归一化或标准化。这有助于消除尺度带来的影响，使得每个变量对最终的聚类结果具有相同的权重。

3. 变量选择

在聚类分析前，理解业务目标和分析需求是选择合适变量的关键。根据问题背景，明确需要关注的特定特征，以确保聚类结果与业务目标紧密相关。

利用特征选择方法来排除冗余或不具显著影响的变量。方差阈值和相关性分析是常用的特征选择手段，前者用于排除方差较小的变量，而后者用于识别变量之间的相关性，避免引入重复信息。

通过对数据进行有效的清理、处理、选择，可以提高聚类分析的准确性和可解释性。这为后续的模型构建和结果解释奠定了基础。

11.1.3 距离度量

在聚类分析中，我们追求将相似的研究对象（个案）分在同一个群组中，从而揭示数据中的潜在结构。相似性通常通过距离或相关系数来度量。具体而言，聚类分析中的相似性度量取决于聚类的对象是个案（cases）还是变量（variables）。如果聚类的对象是消费者，也就是个案，则采用距离来度量个案之间的相似性；如果聚类的对象是变量，则采用相关系数来度量变量之间的相似性。在围绕个案进行聚类分析的普遍情况下，通常采用距离作为相似性的度量方式。对此，下面几种方式可用于度量相似性。

1. 欧氏距离

欧氏距离是最常用的相似性度量方法之一，适用于连续性变量的情况。对于两个个案 i 和 j，欧氏距离的计算公式为

$$d_{ij} = \sqrt{\sum_{k=1}^{p}(x_{ik} - x_{jk})^2}$$

其中，x_{ik} 和 x_{jk} 分别表示个案 i 和 j 在变量 k 上的取值。

2. 曼哈顿距离

曼哈顿距离（Manhattan distance）又称城市街区距离，它是两点之间在各坐标轴上的绝对值之和。对于个案 i 和 j，曼哈顿距离的计算公式为

$$d_{ij} = \sum_{k=1}^{p} | x_{ik} - x_{jk} |$$

3. 切比雪夫距离

切比雪夫距离（Chebyshev distance）是两个个案在各维度上差值的最大值。计算公式为

$$d_{ij} = \max_{k} | x_{ik} - x_{jk} |$$

随后，我们将在接下来的聚类分析中选择适用的方法，主要涵盖层次聚类、K-均值聚类。以下将详细介绍这两种主要的聚类方法。

11.2 聚类方法之一：层次聚类

11.2.1 概念与步骤

层次聚类又称系统聚类，是一种渐进合并研究对象的聚类方法。层次聚类的合并算法通过计算两类数据点间的相似性，对所有数据点中最为相似的两个个案进行组合，并反复迭代这一过程。简单地说层次聚类的合并算法是通过计算每一个类别的个案与所有个案之间的距离来确定它们之间的相似性，距离越小，相似度越高，并将距离最近的两个个案或类别组合，生成聚类树。

具体的层次聚类步骤如下。

初始化阶段：将样本中的n个个案看作n类。

距离计算：计算类与类之间的距离，合并性质最接近（距离最近）的两类，得到$n-1$类。

逐步合并：重复计算新类与当前各类的距离，合并距离最近的两类，得到$n-2$类。

迭代过程：循环执行第二步和第三步，直至所有个案聚成一类，总共进行$n-1$次聚类过程。

结果展示：生成聚类结果相关图表，确定分类数量和各类所包含的个案。

在层次聚类的迭代过程中，每一步都可通过不同的距离度量方法来计算类别之间的相似性，例如欧氏距离或曼哈顿距离，以更全面地考虑数据特征。这样的灵活性使层次聚类能够适应多样化的数据集和分析需求。

此外，层次聚类产生可视化图表不仅有助于理解研究对象之间的关系，还可以直观地分析最终分类个案的数量。

11.2.2 层次聚类的方法

在层次聚类中，有多种方法可用于类与类的合并。这些方法包括最短距离法、最长距离法、类平均法（group average linkage）、离差平方和法（variance methods）以及重心法。在实际应用中，类平均法和离差平方和法是比较常见的选择。

类平均法：计算类与类之间两个案距离的平均值，并将其作为类与类之间的距离。然后，选择类间距离最小的两类进行合并，重复执行此过程，直至最终只剩下一类。其中，组间联结法是一种常用的变体。举例来说，计算如图 11-1 所示的类G_a和类G_b之间的距离（组间距离）：

$$D_{ab} = \frac{d_{13} + d_{14} + d_{23} + d_{24}}{4}$$

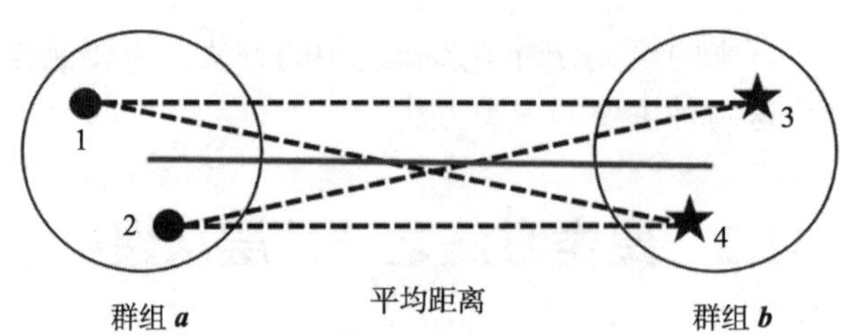

图 11-1　类平均法（组间距离）

离差平方和法：由乔·沃德（Joe Ward）提出。首先计算各类的聚类重心（cluster centroid，指某一类中的所有个案在各变量上的均值），然后计算各类中的所有个案到其自身聚类重心的平方欧氏距离的和，即离差平方和。在聚类过程中，选择离差平方和增加最小的两类进行合并，直至所有个案归为一类（图 11-2）。

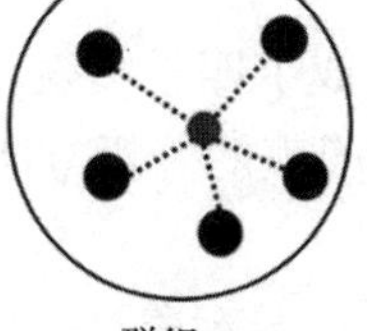

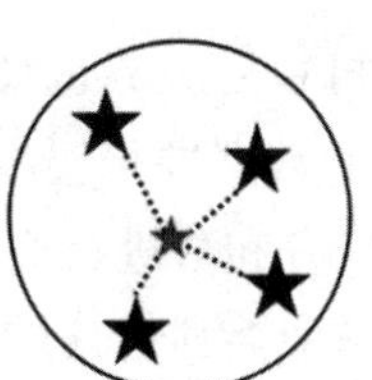

图 11-2 离差平方和法

11.2.3 层次聚类的应用举例

对于我们先前提到的研究问题——“探究手机市场的消费者需求与特征”，我们采用了李克特 7 级量表（1 表示不同意，7 表示同意）对 20 名消费者进行了六个主动变量的调查，记录在表 11-1 中。这些变量包括以下几个。

表 11-1 手机市场的消费者需求数据

序号	V_1	V_2	V_3	V_4	V_5	V_6
1	7.00	2.00	5.00	2.00	7.00	3.00
2	4.00	5.00	4.00	3.00	3.00	4.00
3	6.00	1.00	1.00	4.00	7.00	3.00
4	4.00	3.00	6.00	2.00	4.00	3.00
5	3.00	6.00	3.00	5.00	2.00	3.00
6	6.00	3.00	4.00	3.00	6.00	4.00
7	6.00	3.00	3.00	3.00	5.00	6.00
8	7.00	1.00	3.00	4.00	7.00	4.00
9	3.00	6.00	4.00	3.00	2.00	4.00
10	3.00	4.00	5.00	6.00	3.00	4.00
11	2.00	4.00	3.00	3.00	1.00	6.00
12	5.00	2.00	4.00	5.00	5.00	3.00
13	6.00	4.00	2.00	4.00	2.00	4.00
14	4.00	4.00	6.00	6.00	5.00	4.00
15	4.00	1.00	5.00	2.00	6.00	7.00
16	4.00	4.00	5.00	6.00	3.00	4.00
17	7.00	2.00	4.00	2.00	4.00	7.00
18	2.00	4.00	7.00	6.00	3.00	3.00
19	3.00	2.00	6.00	4.00	4.00	7.00
20	2.00	7.00	2.00	4.00	2.00	2.00

V_1：我喜欢高性价比的手机。

V_2：我喜欢拍照功能好的手机。

V_3：我喜欢屏幕大的手机。

V_4：我更看重品牌声誉。

V_5：我喜欢高续航的手机。

V_6：我觉得手机售后服务也很重要。

通过对表 11-1 的数据进行层次聚类分析，我们生成了四类图表，采用平方欧氏距离度量相似性和离差平方和法进行聚类。通过熟悉这些图表的分析方法，读者将确定适当的分类数量并了解每个类别包含的具体案例。

（1）聚类过程表（agglomeration schedule）是在进行层次聚类时生成的一种图表，用于展示聚类过程的具体细节。表 11-2 是对上述样本进行聚类分析后生成的聚类过程表，其中包含各个阶段的聚类情况。以下是对表格各列的解释。

表 11-2　聚类过程表

阶段	合并的聚类类别		聚类系数	类别最近一次出现的阶段		下一次合并的阶段
	聚类 1	聚类 2		聚类 1	聚类 2	
1	10	16	0.167	0	0	4
2	2	9	0.644	0	0	10
3	5	20	1.649	0	0	15
4	10	14	2.738	1	0	8
5	7	17	3.886	0	0	14
6	1	6	5.033	0	0	12
7	3	8	6.247	0	0	11
8	10	18	8.229	4	0	18
9	15	19	10.324	0	0	14
10	2	11	13.188	2	0	13
11	3	12	16.177	7	0	16
12	1	4	19.585	6	0	16
13	2	13	23.473	10	0	15
14	7	15	28.780	5	9	17
15	2	5	34.497	13	3	18
16	1	3	41.979	12	11	17
17	1	7	56.613	16	14	19
18	2	10	73.555	15	8	19
19	1	2	114.000	17	18	0

①Stage（阶段）：表示聚类的进行阶段。

②Cluster Combined（合并的聚类类别）：指示当前阶段哪两个聚类类别进行了合并。例如，第二阶段（Stage2）表示聚类 1（包含个案 2）与聚类 2（包含个案 9）进行了合并。

③Coefficients（聚类系数）：表示当前阶段两个类别之间的距离系数。例如，在第一阶段（Stage1），聚类 1（包含个案 10）和聚类 2（包含个案 16）之间的距离系数为 0.167。

④Stage Cluster Latest Appeal（类别最近一次出现的阶段）：表示在当前阶段聚类 1 和聚类 2 最近一次出现的聚类阶段。例如，在 Stage8 中，聚类 1（包含个案 10）最近一次在 Stage4 出现，而聚类 2（包含个案 18）之前从未出现。

⑤Next Stage（下一次合并的阶段）：指示与当前聚类类别进行合并的下一个阶段。例如，表中的 Stage1 表示当前合并后的新类别（包含个案 10 与个案 16）将在 Stage4 进一步合并，即在第一阶段组成的新类别将在 Stage4 与个案 14 进一步合并。

通过分析聚类过程表，我们可以采用以下方法初步判断样本的分类数量。阅读者应该从底部向上检查，注意观察相邻两个阶段的聚类系数相对于前一个系数是否突然增大。一旦发现这种情况，就应停留在系数突然增大之前的那个阶段，并从后往前数至该阶段。每个阶段表示样本中的一个类别，因此在这个过程中的每个阶段都将样本分为一个类别。以表 11-2 为例，我们可以观察到，Stage14 与 Stage15 对应聚类系数的差值，和 Stage15 与 Stage16 对应聚类系数的差值较为接近，但 Stage16 与 Stage17 对应聚类系数的差值，比 Stage15 与 Stage16 对应聚类系数的差值增长了两倍以上。我们应该停留在 Stage16，并从后往前数至 Stage16，结果显示共有四个阶段。因此，初步判断将该样本分为四类可能是比较合适的分类数量。这种方法有助于根据聚类过程表迅速估计样本的类别数量。

（2）碎石图（scree plot）：另一种帮助确定样本分类数量的方法是通过碎石图进行分析，碎石图展示了聚类系数随着分类数的变化而变化的曲线，如图 11-3 所示。在观察图形时，我们可以注意到当分类数量大于 4 时，曲线的变化趋于平缓。这表明在 4 类之后，增加分类数量对聚类结构的解释性提升有限。因此，基于碎石图的分析，同样支持将样本分为 4 类可能是比较合适的分类数量。这种图形分析方法提供了另一种角度来确认最合适的分类数量，与聚类过程表的方法相互印证，增强了对样本分类数量的初步把握。

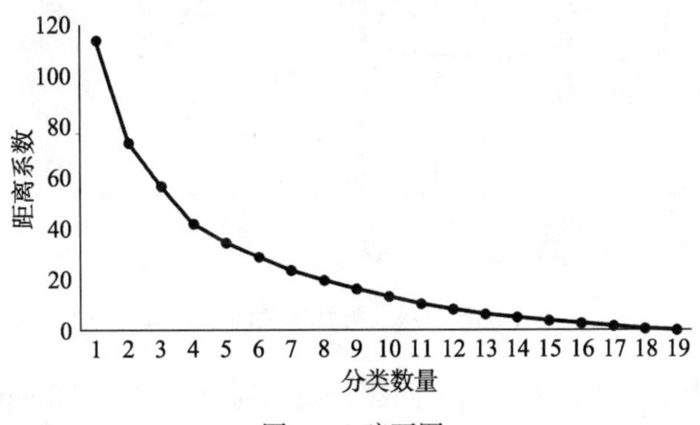

图 11-3 碎石图

（3）树状聚类图（dendrogram）也是开展层次聚类时生成的一种展示聚类结果的图表。如图 11-4 所示，每两条水平线之间的垂直线代表被合并的两类，而水平线的长短则代表被合并的两类之间的距离。图中靠左区域的水平线长度较短，表示合并的类与类之间的距离较小，相似性较大；而越往右边，水平线越长，表示合并的类与类之间的距离逐渐增大，相似性减小。

根据树状聚类图，我们可以从右往左分析，关注最后几次合并情况。在前几条垂直线之前画一条与水平线垂直的虚线，比较两两虚线之间的距离，观察哪一部分的距离突然增大，就停留在增大前的那一条虚线处。该虚线与水平线有几个交点就将样本分为几类。如图 11-4 所示，虚线 3 和虚线 4 之间的距离显著大于虚线 1 与虚线 2 和虚线 2 与虚线 3 之间的距离。因此，我们将目光停留在虚线 3 处，发现它与水平线有 3 个交点。因此，根据该聚类图，我们判断将样本分为 3 类可能比较合适。那么，我们到底应该将样本分为 3 类还是 4 类呢？

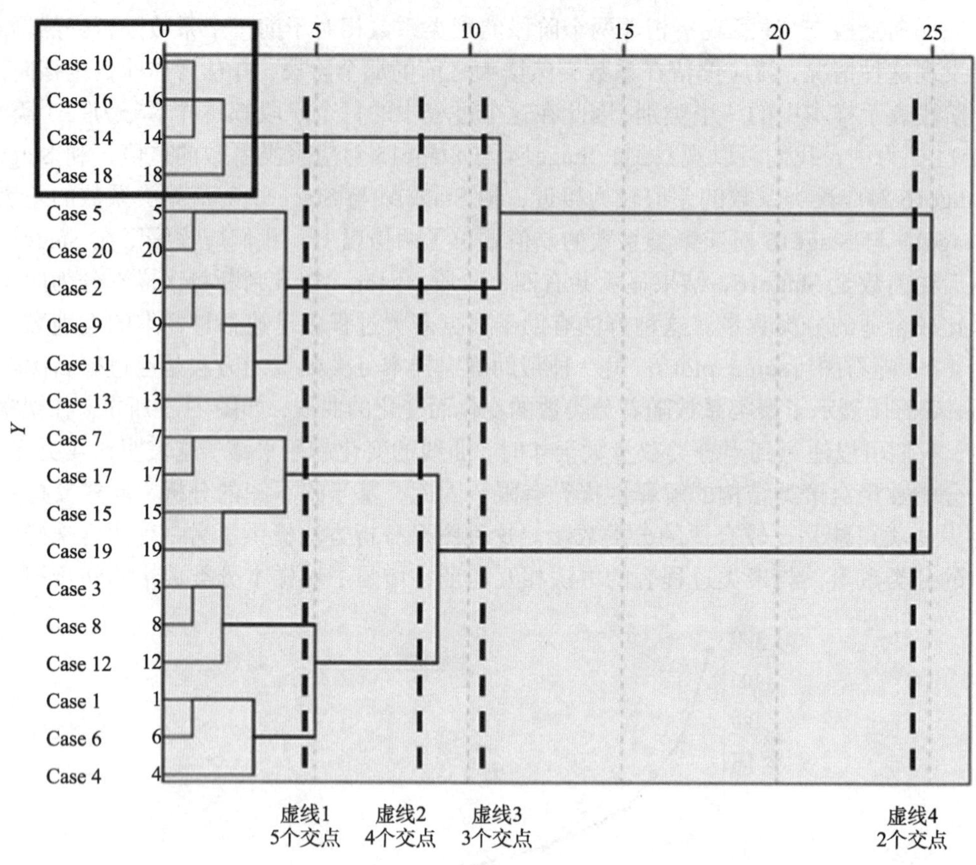

图 11-4　树状聚类图

关于将样本分为 3 类还是 4 类这个问题，我们通过频率表（frequency table）进一步反映不同聚类结果的样本分组情况。如表 11-3 所示，将样本分为 3 类，各群组包含的个案数分别为“10、6、4”；如表 11-4 所示，将样本分为 4 类，各群组所包含的个案数分别为“6、6、4、4”。

表 11-3　频率表（3 类）

聚类	频数	百分比/%	有效百分比/%	累计百分比/%
1	10	50.0	50.0	50.0
2	6	30.0	30.0	80.0
3	4	20.0	20.0	100.0
合计	20	100.0	100.0	

确定分类数的一个关键标准是确保各群组中的个案数有意义，避免出现某些群组只有一个案例而其他群组有很多案例的情况，这样的分类无效且缺乏实际意义。在此基础上我们认为将样本分为 3 类或 4 类是较为合适的选择。同时分类数的确定还需结合使用

表 11-4 频率表（4 类）

聚类	频数	百分比/%	有效百分比/%	累计百分比/%
1	6	30.0	30.0	30.0
2	6	30.0	30.0	60.0
3	4	20.0	20.0	80.0
4	4	20.0	20.0	100.0
合计	20	100.0	100.0	

目的，既不能过少以至于无法区分不同类型的消费者，也不能过多以至于市场过于分散，企业难以选择合适的细分市场。

在上述分组情况和研究问题“探究手机市场的消费者需求与特征”实际情况的基础上，我们希望不同的细分市场呈现显著差异，但同时也不希望划分太多细分市场，以免导致各市场规模太小，无法满足企业的盈利要求。综合考虑，我们认为将市场分为三类可能是相对合适的选择。这样的分类既能够凸显不同市场的差异，又有助于企业更有效地定位目标受众并制定相应的市场策略。

11.3 聚类方法之一：*K*-均值聚类

11.3.1 算法原理和步骤

K-均值聚类是一种实用性强、广泛应用的聚类方法。与层次聚类逐一合并的方式不同，*K*-均值聚类在开始时需要预先确定分类的数量 *K*，因此被归类为“非层次聚类”方法，不形成层次结构。由于其算法简单而高效，*K*-均值聚类也被称为“快速聚类法”。在这里，我们简称为“*K*-均值聚类”。

最优分类法（optimizing partitioning method）是 *K*-均值聚类中常用的方法。该方法首先进行初始化，随机地将样本分为 *K* 个类，或者 *K* 个聚类中心被随机指定。通过循环迭代的算法，最优分类法能够将一个群组中的个案重新分配到另一个群组，不断优化聚类的效果。

K-均值聚类的具体步骤如下。

初始化阶段：在此阶段，研究对象被随机地分为 *K* 个类，或者 *K* 个聚类中心被随机指定。

分配阶段：通过计算个案与各聚类中心之间的距离，逐步将个案分配到距离最近的类中。然后，在优化分类的过程中，重新计算接受新个案的类和失去个案的类的重心。这一过程可以使用不同的距离度量方法，如欧氏距离或曼哈顿距离。

迭代阶段：重复分配阶段，不断迭代，直至最终聚类稳定。这一迭代过程有助于进一步改善聚类效果，也可以设置收敛条件，以提高算法的效率。

此外，在选择 *K* 值的过程中，可以采用肘部法或其他有效的评估指标，以提供更科学的基础，确保聚类数目的合理性。这些方法有助于避免因 *K* 值选择不当而导致的聚类效果不理想的问题。

相较于层次聚类，*K*-均值聚类的突出优点在于其聚类速度更快、更高效。由于在计算过程中无须确定距离或相似系数，也无须储存数据，*K*-均值聚类适用于分析大样本。然而，*K*-均值聚类也伴随一些劣势：首先，需要预先确定分类的数量 *K*，这在缺乏关键信息支持时可能导致无意义的结论。其次，聚类中心的选择是随意的，而 *K*-均值聚类的结果在某种程度上依赖于最初聚类中心的选择。选择不当可能导致多个聚类中心来自同一个类，从而使聚类结果失效。

鉴于两种聚类方法的特点以及前人的研究经验，我们建议研究者综合应用层次聚类和 *K*-均值聚类进行深入聚类分析。初步结果可通过层次聚类得出，而结合 *K*-均值聚类则有助于进一步提高聚类结果的可靠性。这种综合方法更有可能捕捉数据中的潜在结构和模式，为更全面的数据解读提供支持。

11.3.2 *K*-均值聚类的应用

（1）分类情况表。在进行 *K*-均值聚类分析时，我们使用了表 11-1 中的数据，并根据前文确定的分类数量“3”得到了聚类结果，该结果呈现在表 11-5 中。分类情况表是 *K*-均值聚类生成的一种直观图表，展示了各个个案被分配到不同群组的情况。根据表 11-5 的结果，第一类包括 7 个个案“1、3、6、7、8、15、17”，第二类包括 6 个个案“2、5、9、11、13、20”，而第三类包括 7 个个案“4、10、12、14、16、18、19”。

表 11-5　分类情况表

个案编号	个案	聚类	距离
1	1	1	2.825
2	2	2	1.740
3	3	1	3.622
4	4	3	3.236
5	5	2	1.740
6	6	1	1.505
7	7	1	1.995
8	8	1	2.199
9	9	2	1.424
10	10	3	1.702
11	11	2	3.114
12	12	3	2.910
13	13	2	3.167
14	14	3	1.784
15	15	1	3.563
16	16	3	1.660
17	17	1	3.204
18	18	3	2.785
19	19	3	3.491
20	20	2	3.005

（2）方差分析表。这是进行 K-均值聚类时生成的一种图表，用于反映各个变量对聚类结果的贡献情况，具体内容见表 11-6。通过观察表 11-6 中的显著性水平（Sig.），我们可以判断各个变量是否在分类中起到显著作用。从表 11-6 的结果来看，除了变量 V_6 外，其余变量在分类过程中都具有显著的贡献。简而言之，样本中的消费者在变量 V_6 上的差异并不显著，而其他变量对分类结果的形成有显著影响。

表 11-6　方差分析表

变量	聚类		误差		F 值	显著性水平
	均方	自由度	均方	自由度		
V_1	16.448	2	1.406	17	11.697	0.001
V_2	19.590	2	1.036	17	18.902	0.000
V_3	12.186	2	1.261	17	9.667	0.002
V_4	8.180	2	1.305	17	6.266	0.009
V_5	26.046	2	0.874	17	29.803	0.000
V_6	2.030	2	2.335	17	0.869	0.437

这表明，在进行 K-均值聚类时，大多数变量都对最终的分类结果产生了显著影响。因此，我们可以将注意力集中在那些对分类结果产生显著影响的变量上，以更好地理解不同群组之间的差异和特征。

11.4　聚类结果的解读

11.4.1　聚类图的分析

聚类图作为聚类分析结果的可视化呈现，为数据集的聚类结构提供了直观的展示。下面是聚类图表分析中需要注意的地方。

1. 整体数据点分布与簇的形状大小

观察聚类图，我们可以看到数据点的分布情况。簇的形状和大小直接影响聚类的效果。如果簇之间有明显的边界，数据点在簇内紧密聚集，而不同簇之间的距离较大，那么聚类效果可能较好。此外，簇的大小也是需要注意的因素，过大或过小的簇可能表示聚类效果不佳。

2. 数据点与簇的关系

对于每个簇，我们可以进一步分析其中的数据点。观察簇内部的数据点分布，了解它们的相对位置关系，以揭示潜在的模式或结构。同时，关注是否存在离群点或异常值，这可能对聚类结果产生负面影响。

3. 聚类效果评价指标

聚类效果评价指标是用来衡量聚类算法在给定数据集上的性能和效果的。以下是一些常用的聚类效果评价指标。

1）外部指标

兰德指数（Rand index）：用于衡量聚类结果与真实分类之间的一致性。计算聚类中的点对是否在同一类别或不在同一类别，并将其与真实分类的情况进行比较。

互信息量（mutual information）：量化聚类结果与真实分类之间的相关性。衡量两个随机变量之间的信息共享程度，越高表示聚类结果越与真实分类相关。

Fowlkes-Mallows 指数：结合了兰德指数的精确度和召回率，提供了综合的外部评估。

2）内部指标（internal indices）

轮廓系数（silhouette coefficient）：衡量一个样本与其分配的簇的相似度，取值范围在[–1, 1]。当轮廓系数接近 1 时，表示样本距离其簇内的样本很远，且很接近相邻簇的样本，反映了良好的聚类效果。

Davies-Bouldin 指数：通过衡量簇内的紧密度和簇间的分散度，提供了一种评估聚类质量的指标。数值越低表示聚类效果越好。

Calinski-Harabasz 指数：衡量簇内的紧密度和簇间的分散度，通过比较聚类的协方差矩阵来评估聚类质量。数值越高表示聚类效果越好。

3）相对指标

归一化互信息量（normalized mutual information）：互信息量的归一化版本，取值范围在[0, 1]，越接近 1 表示聚类效果越好，同时考虑了簇和真实分类之间的信息共享。

4）可视化方法

散点图：散点图是一种直观的可视化工具，用于展示聚类结果中数据点的分布情况。每个数据点在图上的位置表示其在数据空间中的特征，而不同颜色则用于区分不同的簇。这种图形可以帮助直观地理解聚类的结果，尤其是在二维空间中。

轮廓图：轮廓图是可视化轮廓系数的图形表示，展示每个样本的轮廓系数分布。通过轮廓图，可以快速评估每个样本在聚类中的表现，同时了解整体聚类的紧凑度和分离度。更高的轮廓系数通常表示更好的聚类效果。

簇内簇间距离图：这种图形描述了不同簇之间的距离，有助于理解簇的分布。通过展示簇内点与簇中心的距离和不同簇中心之间的距离，可以深入了解聚类的紧凑性和分离度。这对于评估聚类算法在数据集中的性能非常有帮助。

3D 图：对于高维数据，使用 3D 图是一种有效的可视化手段。通过选择不同的轴组合，可以在三维空间中展示数据点的分布和聚类结果。这有助于更全面地理解高维数据的聚类结构，尽管在实际应用中需要注意视觉错觉带来的误导。

总结：在聚类图的整体分析中，我们通过对数据点的分布、簇的形状大小和数据点与簇的关系的观察，揭示了聚类的整体效果。结合聚类效果评价指标，我们能够客观地评估聚类的好坏，并为后续分析提供基础。在实际报告中，可以用图表和具体的数值来支持对聚类效果的解释和评价。

11.4.2　簇的解读与分析

聚类分析中簇的原理与意义十分重要，簇是具有相似特征的数据点组成的集合，它们代表了数据中的潜在群组。

1. 簇的特征分析

长度属性：簇的大小或直径可以表征其在数据空间中的分布范围。较大的簇可能表示数据点更为集中的区域，而较小的簇可能表示特定数据点子集的聚集。

例如，通过观察每个簇的大小，我们可以得知在手机市场中具有相似需求的消费者群体的相对规模。一个较大的簇可能代表市场中较为主流的消费者群体，而较小的簇可能表示一些特殊或者小众的需求。

密度特征：可以观察簇内数据点的密度，这反映了数据点在簇中的分布紧密程度。高密度表示数据点更为紧凑，低密度则表示分散度更高。分析簇内数据点的密度可以揭示市场中需求聚集的程度。密度高的簇可能代表消费者对某一特定属性或者特征有着高度一致的看法，而密度低的簇可能涵盖了更为多样化的需求。

中心点：簇的中心点是该簇在数据空间中的代表，有助于理解簇的核心特征。这对于制定面向不同簇的定制化策略具有指导意义。

2. 簇之间的差异度分析

相似性与差异性：观察不同簇之间的距离或重叠程度，可以帮助我们理解这些簇之间的相似性和差异性。例如，两个簇之间的距离越远，它们的差异性可能就越大；反之亦然。

边界线的解释：如果存在清晰的簇边界线，可以推断这些边界线代表了市场上不同消费者群体之间的分隔点。这为市场定位和精准营销提供了有力的依据。

3. 簇的命名与解释

基于特征的命名：对每个簇进行命名时，可以基于其特征和属性，以直观的方式传达簇的含义。例如，如果某一簇代表着对高性能手机有较高需求的消费者，可以将其命名为“高性能手机用户簇”。

通过深入的簇分析，企业可以更好地理解市场、优化运营，并更加灵活地应对市场变化。这不仅是对数据的深刻理解，更是对企业战略的有效支持，具体体现在以下几个方面。

（1）精准定位目标受众。通过了解不同簇的特征，企业可以更精准地定位目标受众，制定与其需求相匹配的营销策略。

（2）产品优化与差异化。针对不同簇的需求特点，企业可以优化现有产品，或者开发差异化产品，提高市场竞争力。

（3）个性化服务与客户关系管理。了解不同簇的消费者行为，有助于企业提供更个性化的服务，增强客户满意度和忠诚度。

（4）风险管理与机会发现。通过识别噪声点和异常簇，企业可以更好地管理市场风险，并发现潜在的商机。

商业实训

基于聚类分析的用户群体特征归纳

读者可轻轻刮开封底的刮刮卡，扫码获取该实训项目及数据。教师如有需要，可登录教学实训平台（edu.credamo.com），在课程库中搜索课程“商业数据分析与实训”，根据需要选择相应的课程后，按照第三章介绍的方法，导入到“我的课程”教师端并组织班级学生加课学习。

我们的研究问题是要对“手机广告效果研究”问卷中的受试用户进行聚类分析。我们选择“说服力”和“购买意愿”作为主动变量对用户进行聚类，同时将“收入水平”作为被动变量来描述用户。

其具体步骤如下：首先登录 Credamo 见数账户，然后打开“手机广告效果研究”问卷，接着单击“建模分析”进入“自定义分析”页面。在这里，新建或选择分析组后，单击“添加分析”，然后选择“聚类分析”。

根据我们的研究问题，在“聚类变量”中选择“购买意愿”和“说服力”，在“标签展示变量”中选择“月收入”。接着，在“聚类类别数”上选择“3”，然后单击“确定”按钮开始聚类。需要注意的是，Credamo 平台主要采用 K-均值聚类，因此合适的分类数需要用户提前确定，或者多次尝试不同的聚类数以确定最佳结果，如图 11-5、图 11-6 所示。

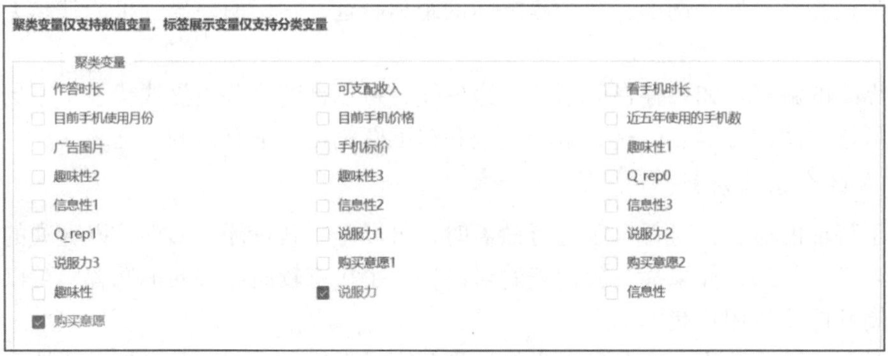

图 11-5　聚类分析操作 1

Credamo 见数平台自动生成的结果如下，需要注意的是，由于算法的随机性等原因，分析结果可能会有所差异，请以实际分析结果为准。

聚类结果汇总表（图 11-7）自动生成了各类别所拥有用户数量（频数）以及占所有用户的百分比。其中类别 1 有 90 个用户，占比最大，达到 42.9%。此外，结合各类别的频数我们还可以判断聚类结果是否有意义。

聚类类别差异对比和方差分析结果显示了各类别在各主动变量上的平均值以及各变量对分类的贡献程度。根据图 11-8，由于 p 值小于 0.001，可以得出“说服力”和“购买意愿”对分类的贡献均显著的结论。换句话说，三个类别在这两个主动变量上的差异是显著的。

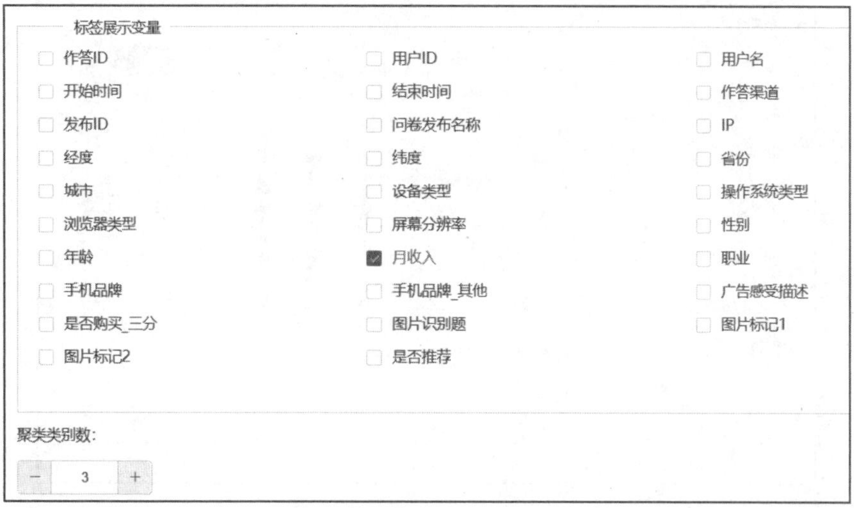

标签展示变量		
☐ 作答ID	☐ 用户ID	☐ 用户名
☐ 开始时间	☐ 结束时间	☐ 作答渠道
☐ 发布ID	☐ 问卷发布名称	☐ IP
☐ 经度	☐ 纬度	☐ 省份
☐ 城市	☐ 设备类型	☐ 操作系统类型
☐ 浏览器类型	☐ 屏幕分辨率	☐ 性别
☐ 年龄	☑ 月收入	☐ 职业
☐ 手机品牌	☐ 手机品牌_其他	☐ 广告感受描述
☐ 是否购买_三分	☐ 图片识别题	☐ 图片标记1
☐ 图片标记2	☐ 是否推荐	

聚类类别数:

− 3 +

图 11-6 聚类分析操作 2

聚类结果汇总表 下载数据

聚类类别	频数	百分比（%）
类别_1	90	42.9
类别_2	36	17.1
类别_3	84	40

图 11-7 聚类结果汇总表

聚类类别差异对比和方差分析结果 下载数据

变量	变量均值±标准差			F	p
	聚类类别1（n=90）	聚类类别2（n=36）	聚类类别3（n=84）		
购买意愿	5.03±0.57	2.75±0.82	6.37±0.45	494.8189	0.0000
说服力	5.05±0.69	3.82±0.87	6.21±0.46	183.6267	0.0000

图 11-8 聚类类别差异对比和方差分析结果

另外，基于变量平均值，我们可以对不同类别的用户进行初步分类。根据图 11-8，类别 3 的用户在“说服力”和“购买意愿”上得分最高，因此更容易被手机广告海报吸引。相比之下，类别 2 的用户效果最差，两个变量上得分最低，而类别 1 的用户效果一般。因此，初步结论是该广告海报可能更适合类别 3 的用户。

聚类结果图（图 11-9）以可视化的方式呈现了各类别的用户在两个主动变量上的分布(以不同颜色和形状呈现)。并且将光标移动到不同的样本点上还可以查看该用户的“标签展示信息”，在本案例中由于我们只选择了“收入水平”作为标签展示信息，因此，在图 11-9 中我们暂时也只能看到不同用户的收入水平情况。此信息有助于我们对不同类别的用户进一步描述和命名，更精准地进行市场细分。

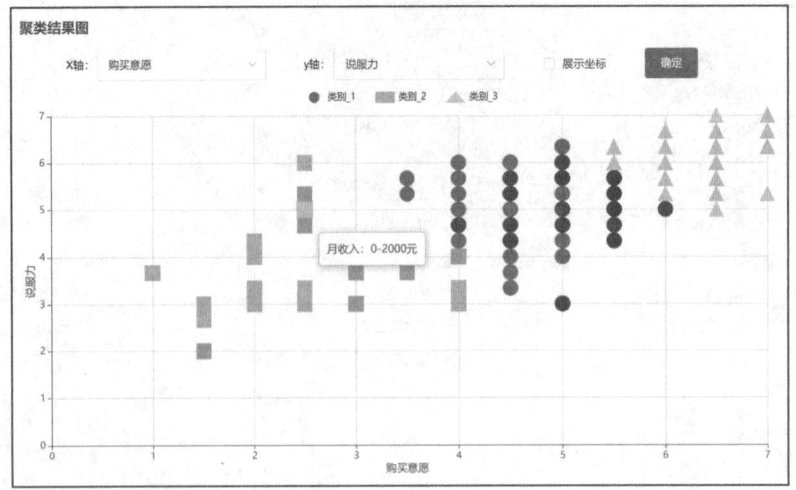

图 11-9　聚类结果图

第三篇

商业数据分析综合实训

第 12 章

综合实训一：产品包装的消费者满意度差异及购买意愿分析

12.1 乳制品产品包装项目简介

近年来，随着消费者对乳制品的需求逐渐攀升，生活水平的提高使膳食营养健康成为大众关注的焦点。我国奶业在时代的发展中经历了一场显著的转型，从数量扩张型迅速转变为质量效益型，踏上了高质量发展的快车道。在这个变革的过程中，酸奶作为一种乳制品，以其富含丰富的蛋白质、钙等多种矿物质的特性，成为广大消费者追逐的营养健康之选。在酸奶赛道上，由于其卓越的营养价值，新老品牌纷纷登场，使得竞争愈发激烈。

不同于常温酸奶赛道上大牌云集、巨头垄断的局面，低温酸奶赛道在过去一直受制于冷链技术和较短的储存期，因此其发展相对较为缓慢，市场集中度相对较低。零食酸奶，作为 J 公司旗下的一款代表性产品，虽然在市场上占有一席之地，但受到经营模式的影响，缺乏针对消费者的品牌营销与推广，导致品牌认知度不足。同时，其包装设计传统，难以贴近目标客群，特别是年轻人这一重要消费群体。

本项目旨在通过深入考察品牌知名度以及消费者对产品包装的偏好，为 J 公司提出有针对性的建议，以优化品牌形象、推动品牌营销与推广；通过精准的市场分析，旨在满足当代年轻消费者对品牌的需求，提高品牌在竞争激烈的市场中的竞争力。

12.2 项目分析内容

本项目采用多层次、多角度的研究方法，旨在深入了解消费者对 J 公司旗下零食酸奶的认知和购买行为。

12.2.1 消费者品牌评价分析

通过对零食酸奶消费者的第一印象回答进行系统收集，我们旨在深入了解消费者对 J 公司产品的认知程度。利用生成的词云图，我们能够更好地把握消费者对该产品的印象，从而全面评估品牌的知名度。

12.2.2 消费者对包装设计的偏好分析

方差分析是我们用来研究不同性别和年龄群体在产品包装评分上是否存在显著差异的工具。通过深入分析，我们可以揭示不同消费者群体对包装设计的独特偏好，为品牌提供了更为精准的个性化品牌营销定位。这有助于品牌更好地满足不同人群的需求，提升包装设计的吸引力和认可度。

12.2.3 产品包装对购买意愿的影响分析

采用回归分析方法，我们将深入研究产品包装评分与购买意愿之间的关系。通过建立数学模型，我们能够量化包装对消费者购买决策的影响，为品牌提供更具体的数据支持，为品牌策略中包装设计的决策提供战略地位。

通过综合运用这些方法，我们的目标是全面了解消费者对零食酸奶的反馈，识别品牌的优势和改进点，从而实现品牌形象的提升、市场份额的扩大和销售的增长。这一全面而系统的研究方法将为品牌提供深入而准确的市场洞察，为品牌战略的制定和实施提供有力支持。

12.3 分析方法

12.3.1 文本分析

文本分析是一种通过计算机技术和自然语言处理方法对文本数据进行处理与分析的方法，包括词频分析、情感分析、主题建模等多个方面。其中，词云图作为一种可视化工具，通过直观展示文本中关键词的频率和重要性，提供了对文本内容的快速理解和视觉呈现。通过文本分析，可以深入挖掘文本数据中的信息，揭示隐藏的模式、关系和趋势，为决策和改进提供有力的数据支持。

12.3.2 方差分析

方差分析是一种统计方法，用于比较两个或更多组之间的均值差异是否显著。通过分析不同组之间的方差，判断观察到的均值差异是由于随机因素引起，还是真正存在显著性差异。在市场研究中，方差分析常被用于检验不同群体在某一变量上的平均水平是否存在显著性差异，例如产品包装评分在不同性别和年龄群体中是否有显著差异。这一方法为深入理解不同群体对特定因素的反应提供了有力的统计手段。

12.3.3 回归分析

回归分析是一种统计方法，用于研究两个或多个变量之间的关系，并建立数学模型来描述它们之间的依赖关系。在市场研究和消费者行为分析中，回归分析常用于探讨某个因变量与一个或多个自变量之间的关联，以了解它们之间的趋势和影响程度。通过建立回归模型，可以预测或解释因变量的变化，揭示变量之间的潜在关系。在项目中，回归分析将被用于深入探究产品包装评分与购买意愿之间的关系，为制定针对性的品牌策略提供实证支持。

12.4　数据收集与描述

通过 Credamo 线上平台收集数据，回收了 192 份有效问卷，调研对象聚焦于 40 岁以下的年轻群体。因实训平台统计建模等功能会不断更新升级，分析结果请以实际为准。调查的主要内容涵盖品牌知名度、产品包装评分、购买意愿以及对包装元素的偏好。

品牌知名度的评估依托于消费者是否曾经使用过 J 公司的产品，让消费者凭第一印象回答该产品所属的品牌，以此探究他们对 J 公司的产品的了解和认知程度。产品包装评分方面，展示一款具体的产品，并邀请消费者对该产品的包装进行打分，采用 1～5 的评分体系。购买意愿的调查则询问消费者是否愿意购买展示的产品。

此外，为深入了解消费者对包装的偏好，研究团队设计了具体的调查问题。通过观察消费者在选择酸奶时的包装选择，他们关注了包装风格、包装上的口味、识别度和信息等因素；同时，还关注了消费者在看重包装时所注重的方面，如包装是否看起来好吃、有趣或者漂亮等。通过这些详细的调查内容，研究者将得到全面的消费者反馈，为今后产品包装的改进提供具体的指导和建议。

12.5　产品包装调研数据分析

12.5.1　消费者评价的文本分析

通过向参与者展示 J 公司旗下的酸奶产品，询问参与者是否使用过该产品。若参与者使用过该产品，让参与者凭第一感觉写下产品所属品牌。通过文本分析来考察品牌知名度。文本分析过程如图 12-1 所示。

分析结果如图 12-2 所示。

通过词云图分析，可以发现一些参与者曾经购买过 J 公司旗下的酸奶，但他们未能准确记住该品牌，反而将其与其他品牌混淆。这可能表明 J 公司在品牌知名度方面面临一些挑战，因为消费者在记忆中没有牢固地与该品牌关联起来。

另外，可以观察到一些参与者可能由于 J 公司的包装与其他品牌相似，而在记忆中出现混淆。这可能是由于市场上包装设计相似性较高，或者某些元素在多个品牌中重复使用，导致消费者难以准确辨认。这种混淆可能使参与者误以为自己曾经使用过 J 公司的产品，实际上可能是其他品牌的酸奶。

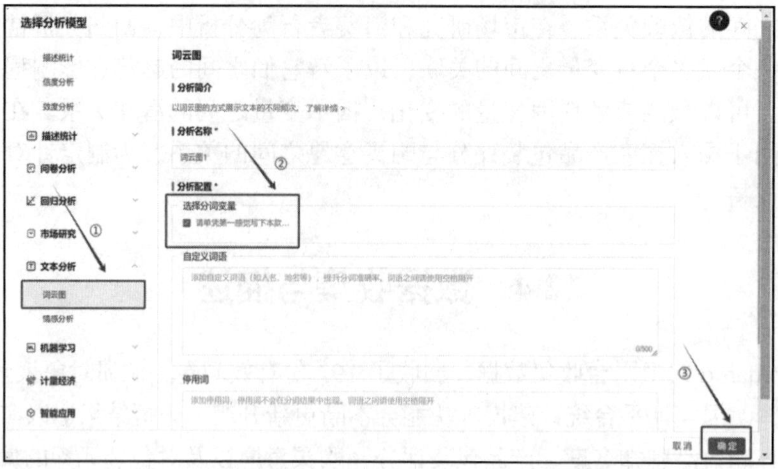

图 12-1　词云图分析步骤

图 12-2　品牌词云图

这些发现强调了品牌知名度和包装设计的重要性。在竞争激烈的市场中，清晰独特的品牌形象和包装设计可以帮助品牌更好地留在消费者的记忆中，避免混淆，提升品牌辨识度。因此，在品牌推广和包装设计上可能需要一些调整，以确保消费者清晰地认出并记住 J 公司的产品。

12.5.2　消费者性别与年龄的方差分析

考察不同性别和年龄的消费者对酸奶包装的满意度是否不同。方差分析步骤如图 12-3 所示。

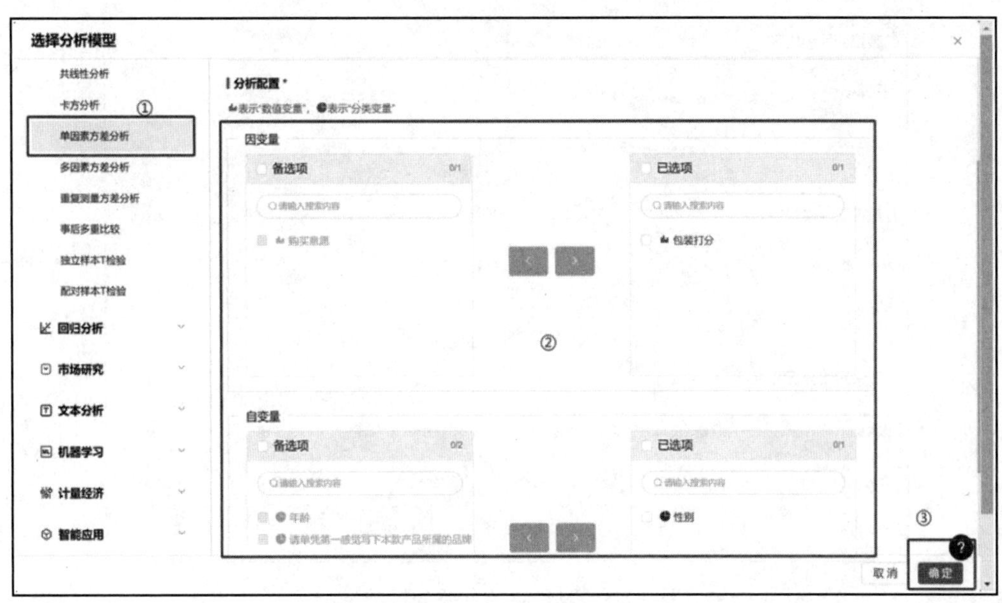

图 12-3　方差分析步骤

年龄分析步骤和性别一致。对性别的方差分析结果显示（图 12-4），性别对包装评分的影响不显著，$F(1,190) = 0.19$，$p = 0.663$。年龄对包装评分具有显著影响（图 12-5），$F(2,189) = 5.67$，$p = 0.004$。进一步比较各年龄段的均值发现，16～22 岁的消费者对该包装的打分仅为 69.588 2，明显低于其他年龄。23～30 岁的消费者和 31～40 岁的消费者对该包装的打分分别为 74.804 9 和 79.644 7，说明年龄越高，对包装更宽容。

包装打分均值信息　下载数据

男	女
75.1690	76.1653

方差齐次性检验　下载数据

levene检验值	p值
1.74	0.19

单因素方差分析结果　下载数据

因素	自由度	平方和	均方和	F值	p值
性别	1	44.4121	44.4121	0.1900	0.6634
Residual	190	44414.6660	233.7614		

图 12-4　对性别的方差分析结果

包装打分均值信息

31-40岁	16-22岁	23-30岁
79.6447	69.5882	74.8049

方差齐次性检验

levene检验值	p值
4.80	0.01

单因素方差分析结果

因素	自由度	平方和	均方和	F值	p值
年龄	2	2516.5569	1258.2784	5.6700	0.0041
Residual	189	41942.5212	221.9181		

图 12-5　对年龄的方差分析结果

这一发现指向了年龄对于包装评价的重要性。不同年龄段的消费者可能在对产品包装的审美要求上存在差异，因此在产品设计和包装上可能需要更加差异化的策略，以满足不同年龄层次的消费者需求。这也为今后的市场推广和产品定位提供了一些有益的参考。

12.5.3　消费者购买意愿的回归分析

通过进一步的分析，研究者将研究产品包装得分对消费者购买意愿的潜在影响。研究者假设产品包装得分会对个体的购买意愿产生正向影响。选择以产品包装得分作为自变量，购买意愿作为因变量，运用回归分析方法来深入探究它们之间的关系，具体的分析步骤展示在图 12-6 中。

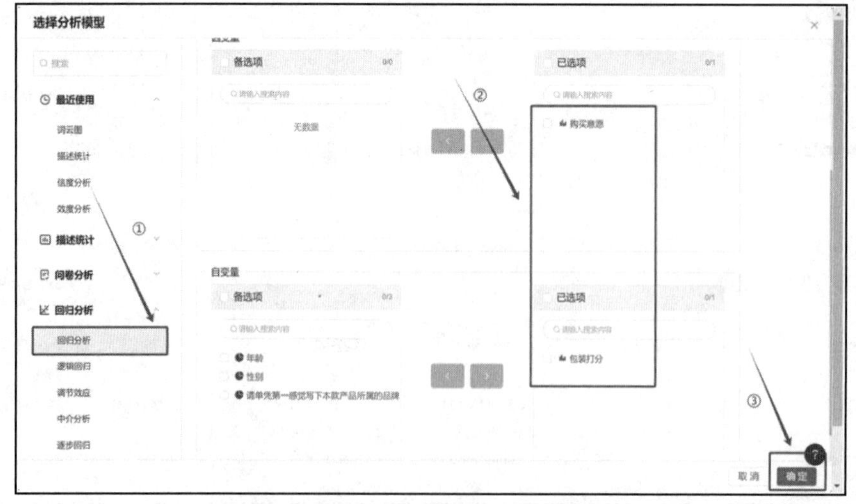

图 12-6　回归分析步骤

通过回归分析发现产品包装可以解释购买意愿变量变异的 40.18%（图 12-7）。产品包装得分对购买意愿具有显著影响，$\beta = 0.623\,6$，$p < 0.001$，95% CI = [0.514 7，0.732 5]。因此通过回归分析我们可以得出，个体对产品包装评价越高，购买意愿将会越高。这个发现为企业提供了有力的市场洞察，表明在产品推广和销售策略中，应当重点关注和优化产品包装设计。高质量、受欢迎的包装设计不仅能够吸引更多的潜在消费者，还直接促使其更愿意购买产品。总体而言，这一结论强调了产品包装在引导消费者购买决策中的重要性，并为企业提供了指导方向，以在竞争激烈的市场中取得更大的成功。

数据描述

下载数据

样本数	R方	调整后的R方	F值	AIC值	BIC值
192	0.4018	0.3987	127.6342	1489.3451	1495.8601

模型估计

参数摘要

下载数据

参数名称	系数	标准误	t值	P值	[0.025	0.975]	vif	tolerance
截距项	30.5796	4.2675	7.1656	0.0000	22.1618	38.9974	-	-
包装打分	0.6236	0.0552	11.2975	0.0000	0.5147	0.7325	1.0000	1.0000

图 12-7 回归分析结果

12.6 结论与建议

12.6.1 结论

通过对购买过该产品的用户进行调查发现，一些用户尽管购买过该产品但却未能记住品牌，这表明品牌知名度存在较大的提升空间。这可能是因为包装设计不够独特，导致用户在众多品牌中产生混淆，进而影响了品牌的记忆度。这向品牌知名度提升和包装特色优化提出了挑战。

年龄群体之间对产品包装的偏好存在差异，而产品包装又直接关系到消费者的购买意愿。特别是年轻消费者更加注重包装的外观，这为未来产品包装的设计提供了指导方向，强调在包装设计上突出产品的美感和个性化，同时提高关键信息的可辨识度。

12.6.2 建议

1. 品牌知名度提升

在品牌知名度提升方面，可以采用更创新的品牌推广和宣传策略，通过多渠道的方式将品牌形象传递给消费者。在包装上引入独特的标志或符号，不仅能够巩固品牌形象，还能使品牌更加易于被消费者记忆，进而提高品牌知名度。

2. 包装设计优化

针对年轻消费者的喜好，包装设计的优化需要更加注重突出产品的吸引力和美感，以及激发食欲的刺激性。在设计中要确保关键信息清晰可见，避免与其他品牌相混淆，从而提高包装的独特性和辨识度。

3. 个性化包装

为满足不同年龄段消费者的审美需求，建议采用个性化包装设计。对于年轻群体，可以强化卡通形象等拟人元素，提升包装的趣味性，使其更符合目标群体的品位和喜好。

附录：部分调研问卷展示

Q1 您的年龄[单选]

○ 16～22 岁
○ 23～30 岁
○ 31～40 岁
○ 40 岁以上

条件： 40 岁以上 已选定 跳至： 提交问卷

Q2 您的性别[单选]

○ 男
○ 女

Q3 您的身份[单选]

○ 在上学
○ 已工作
○ 其他

Q4 您吃过图上这任意一款酸奶吗？[单选]

A

B

○ 吃过图 A 中的一款或几款
○ 吃过图 B 中的一款或几款
○ 分别吃过图 A 和图 B 中的一款或几款
○ 全都没吃过

显示此问题：
如果 您吃过图上这任意一款酸奶吗？ 全都没吃过 未选定

Q5 请单凭第一感觉写下本款产品所属的品牌[填空]

____

Q6 请观察图上这款酸奶[滑块]

	0～100 分
请对包装进行打分	
请对您的购买意愿进行打分	

注：该实训案例与数据可通过扫描本书封底的二维码获取。

第 13 章

综合实训二：伴手礼产品属性及消费者群体差异分析

13.1 伴手礼发展背景

13.1.1 行业层面

国家从政治促进、经济支撑、社会赋能、科技助力四个层面，出台了一系列政策支持文旅融合发展，随之平稳增长的经济，持续升级的消费需求，实现了 AI 与经济深度融合，数实融合新业态明显升温，从而推动了地区伴手礼行业的发展。

13.1.2 产业层面

如图 13-1 所示，随着我国旅游黄金周恢复势头明显，2023 年春节旅游收入已恢复至 2019 年的七成以上，旅游人数同比大幅增长，居民节日出游需求持续释放。汕头成为旅游新秀，较 2019 年旅游总收入同期增长 31.5%，接待游客总数较 2019 年同期增长 35.7%。

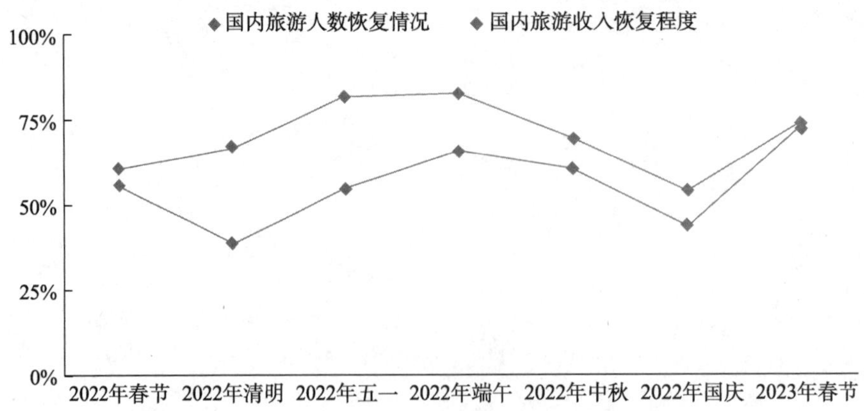

图 13-1　2022—2023 年节假日旅游恢复情况

13.1.3 消费层面

文旅产业需求侧消费意愿持续激发，供给侧对市场的信心全面增强，“美食+文旅”的变化存在中小城市旅游用户出游需求率先释放，新型旅游场景兴起，国潮消费与场景消费深度融合，以及文旅产品销售渠道线上线下融合，如图 13-2 所示。

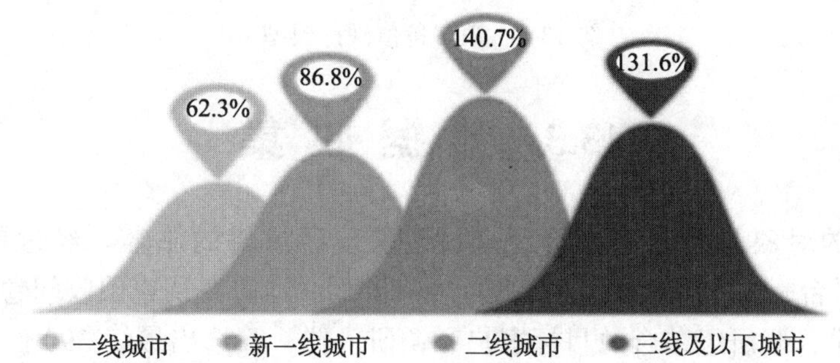

图 13-2 2023 年 3 月在线旅游平台不同城市等级活跃用户规模同比增速

13.1.4 调研问题

在“美食+文旅”背景下，某潮汕本土企业也面临以下问题。

（1）伴手礼产品同质化严重，引发审美疲劳。

（2）伴手礼行业未形成品牌效应。

（3）网红风持续性不强，缺乏体验感。

（4）休闲娱乐型和功能型文化消费供需不平衡。

13.2 理论基础

基于消费价值理论模型，我们研究牛肉丸伴手礼的社会价值、情绪价值、宣传手段与购买意愿之间的关系，构建结构方程模型，并作出如表 13-1 所示的假设。

表 13-1 研究假设

编号	研究假设
*H*1	社会价值正向影响消费者对牛肉丸伴手礼的购买意愿
*H*2	情绪价值正向影响消费者对牛肉丸伴手礼的购买意愿
*H*3	宣传手段正向影响消费者对牛肉丸伴手礼的购买意愿

由此结合价值分析影响购买意愿的关键因素，提出三维度理论模型如图 13-3 所示。

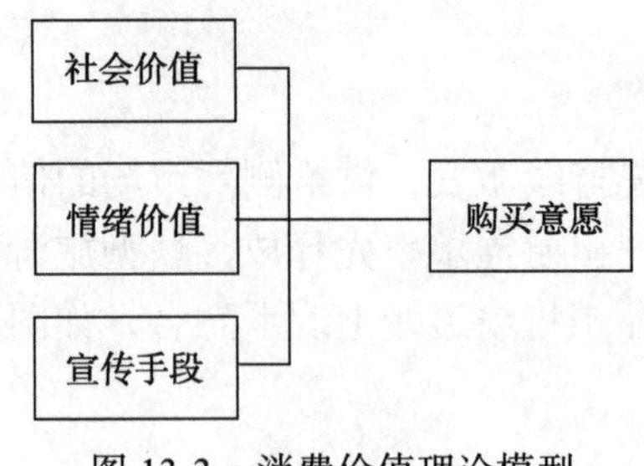

图 13-3 消费价值理论模型

13.3 数据收集

本项调查的对象是有意愿或曾经来过潮汕地区旅游的旅客。经过预调查、线上Credamo见数平台+线下定向发放、无效问卷剔除后，本研究调查回收问卷532份，其中有效问卷443份，调研组结合总目标客户和调研人群，筛选出最终390份问卷，问卷设计如表13-2所示，利用该问卷的数据及信息进行后续的统计分析。

表 13-2 问卷编制

问卷板块	具体内容
旅游习惯调查	旅游形式偏好、旅游活动偏好、旅游频率、旅游平均消费等
伴手礼偏好	伴手礼购买频次、价格区间、关注因素、了解渠道等
消费者个人信息	性别、年龄、职业、平均月收入、婚育状况、所在省份及城市类型

13.4 伴手礼消费者群体及产品分析

因实训平台统计建模等功能会不断更新升级，分析结果请以实际为准。（样本数据量为390份。）

13.4.1 描述性统计分析

被调查者基本情况如图13-4—图13-7所示。

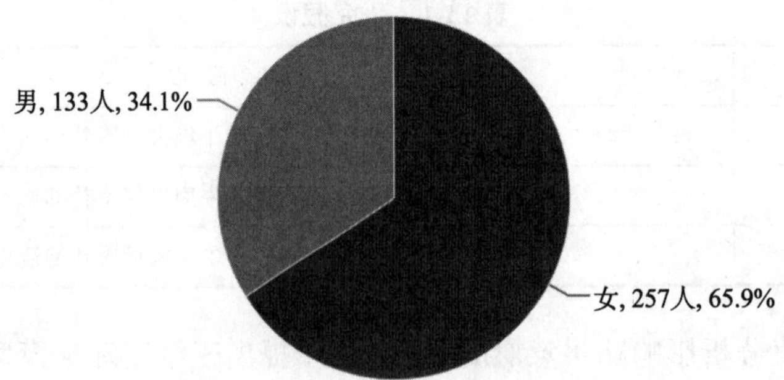

图 13-4 被调查者性别比例

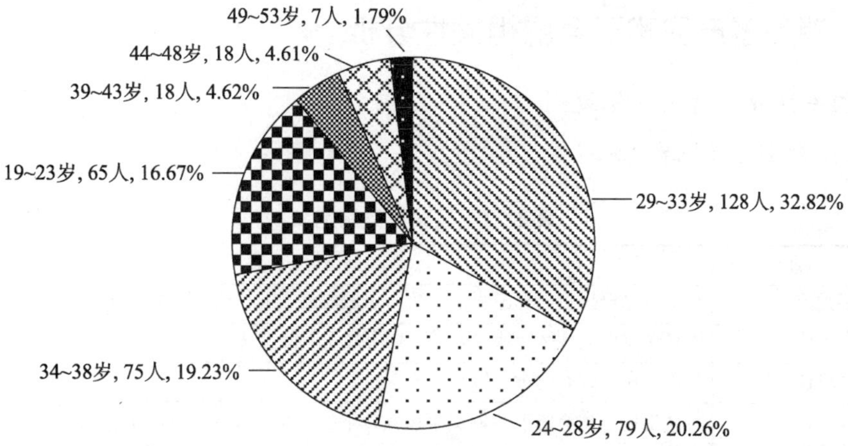

图 13-5　被调查者年龄分布

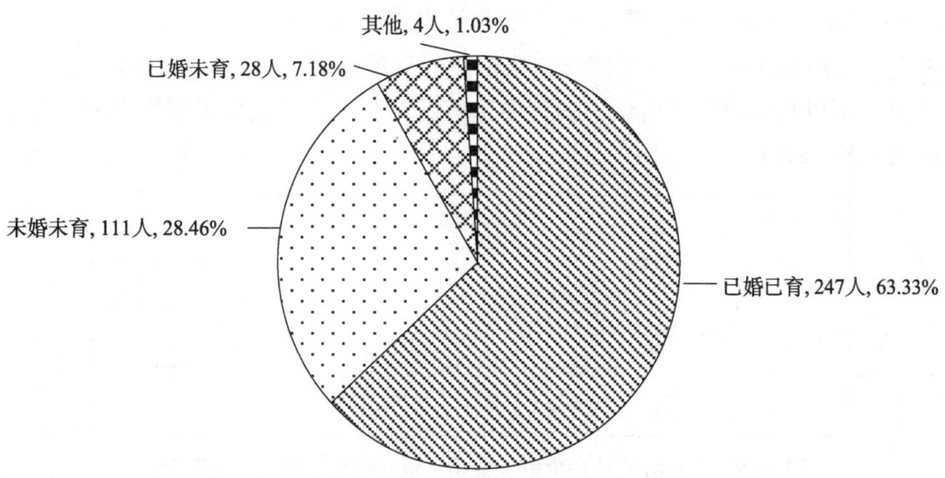

图 13-6　被调查者婚育状况

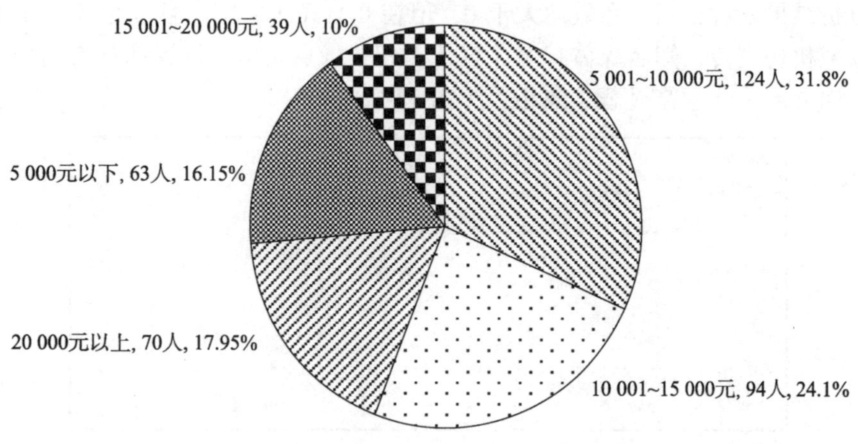

图 13-7　被调查者平均月收入情况

13.4.2 消费者产品购买意愿相关性分析

1. 相关性分析题项具体说明

相关性类别定义见表 13-3。

表 13-3 相关性类别定义

类 别	具 体 内 容
购买意愿	购买意愿根据正向意愿程度依次为乐意购买、推荐他人购买、重复(多次)购买
社会价值	赠送亲友增进感情，赠送领导、同事维系人际交往，社交平台的分享获得关注
情绪价值	感到有趣、感到新奇、感到愉悦
宣传手段	权威机构宣传会吸引我购买牛肉丸伴手礼、知名媒体/名人宣传会吸引我购买牛肉丸伴手礼、景点附近的实体店会吸引我购买牛肉丸伴手礼、可以参与制作体验会吸引我购买牛肉丸伴手礼

2. 消费者的社会价值、情绪价值与购买意愿的相关性分析

本次分析购买意愿与社会价值、情绪价值的系数分别为 0.636 1、0.570 5，且 p 值均小于 0.05，可以看出消费者所认为的社会价值、情绪价值与其购买意愿之间具有显著正向相关性（图 13-8）。

相关系数矩阵　　下载数据

	社会价值		情绪价值		购买意愿	
	相关系数	p值	相关系数	p值	相关系数	p值
社会价值	1.0000					
情绪价值	0.5875	0.0000	1.0000			
购买意愿	0.6361	0.0000	0.5705	0.0000	1.0000	

图 13-8 消费者的社会价值、情绪价值与购买意愿的相关性分析

3. 不同宣传手段与购买牛肉丸伴手礼意愿的相关性分析

从分析结果来看，相关系数均大于 0，但在 0.3～0.5 之间，且 p 值均小于 0.05，可以说明权威机构宣传，知名媒体、名人宣传，相关景点实体店设置和参与制作体验与整体购买牛肉丸伴手礼意愿显著正向相关（图 13-9）。

相关系数矩阵　　下载数据

	宣传手段1		宣传手段2		宣传手段3		宣传手段4		购买意愿	
	相关系数	p值	相关系数	p值	相关系数	p值	相关系数	p值	相关系数	p值
宣传手段1	1.0000									
宣传手段2	0.3144	0.0000	1.0000							
宣传手段3	0.1042	0.0397	0.2745	0.0000	1.0000					
宣传手段4	0.2663	0.0000	0.2036	0.0001	0.1440	0.0044	1.0000			
购买意愿	0.4019	0.0000	0.4581	0.0000	0.4681	0.0000	0.3126	0.0000	1.0000	

图 13-9 不同宣传手段与购买牛肉丸伴手礼意愿的相关性分析

13.4.3 基于消费者特征的方差分析

1. 不同性别对购买意愿的差异性分析

从均值来看，不同性别对牛肉丸伴手礼的购买意愿不同，男性 > 女性（见图 13-10）。而 F 检验的 p 值小于 0.05，表明不同性别对购买牛肉丸伴手礼的意愿存在显著差异，男性的购买意愿显著高于女性。

购买意愿均值信息 下载数据

女	男
4.2192	4.3434

方差齐次性检验 下载数据

levene检验值	p值
1.86	0.17

单因素方差分析结果 下载数据

因素	自由度	平方和	均方和	F值	p值
性别	1	1.3511	1.3511	4.5730	0.0331
Residual	388	114.6386	0.2955		

图 13-10 不同性别对购买意愿的差异性分析

2. 职业维度与社会价值的单因素方差分析

从均值来看，不同职业的被试者认为牛肉丸伴手礼所具有的社会价值不同，企业高管 > 自由职业 > 企业工作人员 > 政府部门、事业单位人员 > 学生（见图 13-11）。而 F 检验的 p 值小于 0.05，表明不同职业对牛肉丸伴手礼的社会价值在认知上存在显著差异，企业高管认为的社会价值显著高于其他几类。

社会价值均值信息 下载数据

学生	企业工作人员	政府部门、事业单位人员	企业高管	自由职业
3.6454	4.2723	4.0815	4.4545	4.3810

方差齐次性检验 下载数据

levene检验值	p值
6.02	0.00

单因素方差分析结果 下载数据

因素	自由度	平方和	均方和	F值	p值
职业	4	17.5836	4.3959	17.8730	0.0000
Residual	385	94.6913	0.2460		

图 13-11 职业维度与社会价值的单因素方差分析

3. 不同收入人群购买意愿的差异分析

有着不同平均月收入的被试者对牛肉丸伴手礼购买意愿的均值不同，整体来看，收入高的人群，购买意愿的均值也会更大（见图 13-12）。而 F 检验的 p 值小于 0.05，表明不同收入的被试者在牛肉丸伴手礼的购买意愿上存在显著差异，20 000 元以上的月收入者的购买意愿显著高于其他几类。

购买意愿均值信息　下载数据

5000元及以下	10001-15000元	5001-10000元	20000元以上	15001-20000元
3.9418	4.2695	4.3226	4.3952	4.3248

方差齐次性检验　下载数据

levene检验值	p值
13.42	0.00

单因素方差分析结果　下载数据

因素	自由度	平方和	均方和	F值	p值
平均月收入	4	8.3160	2.0790	7.4337	0.0000
Residual	385	107.6737	0.2797		

图 13-12　不同收入人群购买意愿的差异分析

13.4.4　伴手礼产品属性的 CBC 联合分析

通过在 Credamo 见数平台发放问卷并收集数据，本团队利用 Credamo 见数平台对所收集的数据进行联合分析，得出各属性的重要性占比以及各属性的个体效用值。从图 13-13 的结果可以看出，在 4 个属性中，价格和包装视觉效果重要性占比更高，分别为 43.66%、30.96%。其次为互动感设计（20.3%）、包装地域特色（5.08%）。在属性效用的排序中，如图 13-14 所示，效用最好的仍然是价格，其次是包装视觉效果、互动感设计和包装地域特色。

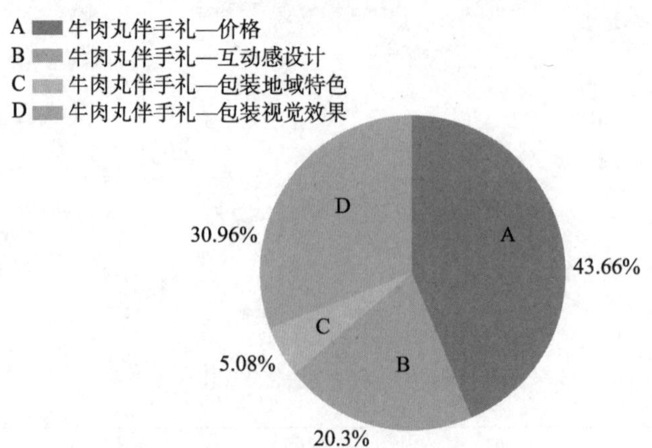

图 13-13　属性重要性占比饼图

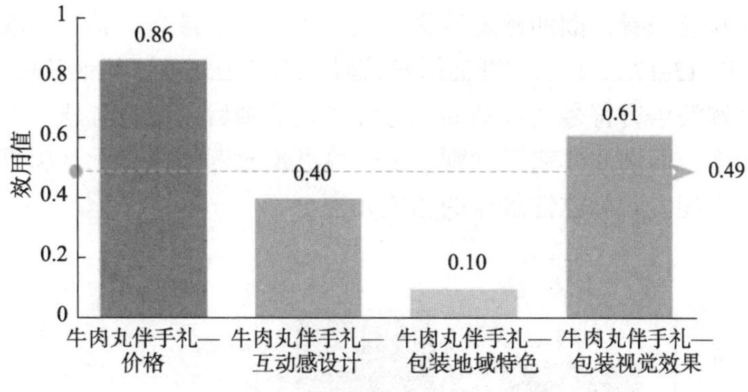

图 13-14　各属性个体的效用值

从牛肉丸伴手礼价格来看，50～100 元的效用值最高，其次为 101～200 元、50 元以内（图 13-15）。而以“200 元以上”水平为基准，在其他条件不变的情况下，价格变成 50～100 元后，消费者选择购买牛肉丸伴手礼的概率将上升最多，而 101～200 元和 50 元以内则次之。可见消费者对于价格是相对敏感的，价格过低或过高都将导致消费者对于丸类伴手礼的购买意愿下降。

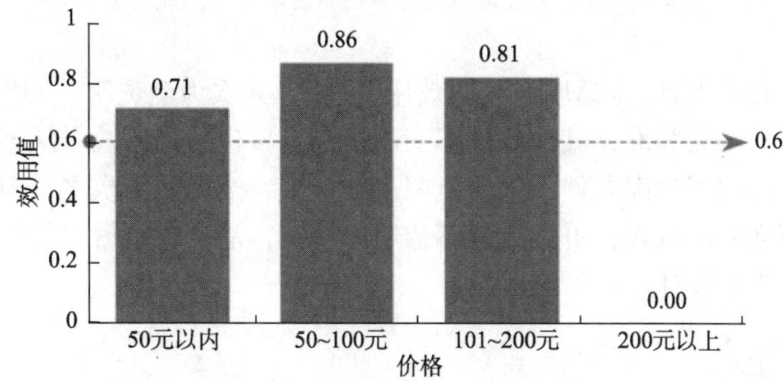

图 13-15　价格属性下各水平的效用值

在互动感设计从交互式包装设计变成 DIY 包装互动设计后，消费者选择购买牛肉丸伴手礼的概率将上升 16.1%，而从交互式包装设计改变为微信社群抽奖活动时，消费者选择的概率将下降 22.5%。消费者更偏好像“DIY 包装互动设计”这类能满足个人定制化需求的互动感设计，而对于“微信社群抽奖活动”这类需要扫码进群的互动设计相对而言较为抵触。互动感设计属性下各水平的效用值如图 13-16 所示。

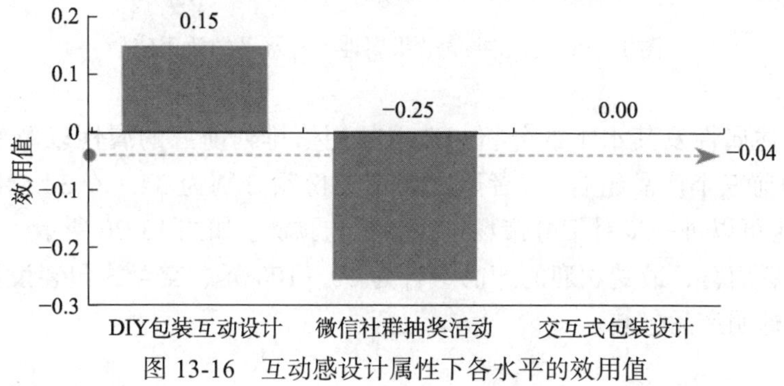

图 13-16　互动感设计属性下各水平的效用值

从包装地域特色来看，潮汕标志性景点插画的效用值最高，其次为潮汕非遗元素、潮汕语言符号（图 13-17）。而以“潮汕语言符号”水平为基准，其他条件不变的情况下，包装地域特色从潮汕语言符号变成潮汕标志性景点插画后，消费者选择购买牛肉丸伴手礼的概率上升最多，而潮汕非遗元素则次之。可见比起潮汕非遗元素和语言符号，消费者更偏好在包装上能看到标志性景点的相关元素。

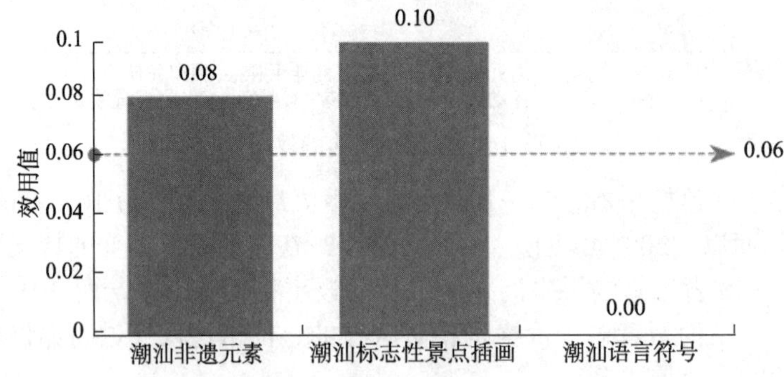

图 13-17　包装地域特色属性下各水平的效用值

从包装视觉效果来看，半透明包装的效用值最高，其次为全透明、不透明（图 13-18）。而以“不透明”水平为基准，其他条件不变的情况下，包装视觉效果从不透明变成半透明后，消费者选择购买牛肉丸伴手礼的概率上升最多，全透明则次之，但全透明和半透明包装的上升幅度差距较大，可见比起不透明的包装，消费者更偏好能够通过包装看到部分产品内容的产品设计。

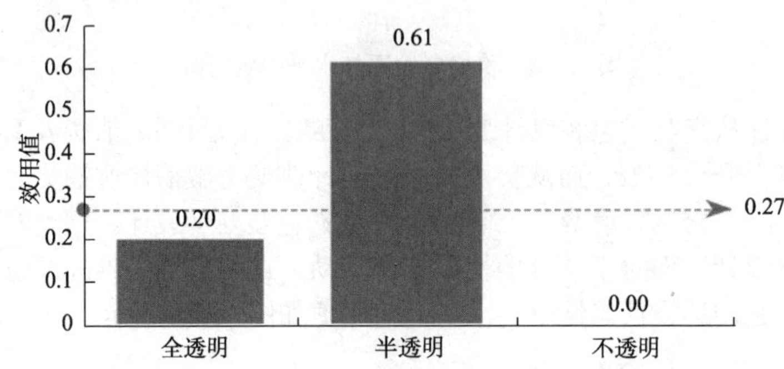

图 13-18　包装视觉效果属性下各水平的效用值

通过对上述属性及其水平的分析，选取效用值排列前三的属性以及水平，可以得出最受欢迎的前三个产品组合，三者所占的市场份额分别为 34.1%、33.5%以及 32.5%，见图 13-19。也可以进一步对细分市场进行模拟与预测。如图 13-20 所示，对于偏向亲子游的女性消费者而言，最受欢迎的产品组合为 50～100 元、交互式包装设计、具有潮汕非遗元素的半透明产品包装。

图 13-19　最受欢迎的三类产品

细分市场(旅游的一般形式为亲子游，性别为女)的相对规模为23.0%

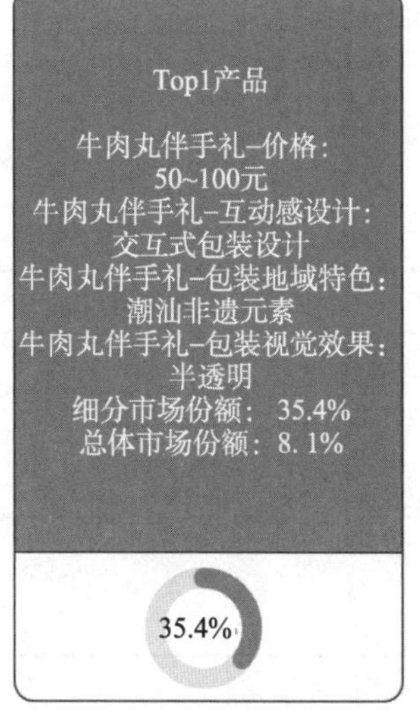

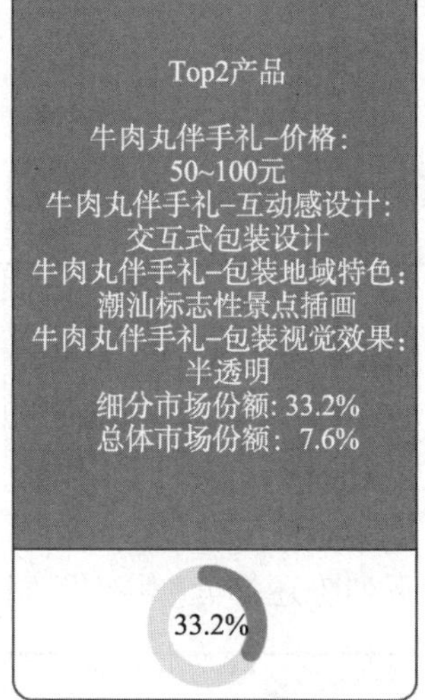

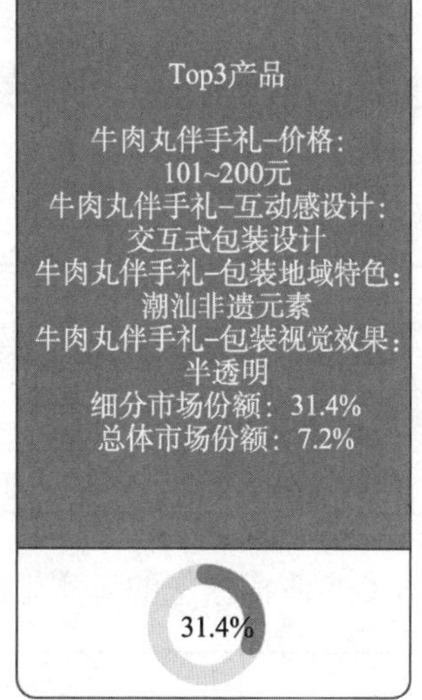

图 13-20　细分市场模拟与预测

13.5　结论与建议

13.5.1　结论

（1）美食与地域文化成为消费者在旅游过程中关注的主要因素。

（2）消费者所认为的牛肉丸伴手礼具备的社会价值和情绪价值与其购买意愿之间有显著正向相关性。

（3）男性购买牛肉丸伴手礼的意愿显著高于女性。

（4）企业高管认为牛肉丸伴手礼具备的社会价值显著高于其他职业的消费者。

（5）20 000元以上月收入的消费者购买牛肉丸伴手礼的意愿显著高于其他月收入的消费者。

（6）对于牛肉丸伴手礼的包装设计，整体最受欢迎的组合为50～100元，可以进行DIY的，带有潮汕标志性景点插画的半透明包装设计。

13.5.2 建议

（1）话题营销：定位目标人群，找准消费需求，锁定社交媒体平台，创建消费者日常生活场景的话题，实现精准营销。

（2）内容营销：细分内容营销层次，立体地展现品牌内容，同时布局主流媒体PR（公共关系）提高曝光量，借助主流媒体的信誉，增加消费者对产品的信任，实现品牌关键词SEO（搜索引擎优化）。

（3）公关把控：关注危机公关，做好投诉应急预案。

（4）活动流程：做好活动控制，举办前大规模宣发，举办时抓住焦点效应实现流量变现，举办后利用余波效应打造后续话题。

附录：部分调研问卷展示1

Q1 请根据您的真实想法对下列陈述打分[矩阵量表]

	1	2	3	4	5
我认为赠送领导/同事牛肉丸伴手礼可以增强人际交往	○	○	○	○	○
我认为赠送亲人/朋友牛肉丸伴手礼可以增进感情	○	○	○	○	○
我认为在社交平台分享牛肉丸伴手礼可以获得更多关注	○	○	○	○	○

Q2 请根据您的真实想法对下列陈述打分[矩阵量表]

	1	2	3	4	5
权威机构宣传会吸引我购买牛肉丸伴手礼	○	○	○	○	○
知名媒体/名人宣传会吸引我购买牛肉丸伴手礼	○	○	○	○	○
景点附近的实体店会吸引我购买牛肉丸伴手礼	○	○	○	○	○
可以参与制作体验会吸引我购买牛肉丸伴手礼	○	○	○	○	○

Q3 请根据您的真实想法对下列陈述打分[矩阵量表]

	1	2	3	4	5
牛肉丸伴手礼让我觉得很有趣	○	○	○	○	○
牛肉丸伴手礼让我觉得新奇	○	○	○	○	○
旅途中购买牛肉丸伴手礼让我感觉愉悦	○	○	○	○	○

Q4 请根据您的真实想法对下列陈述打分[矩阵量表]

	1	2	3	4	5
我乐意购买牛肉丸伴手礼	○	○	○	○	○
我推荐他人购买牛肉丸伴手礼	○	○	○	○	○
我愿意多次买牛肉丸伴手礼	○	○	○	○	○

Q5 您的性别[单选]

○ 男　○ 女

Q6 您的年龄[单选]

○ 18 岁以下　○ 19～23 岁　○ 24～28 岁
○ 29～33 岁　○ 34～38 岁　○ 39～43 岁
○ 44～48 岁　○ 49～53 岁　○ 54 岁以上

Q7 您的职业[单选]

○ 学生　○ 企业工作人员　○ 政府部门、事业单位人员
○ 自由职业　○ 其他______

Q8 您的平均月收入[单选]

○ 5 000 元以下　○ 5 001～10 000 元　○ 10 001～15 000 元
○ 15 001～20 000 元　○ 20 000 元以上

Q9 您的婚育状况[单选]

○ 未婚未育　○ 已婚未育　○ 已婚已育　○ 其他______

部分调研问卷展示 2

Q1 您旅游的一般形式为？[单选]

○ 亲子游　○ 情侣游　○ 朋友结伴出行
○ 个人旅行　○ 其他，请注明

Q2 您常进行的旅游活动为？[多选]

☐ 参观景区、博物馆、美术馆等
☐ 逛美食街
☐ 体验当地特色文化活动
☐ 打卡网红点
☐ 休闲随意漫步
☐ 其他，请注明

Q3 您在旅行时是否会考虑购买当地特色产品？（回答是或否，不影响后续答题及报酬发放）[单选]

○ 是　○ 否

Q4 潮汕地区的牛肉丸作为一种地方特色美食，以选料讲究、制作工艺独特而著称，其特点是肉质细腻、弹性十足、口感鲜美。为了方便携带和赠送，潮汕牛肉丸通常会设

计包装，配备精美礼盒，确保长途运输中食品的新鲜度和安全性。

CBC 板块

RQ1 请根据您的喜好程度，对下列不同的牛肉丸伴手礼-价格进行评级。

	不喜欢	有点喜欢	非常喜欢	不知道
50 元以内	○	○	○	○
50～100 元	○	○	○	○
101～200 元	○	○	○	○
200 元以上	○	○	○	○

RQ3 请根据您的喜好程度，对下列不同的牛肉丸伴手礼-互动感设计进行评级。

	不喜欢	有点喜欢	非常喜欢	不知道
能够亲手 DIY 包装样式	○	○	○	○
能够扫码进入微信社群参与抽奖活动	○	○	○	○
交互式包装设计	○	○	○	○

RQ5 请根据您的喜好程度，对下列不同的牛肉丸伴手礼-包装地域特色进行评级。

	不喜欢	有点喜欢	非常喜欢	不知道
带有潮汕非遗元素（如英歌舞人物 IP 等）	○	○	○	○
带有潮汕标志性景点插画（如小公园/汕头旅社等）	○	○	○	○
带有潮汕语言符号（如老爷保号等字体 logo）	○	○	○	○

RQ7 请根据您的喜好程度，对下列不同的牛肉丸伴手礼-包装视觉效果进行评级。

	不喜欢	有点喜欢	非常喜欢	不知道
全透明（能完全看到产品）	○	○	○	○
半透明（能看到部分产品）	○	○	○	○
不透明（看不到产品）	○	○	○	○

1/11 如果这些是您唯一的选择，您会选择哪一个？

牛肉丸伴手礼-价格	50 元以内	200 元以上
牛肉丸伴手礼-互动感设计	交互式包装设计	能够亲手 DIY 包装样式
牛肉丸伴手礼-包装地域特色	带有潮汕语言符号（如老爷保号等字体 logo）	带有潮汕标志性景点插画（如小公园/汕头旅社等）
牛肉丸伴手礼-包装视觉效果	不透明（看不到产品）	全透明（能完全看到产品）

2/11 如果这些是您唯一的选择，您会选择哪一个？

牛肉丸伴手礼-价格	101～200 元	200 元以上
牛肉丸伴手礼-互动感设计	能够扫码进入微信社群参与抽奖活动	交互式包装设计
牛肉丸伴手礼-包装地域特色	带有潮汕标志性景点插画（如小公园/汕头旅社等）	带有潮汕非遗元素（如英歌舞人物 IP 等）
牛肉丸伴手礼-包装视觉效果	不透明（看不到产品）	不透明（看不到产品）

3/11 如果这些是您唯一的选择，您会选择哪一个？

牛肉丸伴手礼-价格	200 元以上	50～100 元
牛肉丸伴手礼-互动感设计	能够扫码进入微信社群参与抽奖活动	能够扫码进入微信社群参与抽奖活动
牛肉丸伴手礼-包装地域特色	带有潮汕语言符号（如老爷保号等字体 logo）	带有潮汕非遗元素（如英歌舞人物 IP 等）
牛肉丸伴手礼-包装视觉效果	全透明（能完全看到产品）	半透明（能看到部分产品）

4/11 如果这些是您唯一的选择，您会选择哪一个？

牛肉丸伴手礼-价格	50 元以内	50～100 元
牛肉丸伴手礼-互动感设计	交互式包装设计	能够扫码进入微信社群参与抽奖活动
牛肉丸伴手礼-包装地域特色	带有潮汕标志性景点插画（如小公园/汕头旅社等）	带有潮汕语言符号（如老爷保号等字体 logo）
牛肉丸伴手礼-包装视觉效果	全透明（能完全看到产品）	不透明（看不到产品）

5/11 如果这些是您唯一的选择，您会选择哪一个？

牛肉丸伴手礼-价格	101～200 元	200 元以上
牛肉丸伴手礼-互动感设计	能够扫码进入微信社群参与抽奖活动	交互式包装设计
牛肉丸伴手礼-包装地域特色	带有潮汕非遗元素（如英歌舞人物 IP 等）	带有潮汕标志性景点插画（如小公园/汕头旅社等）
牛肉丸伴手礼-包装视觉效果	不透明（看不到产品）	不透明（看不到产品）

6/11 如果这些是您唯一的选择，您会选择哪一个？

牛肉丸伴手礼-价格	50～100元	200元以上
牛肉丸伴手礼-互动感设计	交互式包装设计	能够扫码进入微信社群参与抽奖活动
牛肉丸伴手礼-包装地域特色	带有潮汕非遗元素（如英歌舞人物IP等）	带有潮汕非遗元素（如英歌舞人物IP等）
牛肉丸伴手礼-包装视觉效果	全透明（能完全看到产品）	全透明（能完全看到产品）

7/11 如果这些是您唯一的选择，您会选择哪一个？

牛肉丸伴手礼-价格	101～200元	101～200元
牛肉丸伴手礼-互动感设计	能够扫码进入微信社群参与抽奖活动	能够亲手DIY包装样式
牛肉丸伴手礼-包装地域特色	带有潮汕语言符号（如老爷保号等字体logo）	带有潮汕非遗元素（如英歌舞人物IP等）
牛肉丸伴手礼-包装视觉效果	不透明（看不到产品）	不透明（看不到产品）

8/11 如果这些是您唯一的选择，您会选择哪一个？

牛肉丸伴手礼-价格	50元以内	50～100元
牛肉丸伴手礼-互动感设计	能够亲手DIY包装样式	能够扫码进入微信社群参与抽奖活动
牛肉丸伴手礼-包装地域特色	带有潮汕非遗元素（如英歌舞人物IP等）	带有潮汕非遗元素（如英歌舞人物IP等）
牛肉丸伴手礼-包装视觉效果	全透明（能完全看到产品）	全透明（能完全看到产品）

9/11 如果这些是您唯一的选择，您会选择哪一个？

牛肉丸伴手礼-价格	200元以上	50元以内
牛肉丸伴手礼-互动感设计	能够亲手DIY包装样式	交互式包装设计
牛肉丸伴手礼-包装地域特色	带有潮汕标志性景点插画（如小公园/汕头旅社等）	带有潮汕标志性景点插画（如小公园/汕头旅社等）
牛肉丸伴手礼-包装视觉效果	半透明（能看到部分产品）	不透明（看不到产品）

10/11 如果这些是您唯一的选择，您会选择哪一个？

牛肉丸伴手礼-价格	50～100元	50元以内
牛肉丸伴手礼-互动感设计	能够亲手DIY包装样式	能够亲手DIY包装样式
牛肉丸伴手礼-包装地域特色	带有潮汕非遗元素（如英歌舞人物IP等）	带有潮汕语言符号（如老爷保号等字体logo）
牛肉丸伴手礼-包装视觉效果	不透明（看不到产品）	不透明（看不到产品）

11/11 如果这些是您唯一的选择，您会选择哪一个？

牛肉丸伴手礼-价格	200元以上	50～100元
牛肉丸伴手礼-互动感设计	能够扫码进入微信社群参与抽奖活动	能够亲手DIY包装样式
牛肉丸伴手礼-包装地域特色	带有潮汕语言符号（如老爷保号等字体logo）	带有潮汕标志性景点插画（如小公园/汕头旅社等）
牛肉丸伴手礼-包装视觉效果	不透明（看不到产品）	半透明（能看到部分产品）

Q5 您的性别为？[单选]

○ 男 ○ 女

Q6 您的年龄为？[单选]

○ 18 岁以下 ○ 18～25 岁 ○ 26～35 岁

○ 36～45 岁 ○ 45 岁以上

Q7 您的职业为？[单选]

○ 学生 ○ 企业工作人员 ○ 政府部门、事业单位人员

○ 自由职业 ○ 其他，请注明

Q8 您的平均月收入为？（学生请选择月生活费）[单选]

○ 5 000 元以下 ○ 5 001～10 000 元 ○ 10 001～15 000 元

○ 15 001～20 000 元 ○ 20 000 元以上

Q9 您的婚育状况为？[单选]

○ 未婚 ○ 已婚

注：该实训案例与数据可通过扫描本书封底的二维码获取。

第 14 章

综合实训三：创造与引导消费者需求分析——基于培育钻石市场的案例分析

14.1 培育钻石市场兴起的背景

当前的经济形势和收入预期使得消费者对高价商品更为谨慎。尽管如此，消费市场仍然是我国经济的重要驱动力。在这样的背景下，培育钻石作为一种与天然钻石相似但价格更为亲民的新型产品，正在逐渐进入市场。尽管培育钻石市场尚处于起步阶段，但其低碳环保的特点与我国的长期政策目标相符，预计在未来将获得更多的政策支持。在此情境下，某些企业已开始进入培育钻石产业，积极投资研发和供应链服务，以期在这一新兴市场中占据有利位置。

14.2 消费者需求的理论构建

根据计划行为理论，人的突显信念是作用于购买意向和购买行为的认知与情绪基础，也就是说消费者行为的发生具有指向性，心理发展过程是按照认知、情感、态度、意向、行为的一般发展规律。而培育钻石的购买意愿也是多因素综合作用的结果，本研究主要从心理综合反应的角度研究消费者培育钻石的购买意愿与行为。因此，计划行为理论为本研究确定培育钻石购买意愿的影响因素及相应的变量设计与测量提供了很好的理论指导。

基于对理论模型的理论基础分析以及对消费者培育钻石购买意愿前置影响因素的分析，把消费者的产品认知、环保意识、情感信念、行为态度、主观规范、感知行为控制作为购买意愿的前置影响因素，构建了培育钻石购买意愿理论模型，研究假设如表 14-1 所示。

表 14-1 研究假设

编 号	研 究 假 设
H1a	消费者对培育钻石的产品认知正向直接影响行为态度

续表

编　号	研 究 假 设
H1b	消费者的环保意识正向直接影响行为态度
H1c	消费者对培育钻石的情感信念正向直接影响行为态度
H2	消费者对培育钻石的行为态度正向直接影响购买意愿
H3	消费者对培育钻石的主观规范正向直接影响购买意愿
H4	消费者对培育钻石的感知行为控制正向直接影响购买意愿

基于上述分析，构建了消费者培育钻石购买意愿理论假设模型，各潜变量之间的结构路径关系如图 14-1 所示。

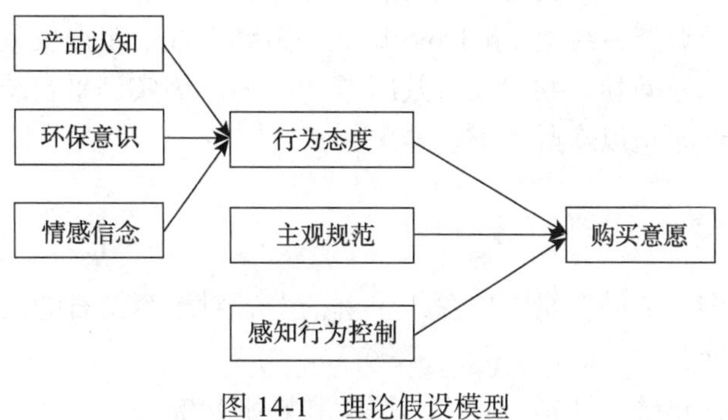

图 14-1　理论假设模型

14.3　分 析 方 法

14.3.1　聚类分析

K-均值聚类是一种基于划分的聚类算法，在给定分类组数 k（$k \leqslant n$）值的条件下，把 n 个原始数据对象分成 k 个簇，使簇内具有较高的相似度，而簇间的相似度较低。目的在于将消费者根据其相似的特征或行为划分为不同的群体，从而更好地了解各个群体的独特需求和偏好。本研究使用 *K*-均值聚类对培育钻石消费者进行细分，更好地理解和分析不同消费者对于培育钻石的需求。

14.3.2　逻辑回归

建立二元 Logistic 模型，将是否购买过培育钻石相关产品设定为因变量，对性别、年龄、婚姻状况、收入、职业、学历、专业等因素进行回归分析，探究对购买意愿产生影响的因素，从而对目标群体进行定位，确定培育钻石消费群体及潜在消费群体所具有的显著特征。

14.3.3　结构方程模型

构建结构方程模型可以将多个概念性上有关联的因素整合到一个模型中，形成一个综合的框架。通过这种方式，可以同时考虑多个影响购买意愿的变量，更全面地理解这些因素之间的关系。通过分析行为态度、主观规范、感知行为控制、环保意识、情感信念、产品认知对购买意愿的影响，来验证提出的理论模型。

14.4 数据收集与描述

14.4.1 调查对象与样本

本项研究的调查对象为国内培育钻石产品的消费者及意向消费者。其中，消费者为已经购买过培育钻石的人群，而意向消费者则是那些尚未购买过培育钻石但表示有意愿购买的个体。通过预调查、线上 Credamo 见数平台结合线下定向发放问卷的方式进行数据收集，经过筛选无效问卷，共回收有效问卷 496 份。因实训平台统计建模等功能会不断更新升级，分析结果请以实际为准。

14.4.2 变量介绍

本研究涵盖了多个关键变量，以深入了解消费者对培育钻石的认知、购买意向及相关心理因素，具体变量如下。

基本信息：包括年龄、性别、收入、职业和婚姻状况等。

认知程度：涉及消费者对培育钻石的了解程度、认知情况及了解渠道。

购买情况：考察消费者是否购买过培育钻石。

消费偏好：包括购买动机、可接受价格、购买渠道、购买场景及主要顾虑等。

产品认知：衡量消费者对培育钻石的知识和了解程度。

环保意识：考核消费者节约和保护自然资源的意识。

情感信念：评估消费者对培育钻石的信任、喜爱及满意度。

行为态度：探讨消费者对购买培育钻石的心理倾向。

主观规范：分析消费者购买培育钻石所受到的社会压力。

感知行为控制：评价消费者感知购买培育钻石的易或难程度。

购买意愿：包括受访者的购买和推荐意愿。

通过对这些变量的综合分析，本研究旨在揭示消费者对培育钻石的消费行为、态度和意向，为相关企业和政策制定者提供有价值的参考和建议。

14.5 培育钻石消费者需求的数据分析

14.5.1 消费者产品认知与购买意愿的聚类分析

本调查选取产品认知、购买意愿这两个变量作为聚类因子。聚类分析步骤如图 14-2 所示。

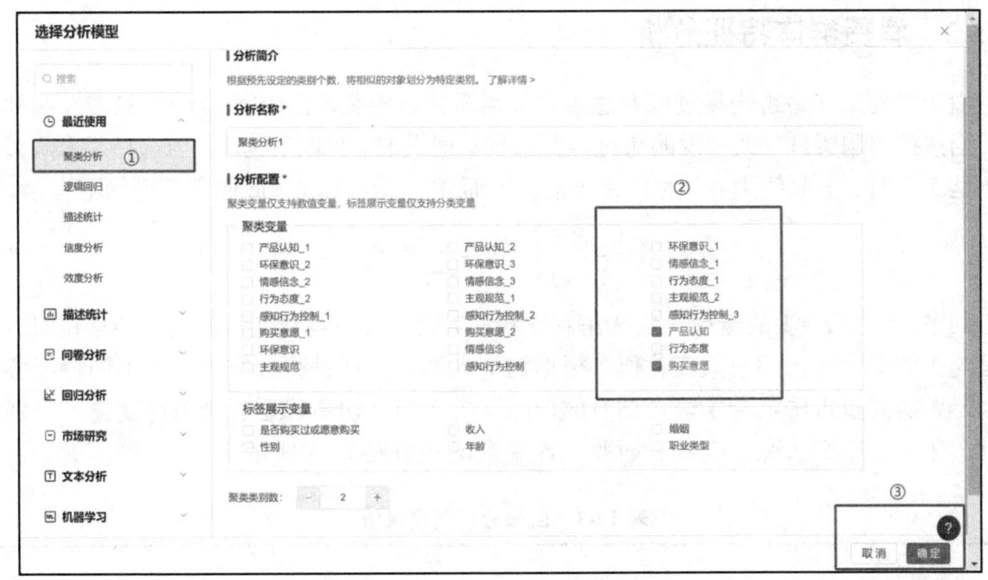

图 14-2　聚类分析步骤

聚类类别差异性分析结果见表 14-2，可见在产品认知和购买意愿上类别 1 和类别 2 存在显著差异。根据聚类分析结果，可将用户分为两类，如图 14-3 所示。类别 2 的用户在“产品认知”和“购买意愿”上得分更高，更容易被培育钻石吸引，相比之下，类别 1 的用户效果最差。可以初步认为该品牌培育钻石更适合类别 2 的用户。

表 14-2　聚类类别差异性分析结果

变　量	变量均值 ± 标准差		F	p
	聚类类别 1（n = 249）	聚类类别 2（n = 247）		
产品认知	2.2 ± 0.77	3.73 ± 0.78	478.260 9	0.000
购买意愿	2.07 ± 0.71	3.69 ± 0.79	585.734 8	0.000

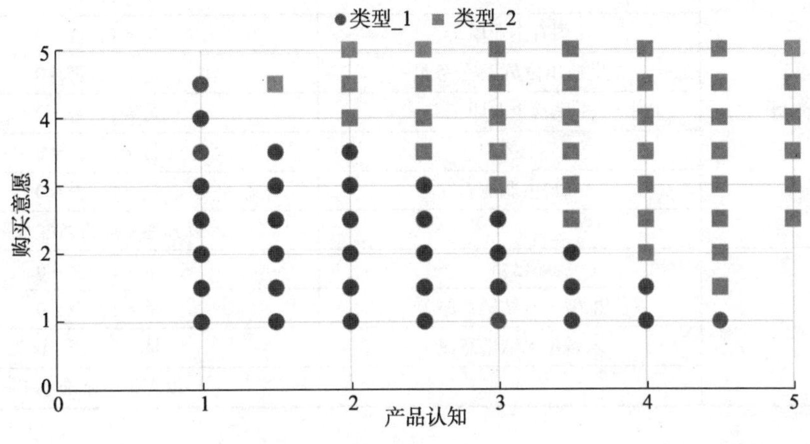

图 14-3　消费者聚类分析结果

14.5.2 消费群体特征分析

由于因变量“是否购买过或有意愿购买培育钻石相关产品”（记为 Y）只涉及两种取值，当选择“购买过”或“没购买过但愿意购买时”时，Y 取值为 1，当选择“未购买过且不购买”时，Y 取值为 0，为二分变量，因而建立二元 Logistic 回归模型如下：

$$\ln\left(\frac{P_i}{1-P_i}\right)=\beta_0+\sum_{j=1}^{k}\beta_j X_{ij}$$

其中，P_i 为 $Y=1$ 的概率，X_{ij} 为解释变量，β_j 表示某一解释变量改变 1 个单位时，选择是与否的概率之比的对数变化值。根据购买人群的特征进行分类，考虑不同特征群体对“是否购买过古法黄金＋培育钻石的产品”的影响，初步确定五种解释变量，分别为性别、年龄、婚姻状况、收入、职业，各变量定义如表 14-3 所示。

表 14-3 回归分析变量赋值

自变量名	变量定义	
性别	男性	是＝1，否＝0
		以女性为基准水平
年龄	18 岁及以下	是＝1，否＝0
	19～25 岁	是＝1，否＝0
	26～30 岁	是＝1，否＝0
	31～40 岁	是＝1，否＝0
	41～50 岁	是＝1，否＝0
		以 51 岁及以上为基准水平
收入	3 000 元及以下	是＝1，否＝0
	3 001～5 000 元	是＝1，否＝0
	5 001～10 000 元	是＝1，否＝0
	10 001～20 000 元	是＝1，否＝0
		以 20 000 元及以上为基准水平
职业类型	学生	是＝1，否＝0
	国有企业职工	是＝1，否＝0
	事业单位员工/公务员	是＝1，否＝0
	民营企业职工	是＝1，否＝0
	个体户	是＝1，否＝0
	自由职业者	是＝1，否＝0
		以其他职业为基准水平
婚姻	已婚	是＝1，否＝0
	未婚（有结婚意愿）	是＝1，否＝0
	未婚（无结婚意愿）	是＝1，否＝0
		以离异为基准水平

逻辑回归分析步骤如图 14-4 所示。

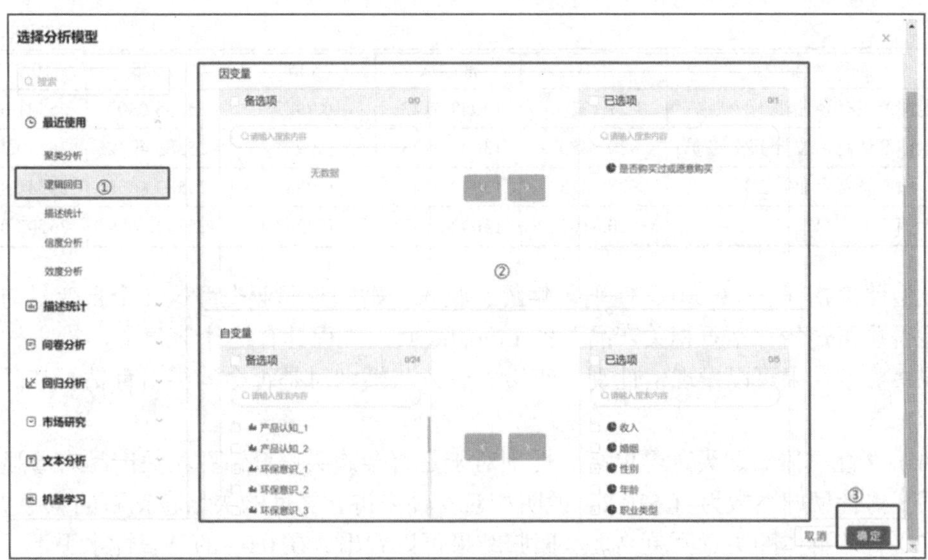

图 14-4 逻辑回归分析步骤

将是否购买过或是否愿意购买放入因变量，将性别、年龄、婚姻、收入、职业类型放入自变量，结果如表 14-4 和表 14-5 所示。

表 14-4 模型评价指标

似然比卡方值	*p*	AIC	BIC
422.439	0.000***	460.439	–2 538.1

注：***、**、*分别代表 1%、5%、10%的显著性水平。

表 14-5 回归分析结果

参数名称	系数	标准误	p 值	[0.025	0.975]
截距项	21.9998	13042.5143	0.9987	–25540.8585	25584.8581
收入[T.3000 元及以下]	–0.0919	0.9407	0.9222	–1.9356	1.7518
收入[T.3001-5000 元]	0.5714	0.6438	0.3748	–0.6905	1.8333
收入[T.5001-10000 元]	0.1977	0.6469	0.7599	–1.0701	1.4655
收入[T.10001-20000 元]	1.4082	0.7567	0.0628	–0.075	2.8913
婚姻[T.已婚]	0.542	0.4392	0.2172	–0.3188	1.4027
婚姻[T.未婚（有结婚意愿）]	0.9096	0.4965	0.0669	–0.0635	1.8827
婚姻[T.未婚（无结婚意愿）]	0.0716	0.3514	0.8385	–0.6171	0.7604
性别[T.男性]	–1.6102	0.2690	0.0000	–2.1374	–1.083
年龄[T.18 岁及以下]	–20.4379	13042.5143	0.9987	–25583.2962	25542.4204
年龄[T.19-25 岁]	0.9665	0.4611	0.0361	0.0628	1.8703
年龄[T.26-30 岁]	1.3855	0.4671	0.003	0.4701	2.301
年龄[T.31-40 岁]	0.353	0.3865	0.3612	–0.4046	1.1105
年龄[T.41-50 岁]	0.2591	0.3872	0.5034	–0.4998	1.0179
职业类型[T.学生]	–21.4127	13042.5143	0.9987	–25584.271	25541.4456

续表

参数名称	系数	标准误	p 值	[0.025	0.975]
职业类型[T.国有企业职工]	–21.172	13042.5143	0.9987	–25584.0303	25541.6863
职业类型[T.事业单位员工/公务员]	–20.5459	13042.5143	0.9987	–25583.4042	25542.3124
职业类型[T.民营企业职工]	–21.0273	13042.5143	0.9987	–25583.8856	25541.831
职业类型[T.个体户]	–20.8107	13042.5143	0.9987	–25583.6689	25542.0476

模型评价指标 $p < 0.001$，性别、年龄、收入、婚姻与职业类型这 5 个自变量与因变量“是否购买过培育钻石相关产品”的 Logistic 回归方程具有统计学意义。

观察模型结果可以发现，性别、年龄、收入与婚姻对是否会购买培育钻石产品具有显著影响。

（1）女性群体的购买意愿更高。性别对于是否会购买培育钻石相关产品有着显著影响关系。男性回归系数为–1.610 2，说明相对女性来讲，男性购买培育钻石的意愿更弱。

（2）青年群体购买意愿更高。从回归结果可以看出，在 0.05 的显著性水平下，年龄对于是否会购买培育钻石相关产品有着显著影响。19～25 岁和 26～30 岁这两个年龄区间的回归系数值通过显著性检验且为正，说明相对 51 岁及以上的中老年群体来讲，青年群体的购买意愿更高。

（3）中高月收入的群体购买意愿更强。从回归结果可以看出，月收入 10 001～20 000 元群体的购买意愿边缘显著，相较于 20 000 元及以上的群体购买意愿更高。

（4）未婚群体的购买意愿更高。从回归结果可以看出，未婚有结婚打算的群体购买意愿边缘显著，相比离异状态的基准水平，他们有着更强的购买意愿。

综合以上分析，品牌需更多地关注月收入较高的青年未婚女性群体的消费偏好。

14.5.3 消费者购买意愿结构方程模型

将环保意识、产品认知、情感信念、行为态度、主观规范、感知行为控制、购买意愿作为潜变量，验证理论假设模型，分析步骤及分析结果如图 14-5—图 14-9 所示。

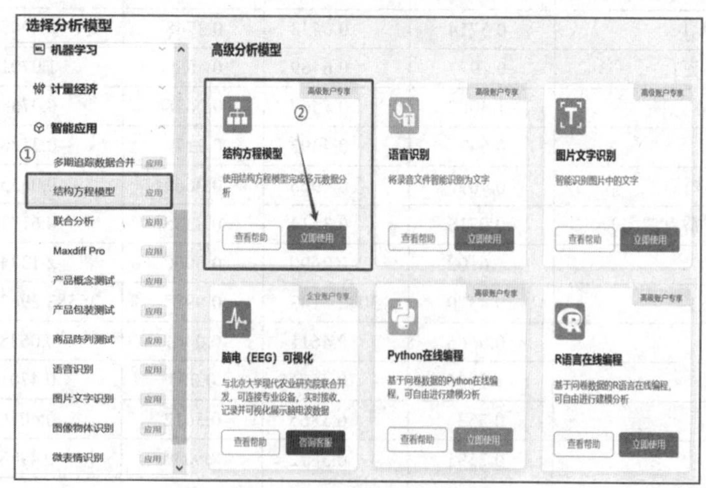

图 14-5　选择结构方程模型

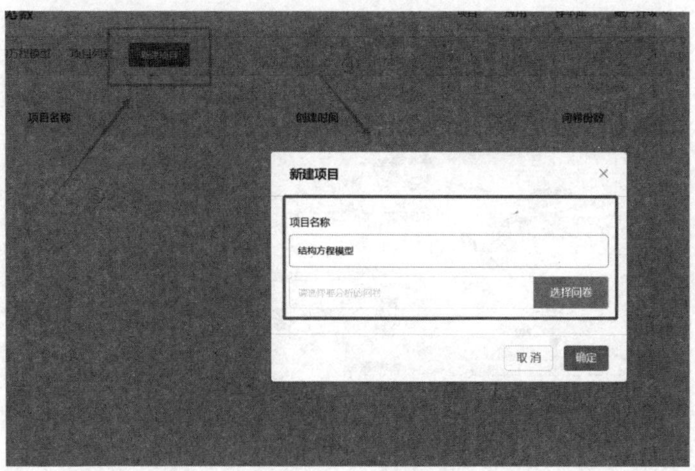

图 14-6　新建项目

图 14-7　查看报告

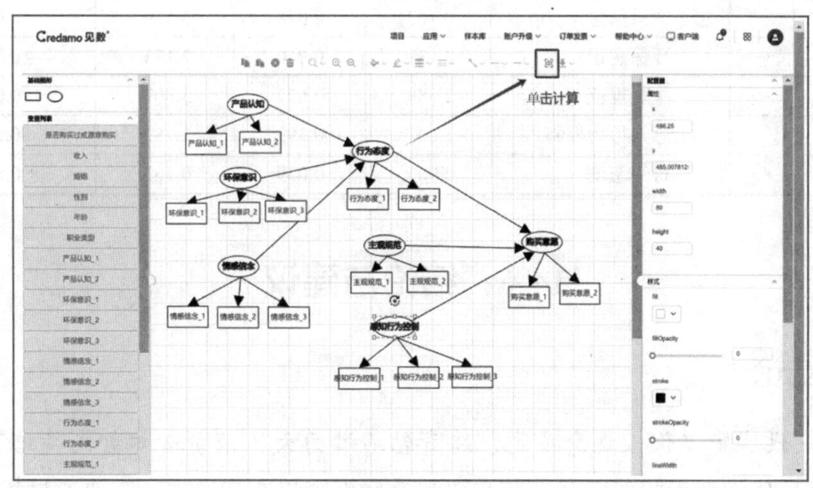

图 14-8　结构方程模型分析步骤

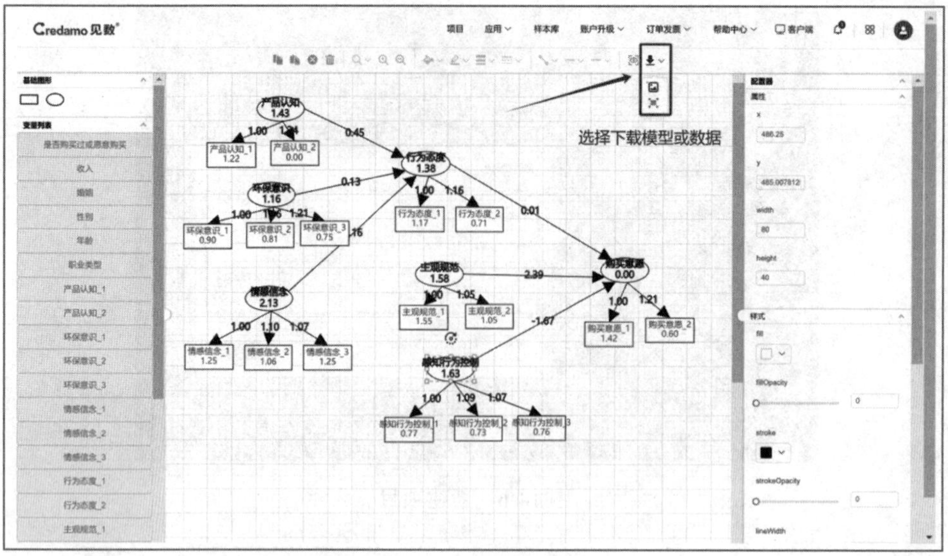

图 14-9 路径系数图

从模型运行结果可清晰看出（表 14-6），消费者对培育钻石产品认知、环保意识和情感信念都对消费者培育钻石行为态度有显著的正向影响。与消费者信息、信念是形成态度的基础的观点相一致。因此，可以理解为，消费者自身越感觉对培育钻石很了解，对培育钻石的产品知识掌握得越多，越关注环境污染问题，就越容易对购买培育钻石行为产生正面积极的态度。但是在研究结果中并没有发现行为态度对购买意愿产生正向影响。主观规范对消费者购买意愿具有直接正向的影响，亲朋好友的态度会对个体的购买意愿产生正向影响。但消费者感知控制对购买意愿具有负向预测作用，这一结果与假设相反。

表 14-6 结构方程模型分析结果（部分）

lval		rval	Value	SE	*Z*-score	*P*-value
行为态度	←	产品认知	0.454	0.062	7.296	0.0000
行为态度	←	情感信念	0.163	0.046	3.519	0.0004
行为态度	←	环保意识	0.131	0.060	2.173	0.0297
购买意愿	←	主观规范	2.389	0.627	3.807	0.0001
购买意愿	←	感知行为控制	–1.667	0.599	–2.782	0.0054
购买意愿	←	行为态度	0.007	0.039	0.167	0.8673

14.6 结论与建议

14.6.1 结论

1. 新一代消费者价值观念多元，培育钻石潜力大，消费者心智尚待培育

由于这一代消费者相对年轻，其心智和消费观念仍在塑造中，需要通过相关信息和

体验的积累来进一步培育其消费理念，以更好地满足他们的多元化需求，并发掘其潜在的消费潜力。

2. 中高月收入的青年未婚女性群体是重要消费群体

中高月收入的青年未婚女性群体，由于其经济实力较强，成为一个极为关键和有重要影响力的消费群体。这一人群的独有特征在于其相对较高的月收入水平，同时未婚状态使其在消费决策中更加独立和灵活。这些年轻女性通常具有更大的自主消费权，能够更加自由地选择和购买符合个性化需求的产品与服务。因此，了解并满足这一群体的消费偏好和需求，将对市场营销策略的制定和产品定位产生积极的影响。

3. 主观规范对消费者购买意愿的影响最大

个体更倾向于购买培育钻石，因为他们受到身边亲朋好友的看法和观点的正面引导。这意味着社交圈内的态度和观念可以成为塑造个体购买决策的重要因素，对形成购买意愿具有显著的推动作用。因此，在了解这一现象的基础上，品牌和市场营销策略可以更有针对性地利用社交因素，从而更有效地引导和促进培育钻石的销售。

14.6.2　建议

1. 多元化营销策略

制定多元化的营销策略，包括教育、体验式营销、社交化推广等。这将有助于满足新一代消费者对多元价值观念的需求，同时吸引中高月收入的青年未婚女性群体，提高品牌曝光度。

2. 数字化体验

利用数字化平台提供更丰富的产品体验，如虚拟试戴、在线定制等。这对于新一代消费者来说将具有吸引力，同时也能够满足中高月收入的青年女性追求独特化的需求。

3. 社交化品牌互动

强化与消费者的社交联系，通过社交媒体等渠道建立互动。借助消费者对亲朋友看法的影响，形成正面的主观规范，从而推动购买决策。

4. 个性化定制

针对中高月收入的未婚女性青年，提供个性化的产品和服务，以满足其更独立和灵活的消费需求。这可能包括针对不同审美和生活方式的定制产品线。

综上所述，通过综合运用多元化的营销策略、数字化体验、社交互动、个性化定制等手段，品牌可以更全面地满足目标消费群体的需求，提高销售额，同时不断强化品牌形象。

附录：部分调研问卷展示

Q1　请选择你的性别[单选]

○ 男　　○ 女

Q2　请选择你的年龄段[单选]

○ 18 岁及以下　　○ 19～25 岁　　○ 26～30 岁

○ 31～40 岁　○ 41～50 岁　○ 51 岁及以上

Q3 请选择你的职业类型[单选]

○ 学生　○ 个体户　○ 国有企业职工
○ 事业单位员工/公务员　○ 民营企业职工　○ 自由职业者
○ 其他

Q4 请选择您的月收入（学生则为月生活费）[单选]

○ 3 000 元及以下　○ 3 001～5 000 元　○ 5 001～10 000 元
○ 10 001～20 000 元　○ 20 000 元及以上

Q5 请选择您的婚姻状况[单选]

○ 未婚（有结婚意愿）　○ 未婚（无结婚意愿）
○ 已婚　○ 离异或其他

Q6 请问您是否购买过或有意向购买培育钻石相关产品？（主要包括培育钻石主产品和黄金镶嵌培育钻石的产品）[单选]

○ 购买过　○ 没购买过但愿意购买
○ 未购买过且不愿购买

Q7 产品认知[矩阵量表]

	完全不同意	不太同意	一般	比较同意	完全同意
我对培育钻石很了解	○	○	○	○	○
培育钻石与天然钻石的物理、化学性质几乎完全一致	○	○	○	○	○

Q8 环保意识[矩阵量表]

	完全不同意	不太同意	一般	比较同意	完全同意
我的环保意识强、对环境污染问题很关注	○	○	○	○	○
我认为培育钻石更加绿色环保	○	○	○	○	○
我认为培育钻石的获取对环境影响更小	○	○	○	○	○

Q9 情感信念[矩阵量表]

	完全不同意	不太同意	一般	比较同意	完全同意
我对培育钻石的质量有信心	○	○	○	○	○
我认为培育钻石是真的钻石	○	○	○	○	○
我对珠宝行业的市场监管情况满意	○	○	○	○	○

Q10 行为态度[矩阵量表]

	完全不同意	不太同意	一般	比较同意	完全同意
购买培育钻石是个好主意	○	○	○	○	○
购买培育钻石是个明智的选择	○	○	○	○	○

Q11 主观规范[矩阵量表]

	完全不同意	不太同意	一般	比较同意	完全同意
我身边亲人朋友赞成购买培育钻石	○	○	○	○	○
我的亲朋好友对培育钻石感到满意	○	○	○	○	○

Q12 感知行为控制[矩阵量表]

	完全不同意	不太同意	一般	比较同意	完全同意
培育钻石种类丰富、可选择性强	○	○	○	○	○
培育钻石价格不是太高，我有购买能力	○	○	○	○	○
培育钻石购买渠道多、购买方便	○	○	○	○	○

Q13 购买意愿[矩阵量表]

	完全不同意	不太同意	一般	比较同意	完全同意
我愿意购买培育钻石	○	○	○	○	○
我愿意向别人推荐培育钻石	○	○	○	○	○

注：该实训案例与数据可通过扫描本书封底的二维码获取。

中国高等院校市场学研究会官方推荐教材
新时代营销学系列新形态教材书目

书　名	主　编	书　名	主　编
市场营销学	符国群	促销基础	贺和平　朱翊敏
市场营销学（简明版）	符国群	营销实战模拟	孔　锐
消费者行为学	彭泗清	营销策划	费鸿萍
市场研究	景奉杰　曾伏娥	营销工程	沈俏蔚
国际市场营销	孙国辉	大数据营销	李　季
服务营销	王永贵	商业数据分析	姚　凯
组织营销	侯丽敏	旅游市场营销	白长虹
网络营销	龚艳萍	金融市场营销	王　毅
战略品牌管理	何佳讯	农产品市场营销	袁胜军　肖　艳
产品创新与管理	黄　静	医药市场营销学	官翠玲
定价策略	柯　丹	体育市场营销学	肖淑红
整合营销沟通	牛全保	电信市场营销学	吕　亮
营销渠道管理	张　闯	新媒体营销	戴　鑫
品牌管理	王海忠	绿色营销	王建明
零售管理	蒋青云	创业营销	金晓彤
销售管理	李先国	珠宝营销管理	郭　锐
客户关系管理	马宝龙		